"十二五"职业教育国家规划教材
经全国职业教育教材审定委员会审定

U0679335

计算机专业学生毕业论文（设计）指导及范例

新世纪高职高专教材编审委员会 组编

主 编 杨 晔

副主编 宋丽荣 乔 岚 杨 云

第二版

大连理工大学出版社

图书在版编目(CIP)数据

计算机专业学生毕业论文(设计)指导及范例 / 杨
晔主编. — 2版. — 大连 ：大连理工大学出版社，
2014.7(2019.8重印)
新世纪高职高专计算机应用技术专业系列规划教材
ISBN 978-7-5611-8491-2

Ⅰ．①计… Ⅱ．①杨… Ⅲ．①电子计算机－专业－毕
业论文－写作－高等职业教育－教学参考资料 Ⅳ.
①G642.477

中国版本图书馆 CIP 数据核字(2014)第 011509 号

大连理工大学出版社出版

地址：大连市软件园路 80 号　邮政编码：116023
发行：0411-84708842　邮购：0411-84708943　传真：0411-84701466
E-mail:dutp@dutp.cn　URL:http://dutp.dlut.edu.cn
大连日升彩色印刷有限公司印刷　　大连理工大学出版社发行

幅面尺寸：185mm×260mm　　印张：16.75　　字数：384 千字
附件：光盘 1 张
2011 年 6 月第 1 版　　　　　　2014 年 7 月第 2 版
2019 年 8 月第 3 次印刷

责任编辑：马　双　　　　　　　责任校对：白　俊

封面设计：张　莹

ISBN 978-7-5611-8491-2　　　　　　定　价：42.80 元

本书如有印装质量问题,请与我社发行部联系更换。

总 序

我们已经进入了一个新的充满机遇与挑战的时代,我们已经跨入了 21 世纪的门槛。

20 世纪与 21 世纪之交的中国,高等教育体制正经历着一场缓慢而深刻的革命,我们正在对传统的普通高等教育的培养目标与社会发展的现实需要不相适应的现状做历史性的反思与变革的尝试。

20 世纪最后的几年里,高等职业教育的迅速崛起,是影响高等教育体制变革的一件大事。在短短的几年时间里,普通中专教育、普通高专教育全面转轨,以高等职业教育为主导的各种形式的培养应用型人才的教育发展到与普通高等教育等量齐观的地步,其来势之迅猛,发人深思。

无论是正在缓慢变革着的普通高等教育,还是迅速推进着的培养应用型人才的高职教育,都向我们提出了一个同样的严肃问题:中国的高等教育为谁服务,是为教育发展自身,还是为包括教育在内的大千社会?答案肯定而且唯一,那就是教育也置身其中的现实社会。

由此又引发出高等教育的目的问题。既然教育必须服务于社会,它就必须按照不同领域的社会需要来完成自己的教育过程。换言之,教育资源必须按照社会划分的各个专业(行业)领域(岗位群)的需要实施配置,这就是我们长期以来明乎其理而疏于力行的学以致用问题,这就是我们长期以来未能给予足够关注的教育目的问题。

众所周知,整个社会由其发展所需要的不同部门构成,包括公共管理部门如国家机构、基础建设部门如教育研究机构和各种实业部门如工业部门、商业部门,等等。每一个部门又可做更为具体的划分,直至同它所需要的各种专门人才相对应。教育如果不能按照实际需要完成各种专门人才培养的目标,就不能很好地完成社会分工所赋予它的使命,而教育作为社会分工的一种独立存在就应受到质疑(在市场经济条件下尤其如此)。可以断言,按照社会的各种不同需要培养各种直接有用人才,是教育体制变革的终极目的。

随着教育体制变革的进一步深入，高等院校的设置是否会同社会对人才类型的不同需要一一对应，我们姑且不论，但高等教育走应用型人才培养的道路和走研究型（也是一种特殊应用）人才培养的道路，学生们根据自己的偏好各取所需，始终是一个理性运行的社会状态下高等教育正常发展的途径。

高等职业教育的崛起，既是高等教育体制变革的结果，也是高等教育体制变革的一个阶段性表征。它的进一步发展，必将极大地推进中国教育体制变革的进程。作为一种应用型人才培养的教育，它从专科层次起步，进而应用本科教育、应用硕士教育、应用博士教育……当应用型人才培养的渠道贯通之时，也许就是我们迎接中国教育体制变革的成功之日。从这一意义上说，高等职业教育的崛起，正是在为必然会取得最后成功的教育体制变革奠基。

高等职业教育才刚刚开始自己发展道路的探索过程，它要全面达到应用型人才培养的正常理性发展状态，直至可以和现存的（同时也正处在变革分化过程中的）研究型人才培养的教育并驾齐驱，还需假以时日；还需要政府教育主管部门的大力推进，需要人才需求市场的进一步完善，尤其需要高职高专教学单位及其直接相关部门肯于做长期的坚韧不拔的努力。新世纪高职高专教材编审委员会就是由全国 100 余所高职高专院校和出版单位组成的、旨在以推动高职高专教材建设来推进高等职业教育这一变革过程的联盟共同体。

在宏观层面上，这个联盟始终会以推动高职高专教材的特色建设为己任，始终会从高职高专教学单位实际教学需要出发，以其对高职教育发展的前瞻性的总体把握，以其纵览全国高职高专教材市场需求的广阔视野，以其创新的理念与创新的运作模式，通过不断深化的教材建设过程，总结高职高专教学成果，探索高职高专教材建设规律。

在微观层面上，我们将充分依托众多高职高专院校联盟的互补优势和丰裕的人才资源优势，从每一个专业领域、每一种教材入手，突破传统的片面追求理论体系严整性的意识限制，努力凸现高职教育职业能力培养的本质特征，在不断构建特色教材建设体系的过程中，逐步形成自己的品牌优势。

新世纪高职高专教材编审委员会在推进高职高专教材建设事业的过程中，始终得到了各级教育主管部门以及各相关院校相关部门的热忱支持和积极参与，对此我们谨致深深谢意；也希望一切关注、参与高职教育发展的同道朋友，在共同推动高职教育发展、进而推动高等教育体制变革的进程中，和我们携手并肩，共同担负起这一具有开拓性挑战意义的历史重任。

新世纪高职高专教材编审委员会
2001 年 8 月 18 日

前　言

《计算机专业学生毕业论文(设计)指导及范例》(第二版)是"十二五"职业教育国家规划教材、高职高专计算机教指委优秀教材,也是新世纪高职高专教材编审委员会组编的计算机应用技术专业系列规划教材之一。

1. 编写目的与意义

随着职业教育改革的不断深入,实践性教学的每一个环节都在逐步走向规范化、科学化和社会化。毕业论文(设计)作为职业教育中实践教学的最后环节,既是一个综合性的实践环节,也是一个重要的实践教学过程,关系着毕业生的综合素质和能力的培养与提高,所以职业院校必须抓好这个环节,对学生毕业论文(设计)的各项工作都要科学、系统地实施完成。

关于职业教育中的毕业论文(设计)工作如何开展,目前还没有合适的指导书,尤其是对于计算机专业的学生来说,既没有工作管理规范方面的指导书,也找不到关于毕业论文(设计)的选题指导和优秀范例。若一味地照搬本科教育中的毕业论文(设计)规范,或从本科的教学方法中寻求指导,则都会背离职业教育的办学定位。

近年来,毕业论文(设计)的实践教学工作开展一直比较困难。教师只能按自己有局限性的想法布置一些题目供学生参考;或者由着学生的兴趣随意做点作品;更有甚者,有些学生会到网上下载一些假论文充数;已经顶岗实习的学生也不能从工作实际中做出毕业设计,而是返回学校敷衍了事。由此,导致部分学生的毕业论文(设计)质量太差,难以评分,更没有达到综合提升学生能力和素质的目的,根本不能完成综合性实践教学的任务。而且毕业论文(设计)工作中的诸多环节,也往往被忽略,没有严格的规范和存档的资料。

因此,在经历了几届毕业生毕业论文(设计)环节教学效果不好的情形之后,编者分析现状,在此方面做了大量的调研、整理和系统化工作,摸索出一套适合职业院校计算机专业学生进行毕业论文(设计)的工作管理规范,包括组织领导、论文规范和答辩评分等各环节的教学指导,开发了毕业论文(设计)的参考选题库和各专业方向的毕业论文(设计)范例。这些开发成果已在七届毕业生中进行了试用,并对试用中存在的问题进行了修改和完善。本教材不仅可以供计算机专业的学生使用,而且可以供其他专业学生参考。

2. 编写特色

本教材是由承担过七届以上毕业论文(设计)教学工作的教师编写而成的,这些教师已将他们在教学第一线收集到的资料和经验融入本教材中,力图能给毕业论文(设计)工作以全面的指导,减轻承担毕业论文(设计)工作的教师的负担。本教材主要特色如下:

(1)紧扣职业教育的办学定位

本教材所设定的毕业论文(设计)的目标与职业教育的培养目标相适应,在设计选题和范例时,重点以考察学生所掌握的实践技能为主,学生所完成的毕业论文(设计)面向某一职业岗位,有实际应用价值,通过毕业论文(设计)考察学生所掌握职业岗位能力的程度。

(2)指导全面

本教材能给职业院校的毕业论文(设计)工作以全面的指导。教材中详细介绍了毕业论文(设计)工作的每一个环节,并对每一环节工作的要求、目标以及文档资料都给出了适用规范。

(3)实用性强

教材中撰写的关于职业院校的毕业论文(设计)工作的管理规范可以直接作为高职院校开展此项工作的实施细则;所设计的相关评分标准和文档资料表格可以直接使用;所开发的选题库和范例库可以直接下发给学生应用。

(4)选题与案例丰富

教材中按十一个计算机专业学科方向(涵盖了职业院校的大部分计算机专业)开发出了具有可操作性的选题库,每个选题中都有明确的内容提示大纲和技术要求。按不同的专业方向开发了范例,这些范例有些是教师自行开发设计并撰写的,有些来源于历届学生的优秀毕业论文,经教师修改和完善后而成。这些范例契合高职层次学生的知识水平和技能水平,可供学生模仿或作为参考。

(5)附赠光盘,教学资源完备

教材附赠光盘,收录了全书所有的电子素材、空白电子表格和教学配套资源。

3. 修订情况

本次再版全面修订了教材中过时的教学内容,补充了新的计算机应用领域中的参考选题,更换了部分毕业论文(设计)范例,在附赠光盘中增加了课程教学的配套资源。

4. 编写分工

本教材由宁夏财经职业技术学院杨晔担任主编,由宁夏财经职业技术学院宋丽荣和乔岚、山东职业学院杨云担任副主编。宁夏财经职业技术学院王洪泉、董骏、何军、王珊君、解晓丽、刘佳、李向参与了教材的编写工作。

感谢宁夏吴忠友信信息技术有限公司赵渤对本教材提供的素材和大力支持。本教材部分范例素材来源于历届学生的优秀毕业论文,在此对这些毕业生表示感谢。

在编写本教材的过程中,编者参考、引用和改编了国内外出版物中的相关资料以及网络资源,在此表示深深的谢意!相关著作权人看到本教材后,请与出版社联系,出版社将按照相关法律的规定支付稿酬。

虽然全体编写人员已尽心努力,但教材中仍可能有遗漏和错误之处,恳请读者批评指正。

编　者

2014 年 7 月

所有意见和建议请发往:dutpgz@163.com

欢迎访问教材服务网站:http://www.dutpbook.com

联系电话:0411-84706671　84707492

目 录

第一篇 职业院校学生毕业论文(设计)工作规范

第二篇 职业院校计算机专业学生毕业论文(设计)参考选题

第三篇　职业院校计算机专业学生毕业论文（设计）范例

第一篇

职业院校学生毕业论文（设计）工作规范

本篇导读

毕业论文(设计)作为职业教育中实践教学的最后环节,既是一个综合性的实践环节,也是一个最为重要的实践教学过程,关系着毕业生的综合素质和能力的培养与提高,所以职业院校必须抓好这个环节,对学生毕业论文(设计)的各项工作都要科学系统地实施完成。

本篇主要包括职业院校计算机专业学生毕业论文(设计)的工作管理规范和工作指导,包括组织领导、论文规范和答辩评分等各环节的教学指导。

通过本篇的学习,可以帮助教师了解毕业论文(设计)的工作管理规范,可以帮助学生了解毕业论文(设计)的工作流程。

内容简介

(1)毕业论文(设计)工作管理规范。

(2)职业院校学生毕业论文(设计)工作指导。

第1章 职业院校学生毕业论文(设计)工作管理

本章导读

毕业论文(设计)是实践教学的重要环节,教师和学生都应该首先明确毕业论文(设计)的目的和意义,准确把握毕业论文(设计)的定位,认识到职业院校学生的毕业论文(设计)与本科学生毕业论文(设计)的不同之处。本章内容就是指导教师和学生了解关于毕业论文(设计)相关工作的管理规范。

内容简介

(1)职业院校学生毕业论文(设计)的概念、目的和意义。

(2)毕业论文(设计)工作管理规范。

1.1 毕业论文(设计)的概念

毕业论文(设计)是指在专业教师或企事业专业技术人员的指导下,以学生为主体,围绕一个有明确任务的选题进行有计划、有步骤地学习、调研、开发设计、实践探索、撰写论文的全过程,是职业院校学生在毕业前最重要的一个实践教学环节。通常,职业院校的毕业论文(设计)工作安排在第三学年的第二学期,大约需要十二~十六周的时间完成,一般包括选题、调研、开发设计、撰写论文、答辩及评分等阶段,每一阶段均有明确的任务和工作方法。

1.2 职业院校学生毕业论文(设计)的意义和目的

1. 职业院校学生毕业论文(设计)的意义

对于职业院校计算机专业的学生来说,毕业论文(设计)是一门综合性、实践性极强的核心课程,也是学校实践教学中最重要、最后的必要环节。毕业论文(设计)是对毕业生所学知识和能力进行综合应用和锻炼的一种行之有效的手段,教师必须抓住这个环节。从选题、动手做到完成的整个过程,是培养学生工作能力、创新思维意识、分析设计能力和论文撰写能力的最佳机会。教师利用这个机会,引导、启发和锻炼学生,并在毕业论文(设计)课程中力图深化学生的知识结构,拓宽学生的思路,增强学生的综合技术能力,完成学生从课堂到社会、从幼稚到成熟、从作业到作品的转变,将三年的教学做全面总结,在实践中对学生综合素质与项目实践能力进行全面的培养与提高。因此毕业论文(设计)是深层教学、深度思考与深入研究的综合教学过程。

2.职业院校学生毕业论文(设计)的目的

职业院校学生的毕业论文(设计)作为人才培养方案中的一门重要课程,应能达到以下教学目的:

(1)将所学的专业基础理论知识和专业技能应用于社会实践中;

(2)按专业特长寻找自己与社会工作岗位的最佳切入点;

(3)提高学生的社会实践能力;

(4)通过调研和查阅文献资料对当前计算机软、硬件技术的发展有进一步的了解;

(5)提高学生解决实际问题与学习研究问题的能力;

(6)培养学生的分析设计能力,掌握科学研究的方法和工具;

(7)提高学生的综合素质、提升专业技术水平;

(8)培养学生科学、严谨、务实、创新的工作作风;

(9)培养学生掌握文献检索、资料查询的基本方法以及获取新知识、新技能的能力;

(10)培养和提高学生的表达能力和论文撰写能力;

(11)培养和提高学生的工作协调能力和团队协作能力;

(12)在教师的反复引导下认识自己论文工作的不足,确定个人的努力方向;

(13)培养学会对教师、同学、社会的尊重和感恩。

3.职业院校学生的毕业论文(设计)定位

由于职业院校的培养目标是要求学生在掌握必备的基础理论知识和专业知识的基础上,重点掌握从事本专业领域实际工作的基本能力和基本技能,培养出适合在生产、建设、服务和管理等第一线工作的中、高级技能应用型人才。在职业院校中,职业技能课的学时比例加大到了50%以上,各个专业的课程体系均已形成以实践技能为主,以职业岗位能力为核心,兼顾知识、能力、素质协调发展的课程体系。所以,职业院校学生的毕业论文(设计)的定位也应与培养目标相适应,在学生的毕业论文(设计)中,可以体现通过学习所理解的专业理论知识,或综述某一专业理论的实际应用。但更重要的是要突显出学生掌握的实践技能,学生完成的毕业论文(设计)必须是面向某一职业岗位的、有实际应用价值的一篇研究报告或一项开发设计作品,能充分展示学生掌握职业岗位能力的程度。

4.职业院校学生的毕业论文(设计)与本科生毕业论文(设计)的区别

职业院校学生的毕业论文(设计)不同于本科学生的毕业论文(设计),因为职业院校的培养目标完全不同于本科的培养目标。在理论深度和实际应用上有不同的侧重点,主要表现在以下几个方面:

(1)理论学习深度不同。本科毕业论文重在理论研究和学习,而职业院校毕业论文只对理论进行学习,能够理解即可。

(2)在毕业论文(设计)中所体现的理论深度不同。本科毕业论文(设计)是要用所学的理论去解决问题,而职业院校毕业论文(设计)只是解决问题,对所应用的理论不做研究。

(3)选题难度不同。本科毕业论文(设计)的选题要有一定的学术性,通过毕业论文(设计)进一步深化理论,培养学生掌握科学的科研方法,而职业院校毕业论文(设计)只是解决面向某一实际应用的问题,选题难度较低。

(4)开发设计的目标和重点不同。本科毕业论文(设计)要求在设计中进行创新,重点要应用某种理论进行开发设计,设计的结果要有创新和突破。而职业院校毕业论文(设计)只做面向某一职业岗位的开发设计,不考虑所应用的理论深度,要求有实际应用价值即可。

(5)论文撰写的内容不同。本科毕业论文(设计)要求撰写从理论到研究、再到研究结果的应用等较全面的研究内容。而职业院校在毕业论文(设计)中只阐述对某种理论的学习理解情况,说清自己所应用的开发工具、技术和方法等,说明自己的开发设计创意和设计过程。

(6)论文和设计说明书的篇幅不同。本科毕业论文要求撰写的内容较多,论文和设计说明书的篇幅较长。而职业院校的毕业论文和设计说明书要求的篇幅较短,能阐述理论、描述设计过程即可。

1.3 毕业论文(设计)工作管理规范

学生的毕业论文(设计)工作应有计划、有步骤地系统实施,不能随心所欲、没有章法。从毕业论文(设计)的指导思想、组织领导、指导教师的配备、毕业论文(设计)的要求、论文答辩到成绩评定都应该有一套系统、规范的管理制度,作为毕业论文(设计)工作的质量监控手段。

1.3.1 指导思想和组织领导

在毕业论文(设计)工作中,应按照如下指导思想开展工作:

1. 毕业论文(设计)是职业院校理工类大专教育中的重要实践教学环节,是学生必修的一门重要实践课程。做好毕业论文(设计)工作,对全面提高教育、教学质量,贯彻职业学校办学指导思想具有重要的意义。

2. 为了切实做好毕业论文(设计)工作,进一步提高毕业论文(设计)质量,依据《XX职业技术学院实践教学管理规定》制定相关条例。

3. 通过毕业论文(设计)使学生加深对所学知识的理解,提高对所学技能的实践运用能力,培养学生发现问题、分析问题、解决问题的能力,培养学生的创新意识和创新能力,进一步训练和提高学生调查研究、查阅文献和搜集资料的能力;分析、制定设计或实验方案的能力;学习研究能力;观察鉴赏能力以及撰写论文和设计说明书的能力等。

4. 毕业论文(设计)应特别重视学生动手实践能力的培养,一般应包括的训练环节有:根据专业特长确定选题;在指导教师的指导下,撰写开题报告书;在指导教师的指导下,独立或小组完成毕业论文(设计)的全过程;经审阅、评阅后印制毕业论文(设计),参加毕业论文(设计)的答辩。

5.毕业论文(设计)的期限一般为最后一学期(用时十二~十六周),但应在前一学期末就安排指导教师,并给学生下发参考选题库。

6.学生在做毕业论文(设计)的期间,应严格按照指导教师的要求按时完成各阶段的任务,不得拖延、少交文档。没有提交开题报告者或论文没有经过审阅、评阅者,取消答辩资格和评定成绩资格,延期毕业并补做毕业论文(设计)。

毕业论文(设计)工作的组织领导方法如下:

1.毕业论文(设计)工作在学院统一领导下,实行"教务处—系(部)—指导教师"三级管理。采取委派或校外委托指导教师指导学生的形式进行。

2.教务处代表学院对毕业论文(设计)工作进行统一组织和管理。主要工作职责有:

(1)研究、制定毕业论文(设计)的条例、规定及其他文件,统一印制毕业论文(设计)工作中需用的表格。

(2)监督、检查毕业论文(设计)工作中指导教师的指导计划和学生的工作计划、撰写要求、答辩、成绩评定等工作的落实情况。

(3)汇总各系(部)毕业论文(设计)课题和指导教师安排,将有关材料按要求及时归档。

(4)毕业论文(设计)工作结束后,组织对系(部)毕业论文(设计)质量进行检查评估,并将全院学生毕业论文工作总结报学院主管院长。

(5)组织院级优秀学生毕业论文(设计)评选工作。

3.系(部)负责本系(部)毕业论文(设计)工作的组织与领导。具体工作职责有:

(1)根据学科专业特点,组织制定本系"毕业论文(设计)工作要求及管理细则"。

(2)确定本系毕业论文(设计)的时间、地点、方式及经费支配等。

(3)审核、批准指导教师名单、指导教师给出的参考选题和学生申报的自拟选题、指导教师下发给学生的任务书。

(4)进行毕业论文(设计)工作动员,定期检查毕业论文(设计)工作进展情况,及时解决毕业论文(设计)工作中的有关问题。

(5)在学生毕业论文(设计)完成并经指导教师审查后,组织本系(部)毕业论文(设计)的质量审定与答辩工作。

(6)做好学生毕业论文(设计)成绩评定工作,并认真填写学生毕业论文(设计)成绩评定表。

(7)组织优秀论文(设计)评选推荐工作。

(8)对本系(部)毕业论文(设计)成绩进行分析、汇总、上报,做好毕业论文(设计)总结工作,向学院提交工作总结和改进意见。

(9)对毕业论文(设计)中的资料进行存档。

1.3.2　指导教师的配备和职责

指导教师是学生毕业论文(设计)的具体组织者和指导者,通常毕业论文(设计)教学实行指导教师负责制。每位指导教师应对整个毕业论文(设计)阶段的教学活动全面负责,发挥主导作用。

1.指导教师的配备

指导教师应当由学术水平较高且有丰富实践教学经验的教师或企事业单位的工程技术人员担任。一般应由讲师或工程师等中级职称以上的人员担任。其中,高级职称的人员应占一定比例。初级职称的人员一般不单独指导毕业论文(设计),但可以有计划地安排他们协助指导教师工作。在校外进行毕业论文(设计)的,学生应由所在校外单位的指导教师和本校教师共同承担指导工作。在校外由所在单位的指导教师负责指导,工作结束后写出综合评语,作为学生毕业论文(设计)成绩的考核依据。校内指导教师应了解和掌握毕业论文(设计)的工作进度并进行阶段性检查,协调有关问题。每位指导教师指导的学生人数不宜超过 8 人。

2.指导教师的基本素养

一名合格的指导教师应具备多方面的素养,其中最基本的有以下几个方面:

(1)具有扎实的专业理论水平和较丰富的实践教学经验。

(2)了解本专业的发展历史、现状和发展趋势。

(3)对所指导的选题方向有较充足的知识和技能储备。

(4)明确毕业论文(设计)教学的目的、要求、工作环节。

(5)具有指导毕业论文(设计)写作的实践与经验,因为只有指导教师参加过毕业论文(设计)的实践指导工作,才懂得毕业论文设计的难点、关键在哪里,学生在设计与论文写作的各个环节中容易出现哪些问题,怎样才能预防或者有效地解决各种问题等。

(6)对学生的毕业论文(设计)工作有正确的认识和较强的责任感。

3.指导教师的主要职责

(1)教师在接受指导学生毕业论文(设计)的任务后,要做好指导的一切准备工作。包括思想准备、资料准备和物质准备,落实所需的教学场地等。联系安排实验、实习、上机场所,协调与有关单位的联系,处理好有关事宜。

(2)指导学生确定选题,做开题报告,向学生推荐参考资料、文献,尽可能地给学生提供毕业论文(设计)的实例,启发、开拓学生的创意思路,指导学生制定论文(设计)提纲和进度计划。

(3)了解自己所负责指导的每一位学生的情况:思想状况(特别是对待毕业论文和毕业设计的态度)和业务素质,认真进行思想引导工作,使学生以正确的态度、饱满的情绪积极认真地参与和完成毕业论文(设计)。

(4)注重用科学思想、科学精神、科学方法熏陶学生,培养学生实事求是的科学态度和勇于创新的进取精神。

(5)制定下达"毕业论文(设计)任务书"。

(6)指导学生查阅文献资料,进行社会调研。

(7)指导学生分析问题,面对实际问题设计解决方案、设计作品、开发创新。

(8)为学生解答、解决在毕业论文(设计)工作中出现的问题、难题,并提出指导修改意见。

(9)向学生详细介绍论文和设计说明书的写作方法,并给出范例。

(10)审阅学生毕业论文(设计),并填写"考核评定表"中的审阅意见及评分。

(11)指导学生参加毕业论文(设计)答辩。

(12)整理、检查毕业论文(设计)有关材料,及时归档。

1.3.3　毕业论文(设计)要求

毕业论文(设计)的要求应体现在毕业论文(设计)的各个设计环节,根据选题的特点而有所侧重,但多数开发应用类型的选题应使学生达到以下基本要求:

1. 明确毕业论文(设计)任务

指导教师应在规定的时间内填写毕业论文(设计)任务书并及时地下达给所指导的每一位学生,使学生明确自己所需完成的任务和具体要求,清楚毕业论文(设计)规定的期限和进度。

2. 进行必要的课题任务调研、资料搜集和文献阅读

学生围绕选题任务查阅国内外有关文献及技术资料,搜集尽可能详尽的资料和数据,学习选题方案所覆盖的知识范畴,并通过各种关系和途径进行市场和行业调研,学习和了解与选题相关的生产流程、设计制作方法、市场行情等,获得较多的经验积累。

3. 根据课题任务制定合理、可行的设计计划和方案

学生根据选题任务的描述,阐述选题的研究现状、主要研究内容、对选题的见解、基本设计和实现方案、实施条件与方法、预期目标和成果、工作进度等,形成开题报告,并得到指导教师的认可。

4. 进行开发与设计,并反复修改完善

学生依照设计方案分阶段进行选题内容的开发与设计,形成初稿后应进行反复的实验、调试或效果修改,在指导教师的指导下逐步地完善开发与设计成果,达到预期的目标。

5. 每个选题小组的学生均应参与市场调研或开发设计的全部过程

选题如果是以小组申请的,则小组的每位成员应有明确的分工和任务。每个成员均应参与市场调研和开发设计的全部过程。

6. 撰写毕业论文或毕业设计说明书

学生完成开发与设计工作后,应撰写毕业论文或毕业设计说明书。毕业或毕业设计说明书是对开发与设计成果的展示与说明,必须认真编写。

7. 提交论文、开发文档、设计说明书、开发设计成果(包括:开发成果、设计成果、作品)

毕业论文(设计)完成后,学生应按要求提交毕业论文(设计)的打印稿与电子文档。

8. 参加答辩

学生针对自己的选题内容,对理论依据、设计思想、方案论证、立论与结论、开发设计方法与细节、开发设计过程、可行性和实用性、发展前景等方面进行阐述,并回答答辩委员会提出的问题。

对学生的具体要求如下:

1. 选题要求

(1)选题应在假期由学生完全自愿确定。

(2)选题应完全根据自己的专业爱好、将来的工作理想自由选择。

(3)欢迎学生自拟选题,参加工作的同学最好做与自己工作岗位有关的选题(有实际工作背景和实用价值)。

(4)所选课题的工作量和难易程度应把握在经过努力能够在给定时间内完成的程度,应与自己的能力相匹配。

(5)可以 2～4 人组成小组进行毕业论文(设计),但必须确定小组长,所有工作由小组长分配和负责。

2. 时间要求

(1)确定选题并撰写开题报告书:寒假。

(2)提交开题报告书:开学第一周。

(3)接受毕业论文(设计)任务并开始工作:开学第二周。

(4)毕业论文(设计)中期检查:第十周末。

(5)提交毕业论文(设计):第十四周末。

(6)毕业论文(设计)审阅与评阅:第十五周。

(7)答辩与评分:第十六周。

3. 提交要求

(1)开题报告书和毕业论文(设计):打印稿 ＋ 电子版＋设计作品(彩色印制)

(2)已参加工作的学生:在工作单位做与自己工作岗位有关的选题,并按时提交,按时参加答辩。

1.3.4 考核与成绩评定

在学生完成毕业论文(设计)后,通过"审阅"、"评阅"、"答辩"三个环节,分别写出评语,综合评定学生的毕业论文(设计)成绩。

1. 审阅

指导教师对所指导学生的毕业论文(设计)全部资料进行审查,同时对学生在毕业论文(设计)过程中的学习工作情况和毕业论文(设计)的质量情况进行评价和分析,写出全面、简明的评语。其内容主要包括：

(1)基本知识和基本技能方面的情况；

(2)对学生进行社会调研、文献资料综合能力与分析能力的评价；

(3)论文观点、设计质量及其理论与实践意义；

(4)论文撰写规范、文字表达等情况；

(5)工作态度及任务的难度、分量及完成情况。

2.评阅

毕业论文(设计)指导小组应该指定或约请熟悉本专业毕业论文(设计)工作的专家和教师作为评阅教师。同一个学生的指导教师不能作为其评阅教师。评阅教师应本着认真负责的精神对毕业论文(设计)进行严格、全面、客观的评价。其内容主要包括：

(1)学生对基础理论、基本技能和专业知识的综合运用；

(2)学生的创造性和创新精神,指出毕业论文(设计)是否有创意；

(3)论文观点、设计质量及其理论与实践意义；

(4)论文及设计内容的正确性；

(5)综合运用知识及资料能力；

(6)文字水平及书面表达能力；

(7)指出学生在专业知识和基本技能方面应进行哪些学习和提高,给出在毕业论文(设计)工作方面应注意和改进的意见。

3.答辩

毕业论文(设计)必须进行答辩。答辩工作在经"审阅"和"评阅"合格后,由系(部)统一安排时间进行。

各系应成立以系主任为负责人的答辩委员会,并根据学生数量和专业性质,划分答辩小组。

答辩委员会组成:答辩委员会应由本专业教师5～9人组成(高级职称应不少于3人)。

答辩小组:根据参加答辩学生人数的多少,可设若干个答辩小组,答辩小组负责对学生进行答辩考评;每个答辩小组应有答辩教师3～5人;答辩小组设组长1人,负责组织答辩考评,组长应由答辩委员会中具有高级职称的委员担任;答辩小组应设书记员1人,负责答辩记录和成绩汇总。

答辩程序和要求如下:

(1)所有学生的毕业论文(设计)答辩均应由答辩小组主持并以公开方式进行。

(2)答辩时,学生先用5～10分钟时间简要报告毕业论文(设计)的主要内容,然后由答辩小组成员进行提问,学生回答,提问和回答问题的时间约10分钟。答辩小组成员根据毕业生的答辩情况,依据评分标准给出分数。

(3)学生陈述的主要内容包括:选题的目的和意义;所做的主要工作和采用的方法;结论、收获和对自己完成任务的评价等。

(4)教师提问的主要内容包括：论文或设计中涉及的基本概念、理论依据；对所提观点和所做设计进行解释和说明；本论文的实际应用意义；考察、鉴别学生通过毕业论文(设计)掌握的知识和技能等。

(5)答辩评分的标准主要有：答辩所用辅助材料齐全，准备充分。规定时间内对论文的陈述情况；思路清晰，叙述正确，语言流畅，对问题及设计阐述清楚。主要问题回答正确，基本概念清楚，有正确的答辩态度。

(6)学生答辩期间，秘书要认真做好记录，答辩结束后，由答辩小组审定，组长签署意见，并报送系(部)答辩委员会签署意见。

4.毕业论文(设计)成绩的评定

学生的毕业论文(设计)成绩可采用优秀、良好、中、及格、不及格五个等级。毕业论文(设计)成绩在综合各个环节的基础上，采取结构评分的办法：

公式：$C=0.3A+0.2B+0.5D$

C——毕业论文(设计)成绩

A——指导教师评分

B——评阅教师评分

D——答辩小组教师评分平均值

毕业论文(设计)的优秀(90 分以上)率不得超过 15%，良好占 30%～40%，其余占45%～50%。

1.3.5　优秀毕业论文(设计)评选

在毕业论文(设计)成绩评定后，可适当推荐评选优秀毕业论文(设计)，以鼓励学生勤奋学习，勇于创新，及时总结优秀毕业论文(设计)工作经验，促进教学质量的提高。

优秀毕业论文(设计)的评选工作由各系答辩委员会承担。各答辩小组在答辩结束后，应组织全体教师对整个毕业论文(设计)工作进行总结，在总结的基础上根据本专业的实际情况，从评为"优秀"的毕业论文(设计)中推荐出参加评选的毕业论文(设计)，并写出简要的推荐意见，报系答辩委员会。

系答辩委员会应对各答辩小组推荐的优秀毕业论文(设计)和推荐意见进行全面审阅评比，确定本系优秀毕业论文(设计)名单。由系主任签字后，连同中选的毕业论文(设计)文本及系推荐意见一并报送教务处。

学院对获优秀毕业论文(设计)的学生、指导教师给予适当的物质奖励，为学生颁发优秀毕业论文(设计)证书。

优秀毕业论文(设计)要作为教学历史资料归学院图书馆保存。教师、学生可按有关规定借阅参考。

1.3.6　资料存档

在学生的毕业论文(设计)工作全部完成后，指导教师应及时搜集和整理相关的电子文档资料和书面文档资料,将电子文档资料刻盘留底,书面文档资料装入档案袋。所有资料由指导教师交学院或系部资料室保存,以备教学检查和以后调用。

需要归档的书面文档资料包括:

(1)学生选题申请表。

(2)毕业论文(设计)任务书。

(3)毕业论文(设计)开题报告。

(4)毕业论文(设计)指导记录单。

(5)成绩评定档案,包括:论文(设计)答辩记录表、答辩成绩鉴定表、毕业论文(设计)成绩评定表。

(6)毕业论文和设计成果。

(7)毕业论文(设计)成绩登记册和成绩分析单。

(8)优秀毕业论文(设计)推荐表。

需要归档的电子文档资料包括:

(1)下发给学生的参考选题库。

(2)毕业论文(设计)任务书。

(3)毕业论文(设计)开题报告。

(4)毕业论文(设计)指导记录单。

(5)毕业论文和设计成果。

(6)学生毕业论文(设计)总结。

(7)优秀毕业论文(设计)推荐表。

第2章 职业院校学生毕业论文（设计）工作指导

本章导读

在进行毕业论文（设计）的初始阶段，学生往往感到很迷茫，不知道从何着手。有些学生也因为不清楚毕业论文（设计）的工作流程，而走了一些弯路，浪费了宝贵的时间。本章内容帮助学生明确毕业论文（设计）的工作流程，清楚地认识到每个工作阶段的任务、目标以及工作方法，并对毕业论文（设计）的内容及格式规范进行指导。

内容简介

(1)学生毕业论文（设计）的工作流程。

(2)毕业论文（设计）的内容及格式规范。

(3)毕业论文（设计）的文档资料样本。

2.1　毕业论文（设计）的工作流程

学生进行毕业论文（设计）工作时应遵循一定的工作流程，有组织、有计划、有目的地进行，不能在盲目无序中浪费时间。毕业论文（设计）工作有不同的阶段，每个阶段有不同的任务和目标。

2.1.1　毕业论文（设计）的环节说明

毕业论文（设计）有多个工作环节，学生应在清楚明了每个环节的时间顺序与任务要求的情况下认真完成工作。

1. 毕业论文（设计）的工作环节

一般情况下，工作环节的顺序如下：

教师下发参考选题库──→学生确定选题──→教师下发毕业论文（设计）任务书──→学生开题报告──→学生开发撰写、教师指导──→学生提交论文与成果──→教师初审──→教师评阅──→学生答辩──→教师评分──→评选优秀毕业论文（设计）──→资料归档。

以时间为线索，主要工作环节一般遵循的流程如图 2-1 所示。

```
        ┌──────────┐
        │  确定选题  │
        └────┬─────┘
             │
        ┌────▼─────┐
        │  下发任务书 │
        └────┬─────┘
             │
        ┌────▼─────┐
        │   开题期   │
        └────┬─────┘
             │
        ┌────▼─────┐
        │ 开发或撰写期 │
        └────┬─────┘
             │
        ┌────▼─────┐
        │ 答辩与评分期 │
        └────┬─────┘
             │
        ┌────▼─────┐
        │  资料归档  │
        └──────────┘
```

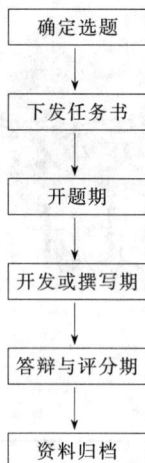

图 2-1　毕业论文(设计)的一般流程

2. 毕业论文(设计)的重点步骤

在毕业论文(设计)的工作环节中,重点工作有三项:

(1)确定选题。

(2)开发或撰写。

(3)答辩与评分。

3. 学生的工作过程

在毕业论文(设计)的工作中,学生必须认真完成以下工作:

(1)认真阅读、研究参考选题库,确定自己的选题,若不是独立完成的选题,应选好合作的小组成员。

(2)通过网络、图书馆查阅文献资料,进行社会、企事业单位的走访和调研,充分做好开题的资料准备工作。

(3)撰写开题报告书。

(4)在辅导教师的指导下进行开发设计或论文撰写。

(5)提交毕业设计或毕业论文。

(6)进行毕业答辩。

2.1.2　确定选题

1. 教师选题指导

在毕业设计(论文)的教学工作中,帮助学生选择难度适当的实际选题,有利于培养学生的实际操作能力和独立分析问题、解决问题的能力,增强学生的社会参与意识,为学生的就业做好准备。从学生毕业前的角色转换出发(即从学生身份转换到相应的职业岗位工作人员),通过大量的社会市场调研和专业岗位调研,搜集整理出具有明确工程背景和实际应用价值的模拟选题,做成参考选题库下发给学生。力争通过毕业设计(论文)工作,使学生在教师的指导与帮助下一步步地了解与熟悉真实的产业流程,并模拟经历工作中的各个环节,积累自己职业生涯中宝贵的第一点工作经验乃至人生经验。

2.选题设计原则

指导教师在设计选题时,主要应把握以下几个原则:

(1)选题以学生所学课程知识和技能为出发点设计

以学生三年来所学主干课程为主线进行设计,尽量使学生将所学知识和能力进行综合应用并进一步提升训练,达到综合性实践教学的目的。

(2)选题有实际应用意义

最好能够选择与某一工作岗位相关的具体选题和学生身边可见可闻的选题,这样在做论文的过程中有学习的对象。如:微机常见软件故障维修,家庭小型局域网及共享上网配置,微机组装市场行情调研,旧、差照片的处理与修复,店铺门头的设计,电子相册的制作等选题就较好。

(3)选题不宜过大过难

对于高职层次的学生来说,教师在设计选题时一定要将学生所学习或研究的内容具体化、细分化,切忌选题所涉及的内容或技术过杂。比如选择计算机加密技术,这样的题目就太难了,不适合高职层次的学生去做。但如果该同学确实对加密技术很感兴趣,可以"对称密钥加密技术的学习"为题目。又如选择局域网组建及上网配置,这样的题目太大,因缺乏实际工作环境,会致使论文内容空泛,应将这样的题目修改为网吧局域网组建及上网配置,家庭小型局域网及共享上网配置,企业局域网服务配置等较具体的题目。

3.学生选题的适宜度把握

学生能够选择与自己能力相匹配的合适选题是论文成功的关键。通常,学生在选题时要把握的原则有:

(1)选题应完全根据自己的专业爱好、将来的工作理想自由选择。

(2)选题不宜过大过难,选题的工作量和难易程度应把握在经过努力能够在给定时间内完成的程度,应与自己的能力相匹配。

(3)已到工作单位实习或工作的同学最好做与自己工作岗位有关的选题(有实际工作背景和实用价值)。

在选题的初始阶段,学生往往感到很迷茫,难以确定自己要做的方向,有时情急之下,就从网上借鉴一些本科甚至是硕士学位论文的题目,造成后期做论文时无法进行下去,甚至有中途多次换选题的现象发生。其实,在选题阶段,学生一定要静下心来,一方面认真阅读、研究教师下发的参考选题库,另一方面通过网络、图书馆查阅文献资料,进行社会、企事业单位的走访和调研,充分做好选题的准备工作。能选择与某一工作岗位相关的具体选题和身边可见可闻的选题是最好的,这样在做论文的过程中有学习的对象。

2.1.3　开题期的工作

开题期是指学生从确定选题到完成选题的详细调研并写出开题报告的阶段,此阶段大约需要占论文周期四分之一的时间。

开题期的工作非常艰苦而细致,但对毕业设计(论文)的成功起着非常重要的作用。在毕业设计(论文)的初始阶段,学生往往因缺乏自学和研究的经验,而出现面对选题无从下手的情形。此时,需要在指导教师的指导下,先从查阅相关毕业设计(论文)的文献资料开始,对选题做初步了解;然后通过市场调研,摸清选题的应用目的和意义,再搜集整理大量可能用到的资料、辅助学习对象。在反复的查阅资料和调研过程中,逐渐清楚做选题的方法、步骤和目标,把握工作的脉络和途径,之后在教师指导下制定毕业设计(论文)计划和大纲,撰写出开题报告。

开题期的主要工作步骤有:

1. 查阅资料、文献,搜集有关信息,做准备工作;

2. 做选题调研;

3. 对搜集到的资料和调研信息进行详细的分析、学习、总结、整理;

4. 制定毕业论文(设计)计划和大纲;

5. 形成开题报告。

2.1.4 选题调研与资料的检索和处理

学生在选题确定之后,需要进行大量深入、详细的选题调研和资料的检索搜集工作,此项工作是毕业设计(论文)成功的保证之一。选题调研的水平程度不一样,对选题的理解就深浅不一,毕业设计(论文)所做的效果也不一样;搜集资料的多少会对选题完整性和深刻性的把握有直接影响;实习地点不同或者调查对象不同,会有不同的收获。

在此阶段,教师应鼓励学生用较长的时间和精力去做最充分的选题准备工作。调研与资料检索过程付出的越多,素材就越充分,以后做设计(论文)的过程就越顺利。只有在前人丰富的知识和经验的指导下,才有可能孕育出创新的成果。拥有的资料越广泛,眼界越开阔;学习理解的文献资料越多,得到的提示信息越丰富。相反,巧妇难为无米之炊,若资料储备不足、调研敷衍了事、学习不深入、理解不透彻,做出的毕业设计(论文)水平就会较低,不会有多少实际意义,甚至可能是低水平的重复和抄袭,从而失去了进行毕业设计(论文)工作的意义。

1. 选题调研

选题的调研一般通过搜集各方面资料和参加社会实践活动来完成,具体的实现方式主要有:

(1)进行毕业实习,到厂矿、企业、事业单位进行短期学习、工作和调查。针对选题考察相关行业的生产流程、设计制作方法、销售和市场状况等方面的情况。感受理论与实践的联系与差别,进行认真的学习研究和实践。

(2)在生产、制作实地调查研究,深入现场了解实际情况,尽可能地询问、请教一些技术要点和疑难问题,同时多想多记,发掘新的问题和提出新的观点。

(3)在图书馆、院系资料室、书店、数字信息中心和档案馆查阅本行业的相关图书和期刊,汇集资料。

(4)从网络搜索相关主题的网页、资讯、社区和论坛,寻找有价值的参考资料。

(5)通过各种关系联系与选题相关的专家、学有所成的教师或朋友,做一些有侧重的访谈和咨询,可以快速直接地获得有用的资料和经验。

在调研过程中,应该养成携带笔记本和移动磁盘的习惯,随时将所听、所见、所想和所得到的资料、信息和宝贵经验记录下来,并即时将它们分类整理,为毕业设计(论文)工作积累素材。

2.资料的检索和处理

文献的检索与应用能力是现代工作中人们必备的一项基本素质。通过文献检索,可以及时、广泛地了解与自己工作有关的信息与动态,对改进工作方式、提高工作水平和效率是十分重要的。查阅充分的资料是写好一篇论文的前提条件,有助于提高毕业论文(设计)的质量,并且能够培养学生独立利用图书馆、互联网检索文献资料的能力。

(1)文献的含义与种类

文献是人类知识积累的成果,是信息传播的重要载体。检索是指一种查找过程,人们在广泛分布的众多文献资料中查出符合特定需要的文献或数据,这便是文献检索。

文献不仅仅指书籍,凡是承载知识和信息的物体都可以称为文献,主要包括书刊、杂志、录像、录音带、光盘和互联网等。从包含的知识与信息的层次来分,可以划分为一次文献、二次文献和三次文献。

① 一次文献

是人们直接以自己的生产、科研、社会活动等实践经验为依据而产生的文献,也被称为原始文献。其记载的知识和信息比较新颖、具体和详尽。主要包括:学位论文、科技期刊、科技报告、会议论文集、专利文献、政府出版物等,是文献检索的主要对象。

② 二次文献

是对一次文献进行归纳分类后形成的资料,包括文摘、目录、索引等检索工具。二次文献有明显的汇集性、系统性和可检索性,使查找一次文献所花费的时间大大减少,二次文献是检索一次文献所利用的主要辅助工具。

③ 三次文献

是对大量的相关文献进行综合归纳、提炼而成的综合性文献。它通常围绕某个专题,利用二次文献检索相关文献后进行深度加工而成,适合对某领域进行全面快速地了解。三次文献通常包括教材、专著、年鉴、技术手册、综述报告、辞典、工具书等。

(2)文献检索的步骤

通常,文献检索的一般步骤如图 2-2 所示。

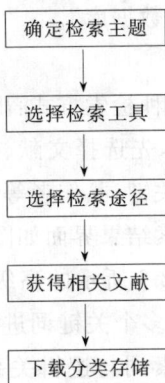

图 2-2　文献检索的一般步骤

（3）文献检索的方式

在今天"知识爆炸"的信息时代里，如果没有正确的检索途径和检索工具，试图找到所需的资料是非常困难的。

按检索手段分，文献检索可分为手工检索和计算机检索。

① 手工检索

用手工的方法检索印刷型工具、书刊的过程。随着信息技术的发展，手工检索的适用范围逐渐缩小。

② 计算机检索

用计算机及网络等现代化手段和设备来检索各种数据库和网络资源的过程。可分为光盘检索系统、联机检索系统、网络数据库检索系统和 Internet 网络资源检索系统。

（4）常用的检索系统简介

国内常用检索系统有：

① 万方数据资源系统

② 中文期刊全文数据库

③ 中国学术期刊网(CNKI)

④ 中国科技期刊库

常用网络资源搜索引擎有：

① Yahoo 搜索

② Google 搜索

③ MSN 搜索引擎

④ 百度搜索

⑤ 新浪网

⑥ 搜狐

（5）资料检索实例——全文数据库检索

① 登录

登录中国学术期刊全文数据库的 Web 站点（http://www.cnki.net），进入如图 2-3 所示的中国期刊全文数据库 Web 检索页面。读者可以根据需要选择要进入的目标数据库，默认情况下进入到"中国期刊全文数据库"。

② 检索方法

目前中国期刊全文数据库提供三种检索方式：出版物检索、跨库检索和高级检索。

出版物检索的界面如图 2-4 所示，先选择文献、期刊、博硕士、会议、报纸等出版物类型，然后在检索项中选择主题、篇名、关键词、作者等项目，再在检索词框中输入对应的检索词后，单击"检索"按钮。得到的检索结果界面如图 2-5 所示。

如果选择高级检索，则进入如图 2-6 所示的高级检索界面。这是多种检索条件组合检索的方式。在此方式下可以设定按多个关键词进行检索，各个检索词之间有"并且"和"或"的关系。设置好多个检索项、检索词与逻辑关系后单击"检索"按钮，即可得到检索结果。

图 2-3 登录中国期刊全文数据库界面

图 2-4 初级检索界面

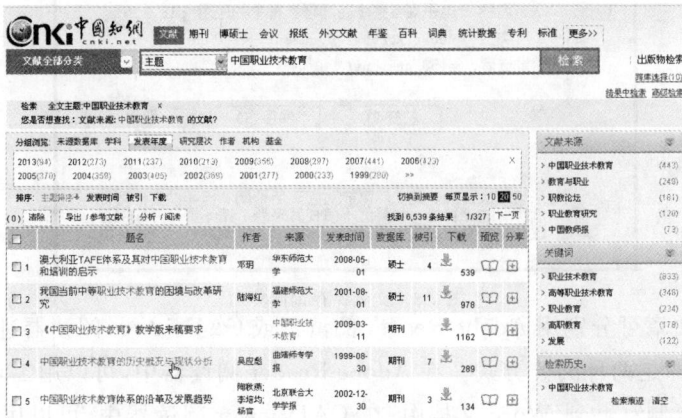

图 2-5 初级检索结果界面

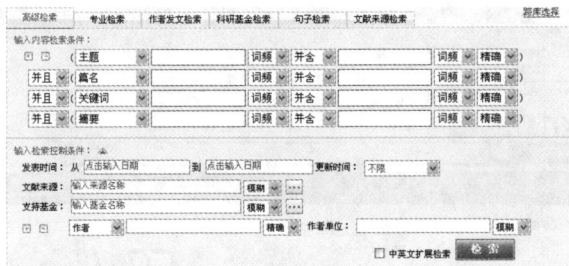

图 2-6   高级检索界面

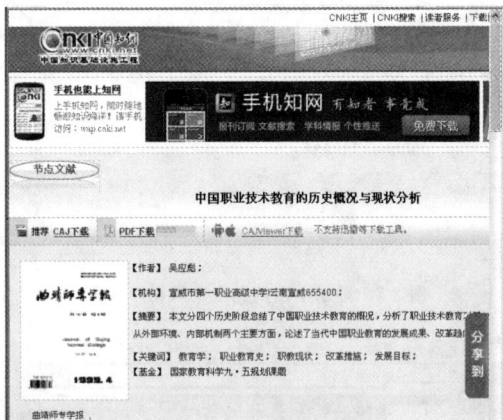

图 2-7   文献下载界面

③ 资料的输出方式

可以将找到的资料全文下载到自己的磁盘上。选中需要下载的文章,进入如图 2-7 所示的界面中。单击"下载阅读 CAJ 格式全文"或"下载阅读 PDF 格式全文"后,出现图 2-8 所示的询问界面,再单击"保存"按钮,则文件下载储存到指定的文件夹中。

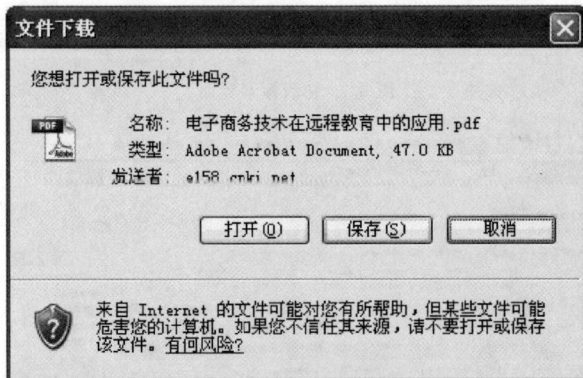

图 2-8   文献保存询问界面

下载后的文章可分别用 Adobe Reader 阅读器或 CAJViewer 阅读器进行阅读,图 2-9 和图 2-10 所示即是两种阅读方式。在 Adobe Reader 阅读器中,可以用工具按钮 选择 选择文字区域后复制粘贴到 Word 文档中;在 CAJViewer 阅读器中,可以用工具按钮 选择文字复制粘贴到 Word 文档中,也可以用文字识别工具 选择文字区域,再将识别后的文字复制到剪贴板或 Word 文档中。

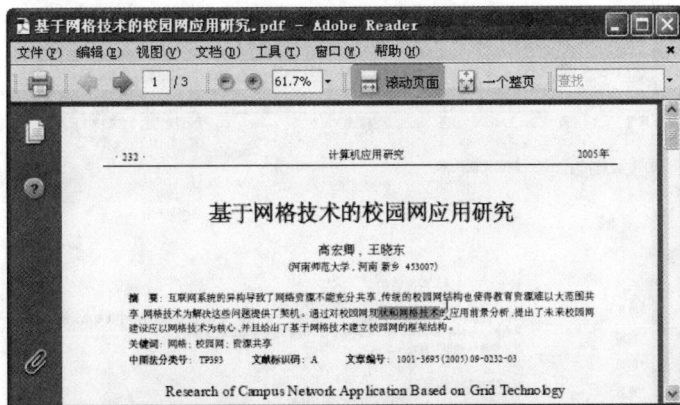

图 2-9　用 Adobe Reader 阅读文献

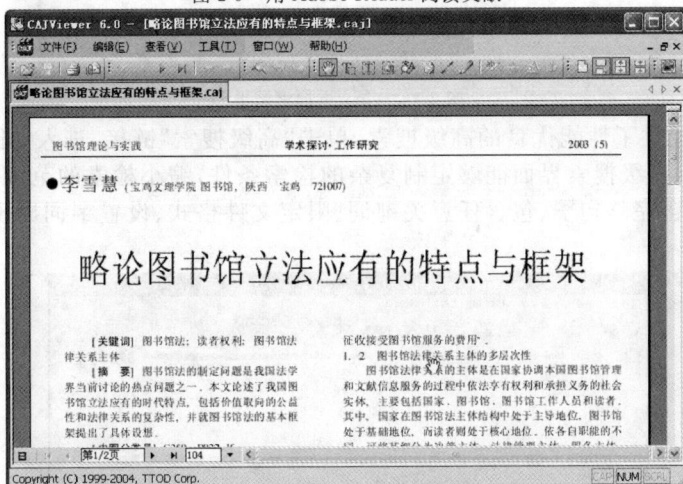

图 2-10　用 CAJViewer 阅读文献

(6)资料检索实例——搜索引擎检索

国内外有上千个搜索引擎,这些搜索引擎各有其特点和优缺点,用户应当根据自己的检索需求选择适当的搜索引擎。常用的中文搜索引擎有百度、Google、天网、雅虎中文、中文 Excite、新浪、搜狐、网易等。此处以 Google 搜索引擎为例来说明搜索引擎的用法。

先在浏览器地址栏键入 http://www.google.cn,登录网站,如图 2-11 所示。在文本框中输入搜索的关键词或语句,单击"Google 搜索"按钮,即可得到搜索结果,如图 2-12 所示。

图 2-11　Google 搜索界面

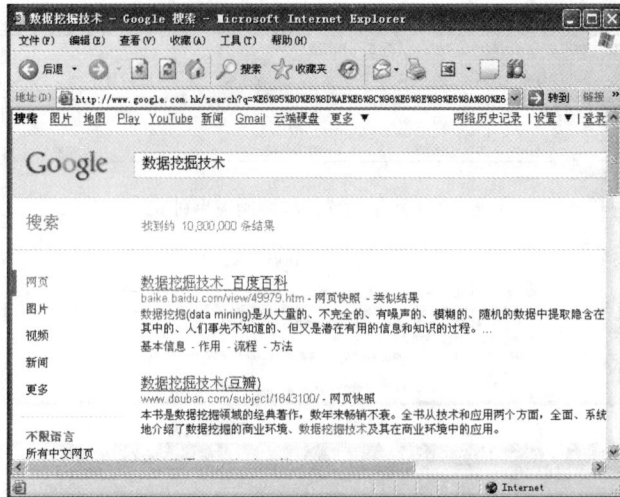

图 2-12　Google 搜索结果

　　Google 还提供了性能优良的高级搜索,单击"高级搜索"链接,进入如图 2-13 所示的高级搜索界面。高级搜索界面能够定制复杂的检索条件,缩小检索的范围,定制项包括:包含全部字、包含完整句子、包含任意关键词、限定文件格式、设置字词出现的位置、搜索特定网页等。

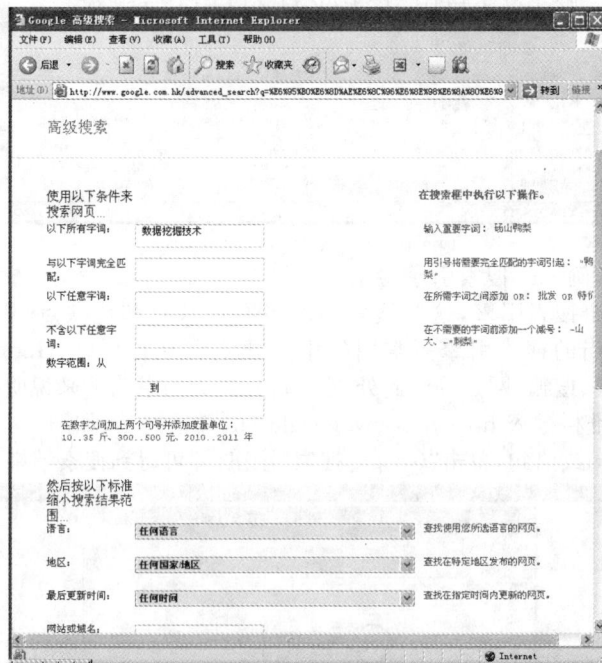

图 2-13　高级搜索界面

　　(7)文献的加工整理

　　对获得的文献资料应进行细致的加工整理。首先是仔细阅读,对所搜集到的资料进行全面学习和分析,剔除质量低、过时陈旧、真实性差的资料。其次是对资料进行分类存储,以方便使用时查看,如可以按研究现状、关键技术、典型实例、市场分析等类别存放。

2.1.5　毕业论文(设计)的实施阶段

开题报告审核通过后,进入毕业设计(论文)实施阶段,此阶段大约占整个论文周期一半的时间。此阶段在指导教师的指导下,按毕业设计(论文)的不同类型,通过不同的方法进行撰写或开发。首先,需要搭建毕业设计(论文)的基本框架,然后通过研究学习、上机、实验、设计、开发等不同的方法进行工作,完成毕业设计(论文)的初稿。

毕业设计(论文)实施阶段的主要工作步骤有:

1.分解选题任务;

2.进行初步地学习、实验、设计、创作;

3.在指导教师的帮助下,集中精力攻克毕业论文(设计)中的技术难点;

4.对重要内容进行反复揣摩、开发和设计;

5.形成初稿后请指导教师提出修改意见;

6.反复修改、调整毕业论文(设计)的内容和开发设计的成果作品;

7.撰写论文和设计说明书;

8.申请审阅和评阅;

9.依据审阅和评阅意见修改毕业论文(设计);

10.印制毕业论文和设计的作品。

2.1.6　论文与设计说明书的撰写

一篇完整的毕业论文或设计说明书通常由题目、摘要、目录、引言(前言)、正文、结论、参考文献和附录等几部分构成。

1.毕业论文的结构

题目:即标题,它的主要作用是概括整篇论文的中心内容。因此,题目要确切、恰当、鲜明、简短、精炼。

目录:反映论文的纲要。目录应列出通篇论文各组成部分的各级标题,逐项标注页码。

摘要:摘要是论文的高度概括,是全文的缩影,以提供内容梗概为目的,不加评论和补充解释,简明、确切地描述文章的重要内容。其基本要素包括研究目的、方法、结果和结论。具体地讲就是论文工作的主要对象和范围,采用的手段和方法,得出的结果和重要结论。摘要应拥有与论文等量的主要信息,即不阅读全文,就能获得必要的信息。一篇摘要应不少于 200 字,结尾要注明 3～5 个关键词(名词)。

前言:前言相当于论文的开头,它是三段式论文的第一段(后二段是本论和结论)。前言与摘要写法不完全相同,摘要要写得高度概括、简略,前言可以稍加具体一些,文字以 500 字左右为宜。前言一般应包括以下几方面内容:

(1)为什么要写这篇论文? 要解决什么问题? 主要观点是什么?

(2)对本论文研究主题范围内已有文献的综述。

(3)说明本论文所要解决的问题,所采用的方式方法。

(4)概括本课题研究的目标及意义。

正文:论文的正文是作者对自己所做工作的详细表述。应包括以下内容:

(1)理论依据,详细说明所使用的分析方法和设计方法等基本情况;指出自己应用和学习了哪些分析方法、实验方法和设计方法等。

(2)课题研究的方法与手段,分别以下面几种方法说明:

用实验方法研究课题,应具体说明实验用的设备情况。对实验的过程和操作方法要做详细介绍和说明。

用理论推导的手段和方法达到研究目的,论文内容要精心组织,做到概念准确,判断推理符合客观事物的发展规律,言之有序,言之有理,以论点为中枢,组织成完整而严谨的内容整体。

用调查研究的方法达到研究目的,要详细说明调查目标、对象、范围、时间、地点、调查的过程和方法等。

(3)结果部分一般要占较多篇幅。

要详细撰写经过学习研究所得到的结论和自己的收获。适当运用表和图分析结果,是科技论文通用的一种表达方式。

结论:结论包括对整个研究工作进行归纳和综合而得出的总结;所得结果与已有结果的比较;联系实际结果,指出它的应用价值和在实际中推广应用的可能性;在本课题研究中尚存在的问题,对进一步开展研究的见解与建议。结论集中反映作者的研究成果,表达作者对所研究课题的见解和主张,是全文的思想精髓和思想体现,一般应写得概括、篇幅简短。

致谢:对于毕业论文(设计)的指导教师,对毕业论文(设计)提过有益的建议或给予过帮助的同学、同事与集体,都应在论文的结尾部分书面致谢,其言辞应恳切、实事求是。

参考文献:对那些重要的、学术性强的、在论文中所引用过的文献,一般都应列出来。

附录:在论文之后附上不便放进正文的重要数据、表格、公式、图纸、程序等资料,供读者阅读论文时参考。

2.毕业论文(设计)说明书的结构

毕业论文(设计)说明书是对开发设计的成果或作品进行解释与说明的书面材料,在写法上除参照毕业论文的内容外,要注意与论文的区别。

(1)前言由下面三部分组成:设计的目的和意义,设计项目发展情况简介,技术路线、设计方案确定的缘由、设计原理及规模介绍。

(2)正文针对所选题目撰写三部分内容:该类题目的深入调查研究的内容,对题目进行深入;对自己设计制作过程中的市场调研、设计定位、创意来源、设计思路、设计理念、作品说明、创新价值、未来展望等进行详细阐释;在设计作品过程中出现的相关问题以及解决的方法。

(3)结论部分是对设计作品(说明)的总结。应阐述本设计的作用、推广使用价值、与同类设计相比较的优越性和特点等。

3.毕业论文、毕业设计说明书写作中应注意的一些问题

(1)文章标题层次及同级标题序码必须段落分明、前后一致。

(2)论文中有关实验、设计数据的表格、图、照片的表达一定要规范化。

2.1.7　毕业论文(设计)答辩

毕业论文(设计)完成后要进行答辩,以检查学生是否达到毕业论文(设计)的基本要求和目的,衡量毕业论文(设计)的质量高低。

对于学生来说,要从以下几个方面认真做好毕业论文(设计)答辩的准备工作:

1.思想准备

答辩是学校对毕业论文(设计)进行验收、考核的一种形式。学生要明确答辩的目的,克服紧张情绪,树立信心,通过毕业论文(设计)答辩这一环节来展示自己一学期以来的开发设计成果,同时提高自己的口头表达能力、概括能力和思辨应答能力。

2.内容准备

在反复阅读、审查自己毕业论文(设计)和开发设计成果的基础上,写好答辩陈述报告,内容应包括:选题的任务、目的意义、所采用的原始资料或主要参考文献、毕业论文(设计)的基本内容、主要方法、技术要点、结果和自我评价等,最好用幻灯片展示自己的开发成果或设计的作品。

3.物质准备

主要准备参加答辩会所需携带的用品。如:答辩提纲、毕业论文(设计)的底稿、内容提要、计算机演示文稿、所设计的实物作品等,以备辅助介绍。

由于进行毕业论文(设计)的时间很长、工作紧张、赶任务、赶论文,可能会有一些内容记忆不清,因此有必要在答辩之前对毕业论文(设计)的全过程进行复习和总结。如果毕业论文(设计)的任务较大,而自己只完成其中一部分,则答辩前应对论文或设计的全貌进行一定的了解,对论文或设计中的不足以及来不及完成的部分做到心中有数。复习在毕业论文(设计)中涉及的基本知识,回顾解决问题的方法,总结难点和创新点以及在这个过程中所掌握的基本技能,更能提高答辩的质量。

2.1.8　毕业论文(设计)评分

毕业论文(设计)质量评分参考标准依据不同的专业和选题方向会有所侧重,这里只列出一般的参考标准。

1.毕业论文(设计)质量评分参考标准

评定学生的毕业论文(设计)成绩时,指导教师和评阅教师可使用表 1-1 的质量评分标准进行评分。

表 1-1　　　　　　　　毕业论文(设计)质量评分参考标准

项目	权重	评分标准				
		优秀 90≤X≤100	良好 80≤X<90	中 70≤X<80	及格 60≤X<70	不及格 X<60
选题与工作量	0.2	选题难度适宜,有较高的实际意义。很好地完成任务书规定的工作量。	选题比较合适,有较高的实际意义。能较好地完成任务书规定的工作量。	选题比较合适,比较有实际意义。按时完成任务书规定的工作量。	选题难度不太合适,实际意义不大。基本完成任务书规定的工作量。	选题不合适,没有实际意义。不能完成任务书规定的工作量。
社会调研与文献查阅	0.2	进行了充分的社会调研与文献查阅,对选题的意义和价值有明确的认识。	进行了较充分的社会调研与文献查阅,对选题的意义和价值有较明确的认识。	进行了社会调研与文献查阅,对选题的意义和价值有一定的认识。	做了社会调研与文献查阅,对选题的意义和价值有认识。	没有进行社会调研与文献查阅,对选题的意义和价值没有认识。
论文内容与设计质量	0.2	论文所涉及的理论知识和技术内容正确,有自己的设计思想和较高的应用价值。	论文所涉及的理论知识和技术内容正确,有一定的设计思想和较高的应用价值。	论文所涉及的理论知识和技术内容基本正确,有一定的设计思想和应用价值。	论文所涉及的理论知识和技术内容有对有错,设计思想和应用价值低。	论文所涉及的理论知识和技术内容不正确,没有设计思想和应用价值。
知识与能力运用	0.2	能充分运用三年来所学知识和技术进行社会实践应用,对自己的技术水平有较高的提升。	能够运用三年来所学知识和技术进行社会实践应用,对自己的技术水平有较高的提升。	基本能运用所学知识和技术进行社会实践应用,提高了自己的技术水平。	对所学知识和技术运用较少,对自己的技术水平提高不大。	没有运用所学知识和技术进行社会实践应用。
撰写规范	0.1	论文结构严谨,条理清楚,完全按照规范撰写。语言描述准确无误。	论文结构合理,条理清楚,能够按照规范撰写。语言描述准确无误。	论文结构基本合理清楚,基本能按照规范撰写。	论文结构不太合理,没能按照规范撰写。语句不够通顺。	论文结构杂乱,没有按照规范撰写。语言描述混乱。
学习与研究态度	0.1	学习态度认真端正,模范遵守纪律,按时提交论文。	学习态度比较认真端正,能遵守纪律,按时提交论文。	学习态度尚好,遵守纪律,基本能按时提交论文。	学习态度不认真,纪律较差,勉强能提交论文。	学习态度不端正,纪律涣散,不能按时提交论文。

2.毕业论文(设计)答辩质量评分参考标准

答辩时,答辩委员会成员可使用表 1-2 的质量评分标准进行评分。

表 1-2　　　　　　　　毕业论文(设计)答辩质量评分参考标准

项目	权重	评分标准			
		好 90≤X≤100	较好 80≤X<90	一般 60≤X<80	差 X<60
论文内容及答辩准备情况	0.2	论文撰写规范;条理清晰;文字语言表达正确;有自己的创意和见解;分析归纳合理。答辩所用辅助材料齐全,准备充分。	论文撰写较规范;条理较清晰;文字语言表达正确;有自己的分析归纳。答辩所用辅助材料齐全,准备充分。	论文撰写较规范;文字语言表达一般;有自己的分析归纳。	论文撰写不规范;条理不清晰;文字表达混乱。
讲解	0.4	规定时间内对论文的陈述清楚;思路清晰;叙述正确;语言流畅;对问题及设计阐述清楚。	规定时间内对论文的陈述较清楚;思路较清晰;叙述正确。	规定时间内对论文的陈述不是太明确;对问题及设计阐述一般。	规定时间内对论文的陈述不清楚;思路混乱;叙述有错误。
答辩	0.4	主要问题回答正确;基本概念清楚;有积极的答辩态度。	主要问题回答正确;基本概念清楚;有正确的答辩态度。	问题回答有正确有错误;基本概念比较清楚;答辩态度尚可。	主要问题回答错误;基本概念不清楚;答辩态度差。

2.2　毕业论文(设计)的内容及格式规范

2.2.1　论文类型

对目前高职学院开设的所有计算机专业来说,其专业方向可划分为两大类:计算机应用技术综合类和多媒体技术类。根据学生三年来所学课程内容,又可将此两大类的毕业论文(设计)的方向做如下的划分。

1.计算机应用技术综合类

(1)软硬件应用方向

(2)网络技术方向

(3)软件工程方向

(4)计算机产品营销方向

2.多媒体技术类

(1)平面设计方向

(2)视频制作方向

(3)多媒体课件制作方向

(4)网页制作方向

(5)Flash 动画设计方向

(6)3ds max 三维效果制作方向

按以上的方向来做毕业论文(设计)时,其结果中既有撰写论文类,又有开发设计类,故称为毕业论文(设计)。而在这些方向中,根据不同的论文内容又可将论文类型分为三大类:研究报告型、开发文档型和开发设计型。其中,如果是就某一问题进行调查研究,或深入学习而撰写的论文则属于研究报告,如题目为计算机软、硬件消费心理调查;如果是做软件开发设计,则撰写的论文为开发文档;如果是做设计后再写说明书,则论文类型为开发设计型,如做网络设计和代码开发。在这三类论文中,研究报告型和开发文档型的论文一般只撰写5000~8000字,而开发设计型的论文,除开发设计成果(开发成果、设计成果、作品)外,还应撰写2000~5000字设计说明书,对开发设计进行阐释与说明。论文类型及内容要求如图2-14所示。

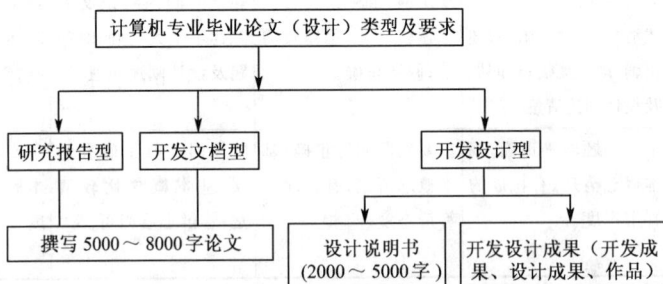

图 2-14   毕业论文(设计)类型及要求

2.2.2 毕业论文计算机打印排版规范

1.页面设置:纸张 A4,默认页边距

2.摘要格式

(1)居中打印"摘要"二字(三号、黑体),字间空一汉字位置。

(2)"摘要"二字下空一行打印摘要内容(小四号、宋体)。

(3)摘要内容后下空一行打印"关键词"三字(小四号、黑体),其后为关键词(小四号、宋体),每一关键词之间用逗号隔开,最后一个关键词后不打标点符号。

3. 正文

(1)题目:三号、黑体、居中

一级标题:四号、宋体、加粗,段前段后各1行

二级标题:小四号、宋体、加粗,段前段后各0.5行

三级标题:小四号、宋体、加粗

(2)内容

中文:小四号宋体

英文:新罗马体(Times New Roman)

段落间距:1.5倍

(3)标题序号使用

一级标题:一、、二.、三.、四.……

二级标题:1.、2.、3.、4.……

三级标题:(1)、(2)、(3)、(4)……

四级标题:①、②、③、④……

五级标题:1)、2)、3)、4)……

操作步骤:一律用数字序号①、②、③、④……

(4)图、表格式

图:文中注明如图 X 所示,图题注用中文、五号、宋体

表:文中注明如表 X 所示,表题注用中文、五号、宋体

4.参考文献:五号、宋体

5.毕业论文装订次序要求

第一　封面

第二　摘要

第三　目录(写一级标题即可)

第四　论文

　　　1.前言

　　　2.正文

　　　3.结论、讨论和建议

　　　4.作品(彩色打印)

　　　5.致谢

　　　6.参考文献

第五　附件(学生承诺书与产权声明)

第六　封底

6.毕业论文纸张、装订要求

论文按统一纸张打印、装订,一式三份(交学院两份,自留一份)。

2.3　毕业论文(设计)的文档资料样本

在毕业论文(设计)的工作过程中,需要用到和保存的文档资料要做到格式规范、统一,内容真实。通常,应下发空白电子文档,学生和教师应及时填写,由指导教师及时搜集整理好,以免造成遗失。

2.3.1　毕业论文(设计)任务书

教师在批准学生所申请的选题后,填写该表并下发给学生。

样本：

××职业技术学院计算机专业(论文)毕业设计任务书

设计(论文)题目　　　平面设计——Ⅵ设计

学院、专业　　××职业技术学院计算机系　　　学生姓名　闫　鑫

指导教师姓名、职称　　乔　岚　副教授

　　　　　　　　　　　　　　　下发日期　　2011.11.16

(任务起止日期：2011 年 11 月 16 日至 2012 年 3 月 30 日)

论文(设计)的主要内容与要求及其主要技术指标：

1.设计内容：全套 VI 设计(不少于 5 幅)

2.主题明确，内容完整，能体现作者的设计意图和设计构思。

3.设计构思和表现手法新颖；文字图形编排处理合理；能结合主题思想进行设计，整个画面协调，创意独特。

4.符合企业文化宗旨。

5.作品主要是给新森木家具股份有限公司设计 Ⅵ 手册。使企业形象更加鲜明和统一，深入人心，能够给企业带来新的效益。

6.对设计的作品进行明确的阐释。

进 度 安 排

序号	毕业论文(设计)工作进度	日期(起止周数)	%
1	提交开题报告书	2011.11.16～11.20	
2	提交毕业设计大纲	2011.11.22	
3	提交设计作品和说明书初稿	2011.11.23～2011.12.30	
4	修改设计作品和说明书	2011.12.30～2012.3.20	
5	设计作品和说明书定稿	2012.3.20	
6	论文答辩	2012.3.21～2012.3.30	

推荐使用的主要参考文献：

[1] 柯勤抒、汪超顺.《Ⅵ设计》.华中科技大学出版社,2009.

[2] 刘萍.《Ⅵ设计》.中国水利水电出版社,2010.

[3] 张瑜、朱仁洲.《设计色彩》.化学工业出版社.2011.

[4] 张黔.《设计艺术美学》.清华大学出版社.2009.

同组论文(设计)者：

系意见：

　　　　　　　　　　　　　　签字：　　　年　　月　　日

学院负责人意见：

　　　　　　　　　　　　　　签字：　　　年　　月　　日

2.3.2　开题报告书

学生在选题确定后,经查阅资料和调研后撰写的开题报告,提交给教师。

样本:

××职业技术学院毕业论文(设计)
开 题 报 告 书

2011 年 11 月 20 日

姓名	闫　鑫	院(部)	计算机科学系	课题性质	开发设计
学号	735100523	专　业	图形图像制作	课题来源	自拟申请
题目			平面设计——VI设计		

一、选题的目的和意义:

VI(Visual Identity),通译为视觉识别系统,是 CIS 系统最具传播力和感染力的部分。是将 CIS 的非可视内容转化为静态的视觉识别符号,以无比丰富的、多样的应用形式,在最为广泛的层面上进行最直接的传播。CIS 是 Corporate Identity System 的缩写,意思是企业形象识别系统。

VI 设计的时代意义:VI 体现了时代发展的性质与特点。

VI 设计的社会意义:VI 是现代社会结构与观念的体现。

VI 设计的市场意义:VI 在企业竞争中发挥巨大作用。

VI 传达企业的经营理念和企业文化,以形象的视觉形式宣传企业,以自己特有的视觉符号系统吸引公众的注意力并产生记忆,使消费者对该企业所提供的产品或服务产生最高的品牌忠诚度。

新森木家具股份有限公司是以生产家具为主的企业,凭着几十年的生产经验和先进的生产线,以"不断创新,追求卓越"为宗旨,经不懈努力,领先打造品牌。凭稳定的品质,广大客户的喜爱和信赖,广泛取代国内同类产品,赢得了新老客户的一致口碑和信赖。

二、本题的基本内容(课题任务、重点研究内容、实现途径、方法及进度计划):

1. 课题任务:

第一部分:利用 Photoshop 软件给新森木公司制作全套VI。

第二部分:传达该企业的经营理念和企业文化。

2. 工作内容:

(1)分析全套 VI 的制作内容。

(2)进行市场调查,了解一个企业都需要哪些 VI。

(3)展示公司理念,设计全套 VI。

3. 实现途径及方法:

上网查阅相关设计案例

向指导教师请教

在教师的指导与帮助下进行 VI 设计,学习解决其中遇到的问题。

4.进度计划

　　11 月 20 日——开题报告

　　11 月 22 日——撰写论文大纲

　　12 月 30 日——提交设计作品和说明书初稿

　　2 月 15 日——修改设计作品和说明书

　　3 月 20 日——设计作品和说明书定稿

　　3 月 30 日——论文答辩

三、使用的主要参考文献:

　　[1] 柯勤抒、汪超顺.《VI 设计》.华中科技大学出版社,2009.

　　[2] 刘萍.《VI 设计》.中国水利水电出版社,2010.

　　[3] 张瑜、朱仁洲.《设计色彩》.化学工业出版社.2011.

　　[4] 张黔.《设计艺术美学》.清华大学出版社.2009.

四、本人或小组签名

　　独立签名:

　　小组组长签名:

　　成员签名:

五、指导教师意见:

签章:

年　　月　　日

六、院(部)审查意见:

签章:

年　　月　　日

2.3.3　指导记录单

教师在指导学生进行毕业论文(设计)的过程中,填写的指导记录。

样本:

姓名	闫　鑫	学号	735100523	班级	09级图形图像班	专业方向	图形图像制作
论文题目		平面设计——Ⅵ设计				指导教师	乔　岚
毕业论文撰写进程计划							
时　间		内　容				备　注	
11月20日		提交开题报告书					
11月22日		提交论文大纲					
12月30日		提交论文初稿					
12月30日—3月20日		修改论文					
3月20日		论文定稿					
3月30日		论文答辩					
指导内容							

1. 选用合适的设计软件,最好能巩固 Photoshop 的熟练应用并努力提升其技术应用水平;
2. 需要详细了解 VI 设计的特点和相应的技术要求;
3. 规划好整体设计的思路;
4. 要考虑到设计的新颖性和实用性;
5. 确定基础部分设计项;
6. 确定应用部分设计项;
7. 确定 VI 树和设计手册装订方式;
8. 作品设计阐释和方案展示;
9. 应用系统要有实用性和典型性;
10. 在设计说明书中综述 VI 视觉识别系统的组成和设计流程。

2.3.4　成绩评定表

用于评定学生的毕业论文(设计)成绩,包括 3 部分成绩和相关教师给予的评语。

样本:

××职业技术学院
毕业论文(设计)成绩评定表

姓名	闫　鑫	班级	09级图形图像班	学号	735100523	
系别	计算机科学系	专业		图形图像制作		照片
论文题目			平面设计——Ⅵ设计			

指导教师评语评分	1.社会调研、文献资料综合与分析能力;2.论文观点、设计质量及其理论与实践意义;3.论文撰写规范、文字表达等情况;4.工作态度及任务的难度、份量及完成情况。		
	审阅评语	本套Ⅵ设计比较成功,能够传达企业的经营理念和企业文化,整体作品设计精细,对Ⅵ设计的阐释也明确清晰,对设计内容、主题把握较好。
	评分:　26　分(满分30分) 指导教师签字:乔　岚　　2012　年　3　月　22　日	

评阅教师评语评分	1.论文及设计内容的正确性;2.论文观点、设计质量及其理论与实践意义;3.题目难度;4.综合运用知识及资料能力;5.文字水平及书面表达能力。
	评阅评语	作品设计思路明晰,Ⅵ设计作品比较完整,文案展示清楚。设计过程中能综合运用PS的知识和技能。
	评分:　17　分(满分20分) 评阅教师签字:李　洋　　2012　年　3　月　20　日

答辩成绩	1.规定时间内论文陈述情况;2.逻辑思维能力与语言表达能力;3.回答问题的正确性能超;4.理论知识、设计创意及可应用性。评分:　40　分(满分50分)答辩组长签字:　　　2012　年　3　月　30　日

最后成绩	总得分:　83　分 系答辩委员会主席签字:董　骏　2012　年　3　月　30　日 系主任签字:杨　晔　2012　年　4　月　2　日　　(系公章)

2.3.5 答辩记录表

在毕业论文(设计)答辩过程中,由书记员记录下答辩过程。样本:

××职业技术学院
毕业论文(设计)答辩记录表

学生姓名	闫 鑫	班 级	09 级图形图像班	学 号		735100523
系 别	计算机科学系		专 业		图形图像制作	
答辩地点	302 教室		时 间		2012 年 3 月 20 日	
论文题目			平面设计——VI设计			
学生介绍论文时间: 10 分钟				问答时间:5 分钟		
答辩过程及内容						

陈述内容:

 1. VI视觉识别系统的定义

 2. VI视觉识别系统设计的组成

 3. 作品展示

 4. 设计总结

答辩问题:

1.简述本作品设计的意义?

2.本套VI设计传达的企业的经营理念是什么?

3.设计中主要遇到了问题是什么?怎么解决的?

4.请阐述设计采用的主色调含义?

记录人签名: 刘英

答辩组人数: 5 人   组长签名: 王珊君

2.3.6　答辩鉴定表

在毕业论文(设计)答辩时,由答辩小组教师分别给予答辩评分。样本:

××职业技术学院
毕业论文(设计)答辩鉴定表

姓名	闫　鑫	系别	计算机科学系	专业	图形图像制作	学号	735100523

论文名称	平面设计——Ⅵ设计

答辩鉴定

学生介绍论文时间:5～10分钟	问答时间:5分钟

鉴定内容	论文内容及答辩准备情况			讲解				答辩			
	论文撰写规范;条理清晰;文字语言表达正确;有自己的创意和见解;分析归纳合理。　答辩所用辅助材料齐全,准备充分。			规定时间内对论文的陈述情况;思路清晰;叙述正确;语言流畅;对问题及设计阐述清楚。				主要问题回答正确;基本概念清楚;有正确的答辩态度。			
评分	好	较好	一般	好	较好	一般	差	好	较好	一般	差
	10～8	7～5	4～1	20～16	15～11	10～5	4～1	20～16	15～11	10～5	4～1
	10			15				15			

答辩总成绩(满分50分):　40　分

备注		独立	小组
		是　否	是　否

答辩小组成员(评分教师)签名:　王珊君
时　间:　2012　年　3　月　30　日

第一篇

职业院校计算机专业学生毕业论文（设计）参考选题

本篇导读

　　对于职业院校的学生来说,在做毕业论文(设计)时,比较困难的是不能选择和把握难易程度适合自己的选题,有时会导致论文(设计)中途进行不下去或最终论文(设计)失败的后果。本篇针对此问题,按照计算机应用技术综合类和多媒体技术类两个大类、分十个计算机专业学科方向(涵盖了职业院校的大部分计算机专业)开发设计出了大量具有可操作性的选题,每个选题中都有明确的内容提示大纲和技术要求。这些选题可供学生直接选用或作为参考,以帮助学生能够做好选题阶段的工作,为后期论文(设计)的顺利实施打下基础。

内容简介

　　(1)计算机应用技术综合类选题。
　　(2)多媒体技术类选题。

第3章

计算机应用技术综合选题

本章是针对计算机应用技术专业的多个方向而设计的选题,内容涉及面较广,可供计算机软件开发、软件应用、硬件组装与维护、网络技术、计算机产品营销,物联网技术等多个方向的学生使用。

学生在使用选题时,一定要先通过查阅资料、学习教程、社会调研等方式做好与选题相关的知识积累,摸清选题的应用目的和意义,然后再认真地分析、解读选题,把握选题所要求的内容提示和技术要求。

内容简介

(1)软硬件应用选题。

(2)网络技术选题。

(3)软件工程选题。

(4)计算机产品营销选题。

(5)物联网技术选题。

3.1 软硬件应用方向

3.1.1 软硬件应用选题总体概括

本部分选题主要分为计算机组装、计算机故障检测和维护、计算机软硬件应用、计算机安全、计算机病毒的防治、简单的计算机相关设备维护与维修等方面。分类较多,也比较繁杂,在此只是将这部分选题概略地分为硬件组装与维护和软件应用两个部分。

因为计算机软硬件应用的涉及面较广,可用题目也较多,因此在设计题目时应注意题目难度与涉及知识点的深度,把握好毕业论文(设计)的质量与时间限制的平衡。对于相对简单的题目,要求学生能详细描述题目中所涉及的原理,对于较难题目则应详细地描述排除问题所使用的方法与途径。

选题方向:

1.硬件组装与维护

这部分选题主要以硬件的维护与维修为主,包括组装计算机硬件、维护计算机硬件和计算机相关设备的维修等方面。题目难易程度差别较大,并且大部分现有硬件的工作原理也都属于公开信息。因此,在做此类题目的毕业论文(设计)时应注意其工作原理的论述,在原理论述清楚的基础上再进行其他的操作。

2.软件应用

这部分选题主要以软件的使用为主,包括安装设置特定用途的操作系统、对计算机进行病毒的防治、保护计算机数据、对 PC 机的软件安装和维护等操作。由于具体软件的工作原理及软件内部的工作流程一般不属于公开信息,因此,此类题目主要以应用为主,题目难度相对较低。

3.1.2　软硬件应用选题

软硬件应用选题一

题　　目:计算机组装实战研究

研究方向:计算机硬件

论文类型:研究报告

成员组成:独立

难易程度:易

提示大纲:

1.微机主要组成配件基本情况介绍,包括配件的功能、性能,考察此配件主要技术指标。

2.微机组装市场行情调研,包括组装市场的需求量调研、各配件的主要品牌、性能指标、价位、市场占有率、发展趋势等。

3.微机组装配置方案实例:给出至少三种不同用途(例如图形处理、影视制作、日常办公、家庭娱乐等)的最佳微机组装配置方案,说明组装原因及设备整机优势。

4.主要从用途方面进行说明;如:(1)游戏;(2)绘图;(3)一般办公。

5.可以进行品牌机的选择和组装机的选择。

6.需标明组装时使用的各种硬件及当时的市场价格。

软硬件应用选题二

题　　目:硬件横向测评(CPU、显卡、内存、显示器等)

研究方向:计算机硬件

论文类型:研究报告

成员组成:独立

难易程度:中

提示大纲:

1．叙述相关硬件厂商发展历史及重大事件。

2．测试体的选择（至少五种以上此论文才有意义）。

3．提出横向测评的方法和标准（测评的标准提出和测评方法是这个论文的关键，先要提出标准和检测的方法，测试必须在同一标准平台下进行）。

4．需要在计算机维修机房进行此工作（硬件、软件的支持）。

5．对不同品牌、相同价格水平的硬件性能进行测试。

6．加入价格、保修期限等因素进行综合测评得出结论。

软硬件应用选题三

题　　目：计算机数据接口供电系统总结

研究方向：计算机硬件

论文类型：研究报告

成员组成：独立

难易程度：中

提示大纲：

1．复习计算机硬件接口相关知识，了解计算机硬件接口种类。

2．对计算机供电系统进行简要介绍。

3．对计算机各个部件按接口分类进行介绍。

4．介绍计算机各接口引脚供电电压及电流标准。

5．介绍计算机外设数据接口引脚电压及电流标准。

6．举两三个因接口供电问题引起的计算机硬件故障的检测及修复方法的例子。

软硬件应用选题四

题　　目：常见软硬件故障检测与维修

研究方向：维护与维修

论文类型：研究报告

成员组成：独立

难易程度：中

提示大纲：

1．根据所学的专业知识，对计算机软、硬件的故障进行分类。

2．论文对故障的检测和维修，一般只到板卡级的维修。

3．微机系统的常规检测方法介绍。

第一种方法利用微机的上电自检诊断（重点）；

第二种程序诊断方法（重点）；

第三种硬件替换法（重点）；

第四种仪器测试法（略）。

4．实例分析：

常见核心硬件故障的处理（主板、内存、显卡等）；

常见系统软件故障的处理(以 Windows 操作系统为主);

常用应用软件故障的处理(Microsoft Office、OICQ 等)。

5.介绍相关硬件的维修工具。

6.介绍相关维修软件故障的工具软件。

软硬件应用选题五

题　　目:打印机的使用与维护

研究方向:计算机硬件和软件

论文类型:研究报告

成员组成:独立

难易程度:较难

提示大纲:

1.论述常见打印机的种类、接口类型、工作原理、工作流程、使用环境、使用寿命等。

2.详细说明不同种类打印机的软、硬件安装及使用方法。

3.论述不同种类打印机的常见故障现象及检测方法。

4.详细说明维修过程中使用的工具和操作步骤。

5.详细说明在维修过程中的注意事项。

6.详细说明不同打印机在使用过程中的注意事项。

软硬件应用选题六

题　　目:计算机软、硬件发展(调查报告)

研究方向:计算机硬件和软件

论文类型:研究报告

成员组成:独立

难易程度:易

提示大纲:

1.针对此题目,学生可以将其拆分为计算机软件的发展或计算机硬件的发展进行论述。

2.叙述软件发展历史及重大历史事件。

3.学生可以结合软件工程的发展、操作系统的发展、计算机语言的发展等进行详述。

4.叙述硬件发展历史及重大历史事件。

5.学生可以结合硬件如:CPU 的发展、存储器的发展等进行详述。

6.综述现阶段软、硬件应用领域以及对软、硬件要求。

7.叙述软、硬件发展趋势及人才需求。

软硬件应用选题七

题　　目:计算机软、硬件优化研究(使用工具软件进行操作系统的优化)

研究方向:计算机硬件和软件

论文类型:开发文档

成员组成:独立

难易程度:较难

提示大纲:

1. 计算机软、硬件优化的原因。

2. 软件优化的内容(磁盘缓存设置、桌面菜单优化、文件系统优化、网络优化和加速、开机速度优化、内存释放、系统安全优化、后台服务优化等),系统使用过一段时间后性能会下降,这时我们需要进行必要的优化(包括:注册表清理、垃圾文件清理、冗余 dll 文件清理、Active 控件清理等)。

3. 对计算机硬件进行优化的内容(CPU 超频、CPU 降温兼优化、CPU 和芯片组的性能优化、优化设置 CMOS 参数、优化"虚拟内存"、显卡超频等)。

4. 优化软件的选取(超级兔子、优化大师、360 安全卫士等)。

5. 学生做这个题目可以根据自己的实际情况,有选择性地针对软、硬件的某方面进行论述。如:对计算机操作系统进行优化的方法;对计算机应用软件进行优化的方法(例如 Internet Explorer)。

软硬件应用选题八

题　　目:制作特定格式系统安装盘

研究方向:系统软件应用

论文类型:开发文档

成员组成:独立

难易程度:中

提示大纲:

1.论述系统安装盘的文件构成及形态(Windows、Linux 等)。

2.论述不同版本系统安装盘的构成区别。

3.针对不同系统安装需求进行系统集成(例如对 Windows 集成升级补丁包)。

4.对于多个操作系统集成的情况制作多引导启动光盘,要有菜单。

5.说明多个操作系统能够集成的原因。

6.制作说明文档与成品(ISO 格式)。

软硬件应用选题九

题　　目:常用工具软件横向测评(杀毒软件、常用 BT 下载软件、常用 RSS 阅读器、多媒体软件等)

研究方向:软件应用

论文类型:研究报告

成员组成:独立或 2 人

难易程度:难

提示大纲:

1.介绍某一类工具软件的常用功能与最新功能。

2.提出横向测评的方法和标准(测评的标准提出和测评方法是这个论文的关键,先要提出标准和检测的方法,测试必须在同一标准平台下进行)。

3.需要在计算机维修机房进行此工作(硬件、软件的支持)。

4.得出同类工具软件之间的差别并且对具体软件给出综合评价。

5.下面是杀毒软件横向测评平台的提示,学生可以参考:

(1)CPU:Intel 酷睿 i5 3470,3066 MHz

(2)主板:华硕 P8B75-V

(3)系统内存:金士顿 HyperX 8GB DDR3 1600

(4)显示卡:影驰 GTX650Ti

(5)操作系统:Window 7 Ultimate-64bit。

6.下面是杀毒软件横向测评流程的提示,学生可以参考:

在测评前首先建立实验环境,安装 Windows 以及部分常用软件,然后制作 Ghost 镜像。在测试每款产品前都先恢复到初始系统状态,以保证测试环境一致。所有评测对象都安装在系统盘(C 盘),安装后都需要进行软件版本升级,以保证病毒库和安全记录处于最新状态。功能性测评内容分为以下几方面:

(1)软件基本信息;

(2)监控以及主动防御;

(3)系统以及软件安全漏洞修复模块;

(4)软件自我保护强度;

(5)扫描速度;

(6)反病毒模块;

(7)资源占用情况。

软硬件应用选题十

题　　目:各种数据库性能比较(Access,Visual FoxPro,Oracle,SQL Server 等)

研究方向:计算机硬件和软件

论文类型:研究报告

成员组成:独立

难易程度:难

提示大纲:

1.叙述相关数据库厂商发展历史及重大事件。

2.介绍相关数据库的应用范围、领域,并对最新版本进行介绍。

3.针对 SQL Server 、Oracle、MYSQL 进行网络性能比较。

4.对 Access、SQL Server 桌面版进行性能比较。

5.对 Access、Visual FoxPro 进行性能比较。

6.举两三个例子,根据不同用户群体的需求,推荐使用不同的数据库,写明推荐的理由、使用的方法。

3.2　网络技术方向

3.2.1　网络技术选题总体概括

　　本部分选题主要分为网络故障检测和维护、小型局域网的组建、服务器的搭建、网络安全、网络教学和实验、网络测试软件和教学软件的使用、网络设备的设置、网络病毒的防治、防火墙技术、综合布线等,内容多,涉及面广,有些题目难度较大,学生在选题时应量力而行,根据自己所选题目,抓住重点进行阐述和实验。

　　选题方向:

　　1.网络组建类

　　这类学生可选的题目较多,如网吧局域网的组建、家庭小型局域网的组建、家庭无线局域网的组建、中小型企业局域网的组建等。通常步骤如下:

　　(1)根据用户的要求,详尽写出需求分析;

　　(2)网络结构设计。这里要考虑网络的模型、网络的拓扑图、Internet 接入方式、VLAN 设计、无线局域网设计、IP 地址的分配等;

　　(3)网络安全策略。这里要考虑局域网内的安全和接入 Internet 的安全保护两个方面;

　　(4)主要设备选型。包括路由器、交换机的选型和规划;

　　(5)综合布线。

　　学生可以根据实际情况做具体的阐述。

　　2.网络服务类

　　这类题目也较多,按照技术分为两大类:基于客户－服务器(C/S)模式的服务器和基于浏览器－服务器(B/S)模式的服务器。题目有:基于数据库的 Web 系统发布、搭建远程安装服务器、Windows 服务器环境下配置 DHCP、DNS、FTP 以及 Web 服务器的配置等。通常步骤如下:

　　(1)前期准备(软件和硬件的准备);

　　(2)安装操作系统;

　　(3)根据网络服务器要求提供各种网络服务,需要对服务器进行一系列设置,如:DNS 服务、DHCP 服务、Web 服务、Telnet 服务等;

　　(4)基本网络服务器安装完成之后,接下来安装各种服务器的应用系统,如:E-mail 服务器、数据库服务器、代理服务器、应用系统软件的安装;

　　(5)安装完成后,根据需要对服务器进行系统优化;

　　(6)测试应用。

　　3.网络安全类

　　这类题目包括计算机网络病毒防范、防火墙技术等。对于计算机网络病毒防范,学生要重点讲述计算机网络病毒的危害、攻击原理和方式,其中防范对策和方法是重点。防火墙技术要研究其基本原理、技术、用途和优缺点等。

3.2.2　网络技术选题

网络技术选题一

题　　目:家庭小型局域网及共享上网配置

研究方向:网络技术

论文类型:开发文档

成员组成:独立

难易程度:中

提示大纲:

1.了解和学习局域网相关知识。

2.家庭小型局域网共享上网的需求分析。

3.组建家庭小型局域网的硬件配置方案设计及其实施步骤,主要包括以下几点:

(1)家庭共享上网的硬件配置需求;

(2)家庭两台电脑和三台电脑共享上网配置方案;

(3)家庭二台电脑和三台电脑无线上网配置方案;

(4)三台以上电脑的共享上网配置方案。

4.家庭小型局域网共享上网中常见问题解析。

网络技术选题二

题　　目:网吧局域网组建

研究方向:网络技术

论文类型:开发文档

成员组成:独立或2人

难易程度:较难

提示大纲:

1.介绍组建局域网的相关知识。

2.网吧局域网组建的需求分析。

3.结合实际情况提出具体解决问题的方案设计及实施步骤,其中包括:

(1)硬件基本配置,例如配件型号、数目等;

(2)IP地址的划分,静态或动态地址分配;

(3)所涉及计算机技术的说明,例如VLAN的划分、ACL的设置、端口镜像技术、LAN内部的监控;

(4)完整的网络拓扑结构图。

4.局域网的测试及测试方案。

5.常见局域网故障及排除。

网络技术选题三

题　　　目:搭建小型网站(有安全要求)

研究方向:网站建设

论文类型:开发文档

成员组成:3 人

难易程度:难

提示大纲:

1.组建小型网站的软、硬件要求及对所需工具的介绍。

2.小型网站的特点、主要模式及所实现的功能模块。

3.小型网站设计开发的一些关键性问题。

4.硬件服务器及供开发使用的工作站的配置。

5.网站 Web 服务器及后台数据库。

6.Web、FTP 服务器的安装。

7.Web、FTP 服务器的配置与管理。

8.Web、FTP 网站的访问安全。

9.虚拟目录的创建与管理。

10.STMP 服务器的安装与维护。

11.网站权限管理。

12.网站上传与维护。

网络技术选题四

题　　　目:计算机网络综合布线(校园网或企业网)

研究方向:计算机网络

论文类型:实践报告

成员组成:独立或 2 人

难易程度:较难

提示大纲:

1.学生到企业实习,通过实践掌握综合布线的基本技能、施工方法和施工标准。

2.写出用户需求说明(工程概况、需求分析、系统结构)。

3.设计依据:

(1)办公楼(主、配楼)综合布线工程系统要求;

(2)主楼综合布线工程图;

(3)主楼平面施工图;

(4)主楼布线系统配置表、布置图;

(5)相关的国际标准和国家标准;

(6)安装与设计规范。

4.施工预算(材料费和人工费)。

5.施工工期的计算。

6.学生跟着施工队进行施工。

7.学生跟着施工队进行工程的验收。

8.结合实习情况谈谈自己的体会和收获。

网络技术选题五

题　　目:学校网络实验室的组网配置和实验报告的整理

研究方向:计算机网络

论文类型:开发文档

成员组成:师生共同完成(2～3名学生),师生自由组合

难易程度:难

提示大纲:

1.学生根据所学网络方面的专业知识,协助老师完成。

2.学生在老师的指导下,按标准格式总结归纳实验步骤并完成学校计算机网络实验报告。

3.根据锐捷网络设备的特点进行10～12个实验,并且亲自完成实验。

4.具体实验清单如下:

(1)网络实验室 RCMS 实验台的使用和工作台的设备清单;

(2)交换机的基本配置实验;

(3)虚拟局域网 VLAN 的设置实验;

(4)交换网络中冗余链路的实验;

(5)路由器的基本配置实验;

(6)三层交换机的基本配置实验;

(7)静态路由实验;

(8)VOIP 拨号对等体实验;

(9)交换机端口安全配置实验;

(10)防火墙的初始配置实验;

(11)无线网络 AD-HOC 连接模式和 Infrastucture 连接模式的实验。

5.教师通过学生的实验可以提高自己对实验的认识。

6.教师掌握各个实验的难易程度和实验中容易出现的问题、课时的用量等,这样为班级教学打下基础。

7.师生共同完成网络实验报告的编写。教师负责制定规范化的实验步骤,学生完成实验并按标准格式和步骤完成实验报告。

网络技术选题六

题　　目:千兆校园网分析实例

研究方向:网络技术

论文类型:开发文档

成员组成:独立或 2 人

难易程度:难

提示大纲:

1.学生根据所学的专业知识,结合实际写出学校校园网应用实例。

2.通过老师提示、询问网络中心的教师和查资料完成此论文。

3.学生根据学校建筑的布局特点详细分析学校校园网的构成。

4.画出学校网络拓扑图。

5.分析设备的选择(核心交换机、汇聚交换机、接入交换机、路由器)。

6.分析如何进行规划和配置,如何进行网络技术的选择。

7.分析整体校园网完成的主要功能和服务。

8.根据以上分析是否可以增加新功能。

9.网络如何改造(提出自己的方案和建议)。

网络技术选题七

题　　目:交换机/路由器模拟器使用

研究方向:网络技术

论文类型:开发文档

成员组成:独立或 2 人

难易程度:较难

提示大纲:

1.交换机/路由器产品及功能介绍。

2.交换机/路由器模拟器的功能、特点及使用场合。

3.常见交换机/路由器模拟器软件 Racket Tracer 5.0、H3C-simware 的下载及安装。

4.交换机/路由器模拟器软件的使用。

5.交换机/路由器模拟器应用实例及分析(5 例以上)。

6.使用交换机/路由器模拟器的建议和体会。

网络技术选题八

题　　目:常见网络协议分析器的使用

研究方向:网络技术

论文类型:开发文档

成员组成:独立或 2 人

难易程度:较难

提示大纲:

1.网络数据包的捕获和分析技术介绍。

2.介绍什么是网络协议分析器。

3.网络协议分析器的功能和优势。

4.几种网络协议分析器软件介绍。

5.使用网络协议分析器检测和解决网络故障实例分析。

6.能使用多种常见网络数据包监听与分析工具进行网络监控。

网络技术选题九

题　　目:常见网络测试工具的使用

研究方向:网络技术

论文类型:开发文档

成员组成:独立或2人

难易程度:较难

提示大纲:

1.了解什么是网络测试。

2.网络测试的功能。

3.常见网络测试工具介绍。

4.常见网络测试工具相关命令语法格式及参数说明。

5.常见网络测试工具的使用方法。

6.使用网络测试工具处理网络故障检测及排除实例分析(10例以上)。

网络技术选题十

题　　目:常见网络故障检测及处理

研究方向:计算机网络

论文类型:研究报告

成员组成:独立或2人

难易程度:中

提示大纲:

1.物理层故障检测及处理。

2.数据链路层故障检测及处理。

3.网络层故障检测及处理。

4.传输层及高层故障检测及处理。

5.配置故障检测及处理。

6.操作系统故障检测及处理。

7.病毒处理。

8.网络故障的常用检测方法。

(1)用命令进行检测的方法(要求归纳用户自行排查网络故障常用的网络命令和方法);

(2)基于 OSI 模型的故障检测。

9.举实例说明网络故障的排除方法。

网络技术选题十一

题　　　目：基于数据库的 Web 系统发布与维护

研究方向：Web 数据库

论文类型：开发文档

成员组成：独立或 2 人

难易程度：难

提示大纲：

1.基于数据库的 Web 系统原理。

2.Web 系统常用数据库介绍。

3.Web 发布与基于数据库的 Web 发布的技术要点。

4.Web 系统设计。

5.Web 系统体系结构与功能。

6.Web 系统的系统功能模块的设计与实现。

7.使用的开发技术。

8.开发过程中遇到的技术难点及解决方案。

9.基于数据库的 Web 服务维护技术要点。

网络技术选题十二

题　　　目：企业局域网服务配置

研究方向：网络技术

论文类型：开发文档

成员组成：2 人

难易程度：难

提示大纲：

1.企业局域网相关知识介绍。

2.企业局域网服务配置的需求分析。

3.路由器以及企业局域网中各种服务器功能介绍。

4.结合实际情况提出具体解决问题的方案设计及实施步骤,其中包括：

(1)路由器配置；

(2)服务器配置；

(3)客户端配置。

5.企业局域网服务配置常见问题及解决方案。

网络技术选题十三

题　　　目：Active Directory 服务端及客户端配置

研究方向：计算机网络

论文类型：开发文档

成员组成:独立或 2 人

难易程度:难

提示大纲:

1.学生根据所学的专业知识,结合实际写出具体解决问题的方法。

2.在独立服务器上安装微软 Windows Server 操作系统(版本要求 Windows 2000 Server 以上),运行"Active Directory 向导",以创建新的 Active Directory 目录林或域,并将 Windows Server 2003 服务器转换为目录林中的第一个域控制器(DC);安装企业证书服务,并配置自动证书分配。

3.安装 MS Exchange Server。

4.安装 AD 管理工具(可选,用于 LDAP 连接的测试)。

5.介绍 LDAP 轻量目录访问协议与 SSL 安全套接层协议。

网络技术选题十四

题　　目:计算机网络病毒防范

研究方向:计算机网络

论文类型:研究报告

成员组成:独立或 2 人

难易程度:较难

提示大纲:

1.介绍计算机网络病毒的产生和发展。

2.介绍计算机网络病毒的危害。

3.分析几种计算机网络病毒的攻击原理和攻击方式。

4.结合计算机网络病毒实例详细论述网络病毒检测方式。

5.计算机网络病毒攻击的防范对策和方法(重点)。

6.选择两种以上的典型网络病毒进行分析。

网络技术选题十五

题　　目:防火墙常用技术和性能研究

研究方向:计算机网络

论文类型:研究报告

成员组成:独立或 2 人

难易程度:较难

提示大纲:

1.介绍防火墙的定义。

2.说明防火墙的优点。

3.学习研究防火墙的基本原理。

4.详细介绍防火墙常用技术和性能。

5.分析四种基本类型防火墙的技术原理与适用情况。

6.阐述选择防火墙的基本原则和方法。

3.3　软件工程方向

3.3.1　软件工程选题总体概括

本方向主要考查学生对软件工程理论与实践、开发平台的掌握程度,培养学生对现有技术的综合应用能力。软件工程本身就是综合性学科,因此在使用或设计题目时注意不要使用高深的技术或理论,要着眼于学生对现有技术的运用和对综合开发环境的分析与判断。

软件工程部分分为两大部分,软件工程前期设计部分和代码开发部分,考虑到现阶段学生实际毕业论文(设计)课程的时间限制,因此将两个部分进行了分离,如果在时间宽裕的情况下,可以将这两部分再进行结合使用。

选题方向:

1. 简单商业管理系统设计

商业管理系统设计类选题的难度弹性比较大,在做这类题目时需注意系统规模大小,应控制在 2 个学生范围内完成,一般使用单机管理系统进行设计,使用桌面数据库,尽量不涉及网络数据传输、复杂数据结构和算法。设计目的以掌握软件开发流程和对实际需求情况的分析为主。

2. 数据库应用设计

数据库系统的应用范围很广,在进行数据库应用设计时主要通过数据库的操作来加深对数据库理论的理解,在此过程中需要使用 SQL、ADO 等技术来完成数据库的开发,可以通过 Internet 找到相应的实例进行学习,然后通过模仿开发的方法来完成。

3. 网络系统设计

主要指基于网络的开发任务,强化开发人员对网络、协议等知识点的理解和提高综合应用能力。开发主要以模块化设计达到功能的实现,开发过程中应注意端口的选择,避免软件冲突的发生。与此类题目类似的还有很多类型,例如,基于 Open GL 或 Direct X 的图形开发类型等题目。

4. 软件通用模块设计

通用模块设计主要针对通用功能利用接口进行服务。通用模块的开发过程中需要注意内部过程和外部接口的界限,注意模块"强内聚、松耦合"原则,使模块在开发完成后能通过黑盒测试。

5. 综合性设计(理论＋实例)

此类题目难度较高,需要较高的理论水平和综合实践能力,在设计时间有限的情况下可适当放宽参加设计项目的人数。建议在学生水平较高的情况下,由指导教师扮演项目经理角色进行任务分工后再进行联合开发。

6. 软件生命周期各阶段理论研究

此类选题主要以理论研究为主,目的是加深对软件工程某一部分的理解,以培养学生更专业的技能。在使用此类题目的同时需要注意软件工程各个部分是有紧密联系的,因此对具体某一部分的研究不能脱离其他部分,需要进行联系说明。

3.3.2　软件工程选题

软件工程选题一

题　　目:《医院药品进销存系统》的文档实现

研究方向:软件工程

论文类型:开发文档

成员组成:1~2 人

难易程度:难

题目描述:本题首先需要对医院或药店药品管理进行社会调查,然后才能着手进行后续的步骤,在进行社会调查时需要注意自己的言行并注意安全。

提示大纲:

1.实现新药品的入库功能。

2.实现对过期药品的出库登记、处理记录功能。

3.实现药品库存检索功能。

4.实现供货商信息检索功能。

5.实现药品采购记录管理功能。

6.实现药品用药说明信息管理功能。

7.实现输出数据报表功能。

8.实现具有数据备份和数据恢复功能。

设计结果:

1.给出可行性分析报告。

2.给出需求分析说明书。

3.给出总体设计说明书。

4.给出详细设计说明书。

5.给出社会调查报告。

软件工程选题二

题　　目:《医院药品进销存系统》

研究方向:软件开发

论文类型:开发文档

成员组成:2~3 人

难易程度:难

题目描述:根据《医院药品进销存系统》的前期开发文档进行 Java、C♯、SQL Server、ASP. NET 等工具实现。

提示大纲:

1.根据前期的软件开发文档进行主要模块的详细设计。

2. 根据详细设计进行代码编写。

3. 生成应用软件。

4. 对应用软件进行测试,并给出报告。

5. 重复 3、4 步骤,直至开发完成,给出过程报告。

6. 给出软件说明书及工程交付的相关文档。

软件工程选题三

题　　目:《班费管理系统》的文档实现

研究方向:软件工程

论文类型:开发文档

成员组成:独立

难易程度:中

题目描述:以班级为单位进行班费管理,能对收入与支出有详细了解;可通过打印的报表对全班学生进行公布。

提示大纲:

1. 可以对班费信息进行录入操作。

2. 对收、支进行分库或分表保存。

3. 设置不同操作人员的权限,对密码进行加密处理。

4. 根据基本信息进行查找,对应全部记录并能进行权限修改。

5. 对班费要能进行权限内修改、查询、汇总、筛选等操作。

6. 对班费的修改要进行操作历史和操作人员信息数据的保存。

7. 对详细帐目可以进行打印。

设计结果:

1. 给出可行性分析报告。

2. 给出需求分析说明书。

3. 给出总体设计说明书。

4. 给出详细设计说明书。

软件工程选题四

题　　目:《班费管理系统》

研究方向:软件开发

论文类型:开发文档

成员组成:2 人

难易程度:难

题目描述:根据《班费管理系统》的前期开发文档进行 Java、C♯、SQL Server、ASP. NET 等工具实现。

提示大纲:

1. 根据前期的软件开发文档进行主要模块的详细设计。

2.根据详细设计进行代码编写。

3.生成应用软件。

4.对应用软件进行测试,并给出报告。

5.重复 3、4 步骤,直至开发完成,给出过程报告。

6.给出软件说明书及工程交付的相关文档。

软件工程选题五

题　　目:《学籍管理系统》的文档实现

研究方向:软件工程

论文类型:开发文档

成员组成:1~2 人

难易程度:难

题目描述:开发适合班级需要的学籍管理系统,使用者主要是班主任或班长,目的是能够对每位学生的基本信息及学习成绩进行管理。可根据实际需要考虑信息的存取方式。

提示大纲:

1.能够对学生的基本情况进行录入、修改、删除等操作。

2.要求成绩按科目分表保存,表要求动态生成。

3.要求设置不同操作人员的权限,对密码进行加密处理。

4.提供多种条件查询功能。

5.对学生成绩要能根据不同权限进行修改、查询、汇总、求平均分、筛选、排名等操作。

6.对成绩的修改要进行操作历史和操作人员信息数据的保存。

设计结果:

1.给出可行性分析报告。

2.给出需求分析说明书。

3.给出总体设计说明书。

4.给出详细设计说明书。

软件工程选题六

题　　目:《学籍管理系统》

研究方向:软件开发

论文类型:开发文档

成员组成:2~3 人

难易程度:难

题目描述:根据《学籍管理系统》的前期开发文档进行 Java、C♯、SQL Server、ASP. NET 等工具实现。

提示大纲:

1.根据前期的软件开发文档进行主要模块的详细设计。

2.根据详细设计进行代码编写。

3.生成应用软件。

4.对应用软件进行测试,并给出报告。

5.重复 3、4 步骤,直至开发完成,给出过程报告。

6.给出软件说明书及工程交付的相关文档。

软件工程选题七

题　　目:《图书管理系统》的文档实现

研究方向:软件工程

论文类型:开发文档

成员组成:1~2 人

难易程度:难

题目描述:学生能够根据所学的数据库原理与程序设计的知识,针对一个小型的数据库管理系统进行系统的需求分析、系统设计、数据库设计等,完成题目要求的功能,从而达到掌握开发一个小型数据库的目的。

提示大纲:

1.能够对图书基本情况进行录入、修改、删除等操作。

2.实现办理借书卡功能。

3.实现借书功能。

4.实现还书功能。

5.能方便地对图书进行查询。

6.对超期的情况能自动给出提示信息。

7.具有数据备份和数据恢复功能。

设计结果:

1.给出可行性分析报告。

2.给出需求分析说明书。

3.给出总体设计说明书。

4.给出详细设计说明书。

软件工程选题八

题　　目:《图书管理系统》

研究方向:软件开发

论文类型:开发文档

成员组成:2~3 人

难易程度:难

题目描述:根据《图书管理系统》的前期开发文档进行 Java、C♯、SQL Server、ASP. NET 等工具实现。

提示大纲:

1.根据前期的软件开发文档进行主要模块的详细设计。

2.根据详细设计进行代码编写。

3.生成应用软件。

4.对应用软件进行测试,并给出报告。

5.重复3、4步骤,直至开发完成,给出过程报告。

6.给出软件说明书及工程交付的相关文档。

软件工程选题九

题　　目:《毕业论文(设计)参考选题发布系统》的文档实现

研究方向:软件工程

论文类型:开发文档

成员组成:2人

难易程度:难

题目描述:对现有毕业论文(设计)题目进行归类整理,并通过网络进行发布,支持客户将选题结果保存到服务器端。

提示大纲:

1.实现将现有毕业论文(设计)题目进行归类功能。

2.实现将归类好的题目输入数据库,并按难易程度进行排序的功能。

3.利用 B/S 或 C/S 两层结构对数据进行发布。

4.对分类好的参考选题提供发布功能。

5.实现客户端操作结果能返回服务端的功能。

6.实现在客户端保存选题副本的功能。

7.要求对客户端操作人员进行身份验证,保证进行选题操作人员的真实身份。

设计结果:

1.给出可行性分析报告。

2.给出需求分析说明书。

3.给出总体设计说明书。

4.给出详细设计说明书。

软件工程选题十

题　　目:《毕业论文(设计)参考选题发布系统》

研究方向:软件开发

论文类型:开发文档

成员组成:2人

难易程度:难

题目描述:根据《毕业论文(设计)参考选题发布系统》的前期开发文档进行 Java、C♯、SQL Server、ASP.NET 等工具实现。

提示大纲:

1.根据前期的软件开发文档进行主要模块的详细设计。

2.根据详细设计进行代码编写。

3.生成应用软件。

4.对应用软件进行测试,并给出报告。

5.重复 3、4 步骤,直至开发完成,给出过程报告。

6.给出软件说明书及工程交付的相关文档。

软件工程选题十一

题　　目:《考试试卷自动生成系统》的文档实现

研究方向:软件工程

论文类型:开发文档

成员组成:独立

难易程度:难

题目描述:利用数据库对试题进行随机抽取组卷并分发,试题类型为标准化考题,即选择题和填空题。

提示大纲:

1.建立试题数据库。

2.对不同类型的试题进行分库或分表保存,数据库记录需要进行加密处理。

3.对每个类型试题进行难易排序。

4.按试题类型分别随机抽题并组成试卷。

5.充分考虑每个类型试题的难易程度。

6.形成的试卷要进行编号并将答案与试题分离;所有试题答案单独保存在固定文件中。

7.每份试卷保存为单个文件,放入指定文件夹。

设计结果:

1.给出可行性分析报告。

2.给出需求分析说明书。

3.给出总体设计说明书。

4.给出详细设计说明书。

软件工程选题十二

题　　目:《考试试卷自动生成系统》

研究方向:软件开发

论文类型:开发文档

成员组成:2 人

难易程度:难

题目描述:根据《考试试卷自动生成系统》的前期开发文档进行 Java、C♯、SQL Server、ASP. NET 等工具实现。

提示大纲:

1.根据前期的软件开发文档进行主要模块的详细设计。

2.根据详细设计进行代码编写。

3.生成应用软件。

4.对应用软件进行测试,并给出报告。

5.重复 3、4 步骤,直至开发完成,给出过程报告。

6.给出软件说明书及工程交付的相关文档。

软件工程选题十三

题　　目:《软件自动升级模块开发》的文档实现

研究方向:软件工程

论文类型:开发文档

成员组成:1～2 人

题目描述:利用 Delphi、C♯或 Java 提供的控件开发软件自动升级模块,最终能够使程序通过调用升级模块使本地软件进行升级。

难易程度:难

提示大纲:

1.介绍断点续传技术的工作原理。

2.介绍软件自动升级的方法和策略。

3.设计自动升级模块,使用 TCP/IP 协议,支持断点续传。

4.以动态链接库(＊.dll)形式进行封装。

5.提供用户接口,支持调用。

6.给出接口示例程序。

设计结果:

1.给出可行性分析报告。

2.给出需求分析说明书。

3.给出总体设计说明书。

4.给出详细设计说明书。

软件工程选题十四

题　　目:《软件自动升级模块开发》

研究方向:软件开发

论文类型:开发文档

成员组成:独立

难易程度:难

题目描述:根据《软件自动升级模块开发》的前期开发文档进行 SQL、C、C＋＋等代码实现。

提示大纲:

1.根据前期的软件开发文档进行主要模块的详细设计。

2.根据详细设计进行代码编写。

3.生成应用软件。

4.对应用软件进行测试,并给出报告。

5.重复 3、4 步骤,直至开发完成,给出过程报告。

6.给出软件说明书及工程交付的相关文档。

软件工程选题十五

题　　目:《基于 Delphi 数据通信模块》的文档实现

研究方向:软件工程

论文类型:开发文档

成员组成:2 人

题目描述:利用 Delphi 提供的控件开发网络数据交换模块,使多台计算机能够进行实时通信。

难易程度:难

提示大纲:

1.介绍 TCP/IP、NET BIOS 的工作原理。

2.介绍通信模块的构成。

3.通信模块需要同时支持 TCP/IP 和 NET BIOS 协议。

4.通信模块以动态链接库(* .dll)形式进行封装。

5.提供用户接口,支持调用。

6.给出接口示例程序。

设计结果:

1.给出可行性分析报告。

2.给出需求分析说明书。

3.给出总体设计说明书。

4.给出详细设计说明书。

软件工程选题十六

题　　目:《基于 Delphi 数据通信模块》

研究方向:软件开发

论文类型:开发文档

成员组成:2 人

难易程度:难

题目描述:根据《基于 Delphi 数据通信模块》的前期开发文档进行 Delphi 代码开发实现。

提示大纲:

1.根据前期的软件开发文档进行主要模块的详细设计。

2.根据详细设计进行代码编写。

3.生成应用软件。

4.对应用软件进行测试,并给出报告。

5.重复 3、4 步骤,直至开发完成,给出过程报告。

6.给出软件说明书及工程交付的相关文档。

软件工程选题十七

题　　目:《基于 Web 的 BBS 站点设计》的文档实现

研究方向:软件开发

论文类型:开发文档

成员组成:独立或 2 人

难易程度:难

题目描述:在 Windows Server 2003 提供的 IIS 上设计独立的 BBS 站点,分类对客户进行管理,客户能够自由进入不同的房间发言,管理员能够在服务器端进行发言管理、帖子的删除与客户帐号的维护操作。

提示大纲:

1.书写需求说明书,根据需求进行 BBS 站点建设。

2.选用合适的开发软件(如:Dreamweaver、ASP. NET、C++、Delphi 或 Flash)。

3.分辨率采用 1024×768。

4.配合站点的目录结构要清晰,文件分类存放,合理命名。

5.自选后台数据库,数据库需要安全保护。

6.要求内容编排得当,页面设计美观,导航控制转换流畅,观赏性和实用性并存。

7.站点内容要充实,紧扣该栏目的主题,功能分服务器端与客户端,功能要完善。

8.要求不能出现链接错误,各页面之间能互相链接。

9.设计要有一定的创意和技术成分。

10.给出软件说明书及工程交付的相关文档。

软件工程选题十八

题　　目:《基于 Web 的 BBS 站点设计》

研究方向:软件开发

论文类型:开发文档

成员组成:2 人

难易程度:难

题目描述:根据《基于 Web 的 BBS 站点设计》的前期开发文档,利用现有开发工具(ASP. NET、Delphi、Java)进行代码实现。

提示大纲:

1.根据前期的软件开发文档进行主要模块的详细设计。

2.根据详细设计进行代码编写。

3.生成应用软件。

4.对应用软件进行测试,并给出报告。

5.重复 3、4 步骤,直至开发完成,给出过程报告。

6.给出软件说明书及工程交付的相关文档。

7.将开发好的站点在服务器上发布。

8.对发布的站点进行配置说明和维护说明。

软件工程选题十九

题　　目:ASP. NET、XML 页面开发的比较与分析

研究方向:软件开发

论文类型:开发文档

成员组成:2～3 人

难易程度:难

提示大纲:

1.分析 ASP. NET 和 XML 各自的优点。

2.介绍采用 ASP. NET 与 XML 相结合的实现原理及方法。

3.对已有网站结构进行分析。

4.找出该网站的相同元素,并分析该元素是否可以利用数据库进行存储。

5.对网站结构重新进行分析,写出分析文档。

6.根据已有网站利用 ASP. NET 进行改写。

7.对改写后的网站进行评价。

8.给出说明及工程交付的相关文档。

软件工程选题二十

题　　目:软件测试理论与工具的使用

研究方向:软件工程

论文类型:研究报告

成员组成:独立或两人

难易程度:中

题目描述:对学过的有关软件工程部分的内容进行总结,并且学习现有的工具进行实践,最终形成论文。

提示大纲:

1.软件测试的目的、意义和基本原则。

2.软件测试理论的发展及当前主流的软件测试方法简介。

3.软件测试过程与软件工程其他过程的关系。

4.软件测试的基本过程。

5.举例说明辅助软件测试工具的应用。

3.4 计算机产品营销方向

3.4.1 计算机产品营销选题总体概括说明

1.写论文前要准备的原始材料

(1)调查记录。

(2)调查问卷。

(3)访谈记录。

2.论文包含的内容

(1)调查时间。

(2)调查目的。

(3)调查方向。

(4)调查对象。

(5)调查形式。

(6)调查内容。

(7)数据汇总及调查分析。

(8)调查结论阐述。

3.论文撰写要求

(1)观点明确,必须在尊重事实的基础上进行理性判断。

(2)实事求是,不夸张、不隐瞒实情,如实将调查到的情况写出来,注意突出重点。

(3)重点在于客观分析,在掌握事实的基础上进行分析总结,得出调查结论。

3.4.2 计算机产品营销选题

计算机产品营销选题一

题   目:计算机硬件产品供销渠道调查

研究方向:计算机产品营销

论文类型:研究报告

成员组成:独立或2人

难易程度:中

提示大纲:

1.需要准备的原始材料有:

(1)调查记录:调查日程安排、调查区域、调查内容。

(2)调查问卷:问卷份数、问卷数据统计。

(3)访谈记录:访谈时间、访谈对象的基本资料、访谈内容记录。

2.调查问卷设计原则:

(1)问卷内容的设计应遵循通俗易懂的原则。

(2)尽量消除被调查者的警戒心理,拉近与被调查者的距离。

(3)内容尽量做到精简,避免重复和过分烦琐。

(4)问卷回答格式应适合信息的汇总和分析。

3.论文包含的内容:

(1)调查时间:调查开始时间到结束时间。

(2)调查目的:了解常用计算机硬件的供货和销售渠道。

(3)调查方向:计算机硬件的供与销。

(4)调查对象:计算机硬件销售商。

(5)调查形式:面谈和问卷调查。

(6)调查内容:计算机硬件本地市场价格、销售情况、供货情况、售后服务、品牌机和兼容机的配置和价位等。

(7)数据汇总及调查分析。

(8)调查结论阐述。

4.论文撰写要求:

(1)观点明确、必须在尊重事实的基础上进行理性判断。

(2)实事求是,不夸张、不隐瞒实情,如实将调查到的情况写出来,注意突出重点。

(3)重点在于客观分析,在掌握事实的基础上进行分析总结,得出调查结论。

计算机产品营销选题二

题　　　目:计算机公司软、硬件客服流程调查

研究方向:计算机产品营销

论文类型:研究报告

成员组成:独立或 2 人

难易程度:中

提示大纲:

1.需要准备的原始材料有:

(1)调查记录:调查日程安排、调查区域、调查内容。

(2)调查问卷:问卷份数、问卷数据统计。

(3)访谈记录:访谈时间、访谈对象的基本资料、访谈内容记录。

2.调查问卷设计原则:

(1)问卷内容的设计应遵循通俗易懂的原则。

(2)尽量消除被调查者的警戒心理,拉近与被调查者的距离。

(3)内容尽量做到精简,避免重复和过分烦琐。

(4)问卷回答格式应适合信息的汇总和分析。

3.论文包含的内容:

(1)调查时间:调查开始时间到结束时间。

(2)调查目的:帮助计算机公司改善产品售前、售中、售后营销方法,升级产品营销模式。

（3）调查方向：客户服务流程。

（4）调查对象：计算机硬件销售商。

（5）调查形式：面谈和问卷调查。

（6）调查内容：客户服务的范围、项目、收费等。

（7）数据汇总及调查分析。

（8）调查结论阐述。

4.论文撰写要求：

（1）观点明确、必须在尊重事实的基础上进行理性判断。

（2）实事求是，不夸张、不隐瞒实情，如实将调查到的情况写出来，注意突出重点。

（3）重点在于客观分析，在掌握事实的基础上进行分析总结，得出调查结论。

计算机产品营销选题三

题　　目：计算机软、硬件消费心理调查

研究方向：计算机产品营销

论文类型：研究报告

成员组成：独立或 2 人

难易程度：中

提示大纲：

1.需要准备的原始材料有：

（1）调查记录：调查日程安排、调查区域、调查内容。

（2）调查问卷：问卷份数、问卷数据统计。

（3）访谈记录：访谈时间、访谈对象的基本资料、访谈内容记录。

2.调查问卷设计原则：

（1）问卷内容的设计应遵循通俗易懂的原则。

（2）尽量消除被调查者的警戒心理，拉近与被调查者的距离。

（3）内容尽量做到精简，避免重复和过分烦琐。

（4）问卷回答格式应适合信息的汇总和分析。

3.论文包含的内容：

（1）调查时间：调查开始时间到结束时间。

（2）调查目的：帮助计算机公司改善产品售前、售中、售后营销方法，升级产品营销模式。

（3）调查方向：消费心理调查。

（4）调查对象：各种层次的计算机软、硬件消费者。

（5）调查形式：随机调查和问卷调查。

（6）调查内容：消费者对计算计算软、硬件的喜好、评价以及对产品销售、售后服务等方面的建议和意见。

（7）数据汇总及调查分析。

（8）调查结论阐述。

4.论文撰写要求:

(1)观点明确、必须在尊重事实的基础上进行理性判断。

(2)实事求是,不夸张、不隐瞒实情,如实将调查到的情况写出来,注意突出重点。

(3)重点在于客观分析,在掌握事实的基础上进行分析总结,得出调查结论。

3.5 物联网技术方向

3.5.1 物联网技术选题总体概括

物联网技术是通过信息传感设备,按约定的协议,将任何物品与互联网相连接,进行信息交换和通信,以实现智能化识别、定位、追踪、监控和管理的一种网络技术。

物联网技术涉及的应用领域广泛,技术架构可分为三层:感知层、网络层和应用层;使用的技术涵盖信息采集、处理和融合技术、通信技术、网络技术、云计算等。因此本方向选题可结合其他方向的选题并突出物联网的理论实现设计。

本方向主要培养学生对物联网工程理论的理解和动手实践能力,通过现代信息处理技术,培养从事物联网领域的系统设计、系统分析与产品开发及产品维护方面的工程技术能力。

选题方向:

1.物联网架构设计

这部分选题主要是针对某行业或企业的具体应用进行总体架构设计,能够把握具体应用的行业或企业的应用特点,划分应用的技术层次,针对各层次技术要点进行设计,并整理出各层次所使用的规范,最终实现应用方案。

2.物联网技术应用

这部分选题主要以具体技术应用为主,对物联网技术进行分解,针对某一具体技术进行研究、开发或创新,涉及的技术主要有单片机和嵌入式软件技术、传感器技术、无线网络技术、电子识别技术、M2M技术、物联网安全技术等。

3.5.2 物联网技术选题

物联网选题一

题 目:《智能家居系统的设计与实现》的文档实现

研究方向:物联网架构设计

论文类型:开发文档

成员组成:2~3 人

难易程度:难

题目描述:本系统属于物联网最小集成单位。需要首先对家庭可接入物联网的物品进行调查、分类,针对不同物品属性和应用类别进行标识和网络连接,然后进行后续设计。

提示大纲：

1.实现家居物品数据采集。

2.实现家电远程操控。

设计结果：

1.给出物联网架构理论描述。

2.给出家居物品清单,对物品属性、应用类别、信号采集形式进行详细说明。

3.给出不可交互的家居物品进行二维编码标识的方法。

4.对可交互的家居物品进行联网设计,给出已知的联网技术相关参数及技术规范。

5.给出一种利用 M2M 技术进行家电控制的实例。

物联网选题二

题　　目:《产品质量追溯体系设计》的文档实现

研究方向:物联网架构设计

论文类型:开发文档

成员组成:2～3 人

难易程度:难

题目描述:本类型系统已进入应用领域。需要首先选定某种产品,并对产品原料、制作工艺和过程进行了解,通过对产品生产和销售过程进行监控和数据采集,达到产品质量追溯的目的。

提示大纲：

1.实现基础数据管理与查询:包括公司、合作企业、原材料等基础信息的收集、编码管理与查询。

2.实现计划管理与查询:包括原材料的生产计划的管理与查询。

3.实现生产过程管理与查询:包括原材料来源、存储、质检、配送、半成品状态、成品批次、产品保质期等整个生产过程。

4.实现销售管理与查询:消费者购买产品后只需要在对应网站输入产品二维码,即可查询相关信息,包括产品资料、生产过程信息、销售流向信息等。

设计结果：

1.给出具体产品生产流程及工艺要求。

2.给出产品生产过程流程图,对中间产品的属性、应用类别、信号采集形式进行详细说明。

3.给出各生产环节编码标识方法和数据采集方法。

4.制作网站,能读取二维码,并给出至少三条质量追溯的数据实例。

物联网选题三

题　　目:RFID 技术研究

研究方向:物联网技术应用

论文类型:开发文档

成员组成:独立

难易程度:难

题目描述:射频识别(RFID)技术应用广泛,在物联网中主要担任数据标识和数据采集的工作,意义重大。但是射频识别技术针对不同领域,存在标准过多,标准不兼容的问题。在现阶段的物联网系统设计和使用过程中,掌握不同的射频识别标准及其使用的领域十分重要。

提示大纲:

1.介绍射频识别(RFID)技术的技术标准及应用领域。

2.介绍射频识别(RFID)技术通信协议和原理。

3.介绍射频识别(RFID)技术防冲突算法。

4.介绍三至五个射频识别(RFID)技术的应用实例。

物联网选题四

题　　目:智能家电嵌入式物联网网关研究

研究方向:物联网技术应用

论文类型:研究报告

成员组成:1～2 人

难易程度:难

题目描述:嵌入式软件技术是物联网的核心技术。物联网传感器网关是物联网系统的核心设备,通过嵌入式软件技术,才能进行包括通信数据包的处理、嵌入式数据库的操作、实时及历史数据的展示、Web Server 服务以及对其管理的局域网进行控制等大量并发任务。

提示大纲:

1.介绍嵌入式软件技术、使用的工具。

2.介绍物联网传感器网关的构成及工作原理。

3.给出一种现有的智能家电的系统功能图及工作流程图。

4.根据功能图完成核心代码设计。

第4章 多媒体技术选题

本章导读

本章所设计的选题涉及了计算机专业的很多方向,如图形图像制作、广告设计与制作、多媒体技术、网页设计、Flash 动画设计、3ds max 三维效果制作等专业方向。该类选题属于设计型的毕业论文(设计),要求学生要设计制作出作品,并撰写设计说明书。学生在设计说明书中要对设计制作过程中的市场调研、设计定位、创意来源、设计思路、设计理念、作品说明、创新价值、未来展望等进行详细阐释。

本篇导读

(1)平面设计选题。

(2)视频制作选题。

(3)多媒体课件制作选题。

(4)网页制作选题。

(5)Flash 动画设计选题。

(6)3ds max 三维效果制作选题。

4.1 平面设计方向

4.1.1 平面设计选题总体概括

本部分选题的工作分两大块:进行作品设计和撰写设计说明书。所设计的作品要打印出作品集一本,作品的打印要求是:A4 规格,16 页以上,主要包括封面、封底、目录、设计说明、成品效果图等,全硬质封面、封底,并设计版面,彩色打印,其中套册设计和 VI 设计不少于 30 页。设计说明书要针对所选题目撰写四部分内容:该类题目的深入调查研究的内容,对题目进行深入研究;对自己设计制作过程中的市场调研、设计定位、创意来源、设计思路、设计理念、作品说明、创新价值、未来展望等进行详细阐释;在设计作品过程中出现的相关问题以及解决的方法;设计作品(说明)的总结。毕业论文(设计)说明的内容必须来源于毕业论文(设计)。

选题方向：

1. 实物绘制类

对自然界所存在的各种实物、纹理进行细致的观察，利用所学习的软件进行真实还原。或将脑海中的映象进行创意设计，创作未曾出现的新鲜实物。要求所绘制的作品要符合基本规律，并将其放置在合适的环境中，营造美观和谐的画面。

2. 照片处理类

对各种照片（数码）进行观察分析，针对照片的质量问题进行针对性的修复，将修复的方法加以总结，形成处理不同类照片的一般性方法；或有选择地对一些照片进行艺术处理，形成独特的艺术效果。如军色处理（是网络流行的处理方式，其效果是使作品突出某一种色彩，常常具有怀旧的风格）、雕版画、工笔画等。

3. 招贴广告类

紧紧抓住招贴广告信息量较大和突出重点的基本设计原则，对所选题目进行细致的前期市场调研，确定广告的简单文案，确立主题。对广告悬挂、图片尺寸、打印方式、印刷材质等进行细致的说明，并在作品创作过程中予以应用。

4. 海报类

海报广告是视觉形象化的设计，是使用视觉语言将广告创意予以形象化地表现。海报广告的画面生动直观，其图文并茂的优势增强了广告的渲染力，能生动准确地传达广告信息。

5. 包装设计类

从商标、图案、色彩、造型、材料等构成要素入手，在考虑商品特性的基础上，针对不同的商品属性，确定包装材质。遵循包装设计的基本原则，如：保护商品、美化商品、方便使用等，以其简单的线条、生动的个性人物、搭配合理的色彩使各项构成要素协调搭配，相得益彰。包装设计要求有包装的平面印刷图和最后的立体效果图。

6. 票面门头设计类

通过对设计对象的深入了解和认识，运用简单的方式表达设计对象的内涵。对于门头设计而言，应通过店铺名称、标志、门头材质的综合应用给人留下深刻的印象。票面的设计只在方寸之间，新颖别致的艺术设计之中蕴含不尽的内容。

7. 标志设计类

设计之前要对设计对象进行细致深入地调查和了解，并形成设计草图和标志释意。在作品创作过程中要注意标志在不同场合的使用规范（如灰度图、背景更换等）。标志设计要求有创新性和一定的含义，容易识别和记忆。

8. 书籍杂志（光盘）封面封底设计类

从书籍杂志（光盘）封面封底的作用、印刷材质、要素、书籍杂志大小等入手，对设计对象进行专业、深入的了解，并根据书籍杂志的特点进行设计，绘制出书籍杂志（光盘）的最终效果图。

9. 套册设计

做排版时，原本构图已经很完美的照片是不需要再画蛇添足的，排版设计是去烘托它，而不是去取代它，相册的本质就是照片本身，设计应该是为照片服务的，去掩盖瑕疵，强调优点,烘托气氛。排版设计不是单纯的技术编排,而是技术与艺术的统一体。版式要新颖、构图要均衡、色彩要协调、文字的搭配要适合照片的风格。

10.VI 设计类

综合平面设计所学内容,结合视觉识别设计(VI 设计)系统体系,针对开发对象(某一单位、酒店、公司等)的具体要求,设计完整的 VI 系统。VI 系统的基础系统是设计的重点,既要按照 VI 系统的统一规划,又要加入自己的创新,两者相辅相成,要统一兼顾。

4.1.2 平面设计选题

平面设计选题一

题　　目:实物绘制类——临摹
研究方向:图形图像制作软件模拟真实物品
论文类型:开发设计
成员组成:独立
难易程度:中
提示大纲:

1.选用合适的创作软件或多个软件配合使用。

2.需要耐心细致的观察所临摹的实物,明确把握实物的纹理、光照阴影、透视、质地、质感等各种表象属性。

3.选择最适合表现实物特质的观察角度临摹实物。

4.充分使用软件提供的各种绘制和修改工具,精心地绘制实物。应特别注意细节的绘制,尽量做到细致入微,以假乱真。

5.给绘制完成的临摹实物配以烘托背景,让绘制的实物融入环境中,做出最终效果图(例如:如果绘制了水果,则将水果挂在枝头或放置在盘子中;如果绘制汽车,则将其放置在路上或放在展厅等)。

6.重点绘制自然界存在的各种物品,如水果类、汽车类、手机类、桌椅花瓶等。

7.绘制实物作品不少于 5 个,或一个实物的不同观察角度的作品。

平面设计选题二

题　　目:实物绘制类——纹理制作
研究方向:真实纹理或自创纹理
论文类型:开发设计
成员组成:独立
难易程度:中
提示大纲:

1.选用合适的创作软件或多个软件配合使用。

2.仔细琢磨制作纹理效果的方法,通常会用到多种滤镜来实现。

3.绘制过程中注意纹理的结构走向和纹理交替所产生的特殊效果的处理方法。

4.纹理的绘制要符合自然规律和美学规律,如水波纹,基本区分为是静水涟漪还是投掷产生的波纹;区分海洋波纹、溪水流动波纹的不同之处。绘制布料时,要考虑布的质地是棉质、棉麻还是毛质等,而其纹理各不相同。

5.制作完成的纹理要放置到合适的环境中去成为作品的一部分,即将纹理应用到合适的实物上,形成相宜的作品。如树的纹理研究,要分为树皮和截面,并组合为基本合理的作品;某种花纹创作后要具体应用到布料上还是玻璃上。

6.绘制作品不少于 3 种。也可以绘制同一纹理的不同表现形式。

平面设计选题三

题　　　目:实物绘制类——新品绘制

研究方向:绘制新的未出现的产品

论文类型:开发设计

成员组成:独立

难易程度:中

提示大纲:

1.选用合适的创作软件或多个软件配合使用。

2.可以捕捉大脑灵感闪现时的奇思妙想,或对自己喜爱的物品进行创造性的精巧设计。

3.新作品创作要符合科学规律和美学规律,例如绘制某种播放器的外壳,需要对播放器有科学的分析和审美上的突破,打破传统意义上的作品模型;绘制网站页面,需要符合浏览者的浏览习惯,并注意页面的美观简洁。

4.充分使用软件提供的各种绘制和修改工具,对所绘制的物品进行反复打磨,力图使别人能够喜爱接纳。

5.绘制的作品最好做出一个或几个系列,能形成一套完整的模型。将想象到的内容充分表现出来,并形成实物,这需要即时捕捉思想的火花,开阔自己的思路大胆的创作,并利用思维的连续性关联创作。例如按钮的基本形态变化、播放器的不同皮肤等。

6.做出作品的最终效果图,并对版面进行设计编排,编排时以作品为中心,融入版面环境或重点突显绘制的新品。

7.绘制的作品不少于 5 种,也可以从不同的观察角度绘制物品。

平面设计选题四

题　　　目:照片处理类——旧、差照片的修复

研究方向:数码图片的处理

论文类型:开发设计

成员组成:独立

难易程度:易

提示大纲:

1.首先对各种修复软件的功能效果进行横向和纵向的比较、测评,做到心中有数后

再确定修复软件,为后面照片处理打下良好的基础。

2.对旧、差照片的形成原因进行分析、总结。

3.在对旧、差照片进行准确分析总结的基础上制定修复方案,并进行实践。在反复实践的基础上不断修改完善修复方案,直至修复完美。

4.进行照片修复前后的对比分析并总结技术要点。

5.研究和推广修复方法的适应范畴。

平面设计选题五

题　　目:照片处理类——照片特殊效果处理

研究方向:数码图片的处理

论文类型:开发设计

成员组成:独立

难易程度:中

提示大纲:

1.选用合适的处理软件或多个软件配合使用。

2.对各种特殊效果进行全面了解,例如军色、错色、黑白艺术、高反差艺术、工笔画效果等。

3.学习并掌握常用照片的特殊效果处理技术。

4.在对原始照片进行细致分析后,选择合适的特殊效果处理技术,确定处理方案。

5.对照片进行技术处理。在方案实施过程中不断总结提高,直至最后完成自己满意的作品。

6.对处理前后的照片进行对比,总结出相应的技术要点和作品的艺术特色。

7.所完成的艺术效果处理图片不少于 10 幅,最后对处理过的艺术照片进行版面设计,使之成为一套完整的艺术作品。

平面设计选题六

题　　目:招贴广告类——户外广告设计

研究方向:广告设计

论文类型:开发设计

成员组成:独立

难易程度:中

提示大纲:

1.选用合适的处理软件或多个软件配合使用。

2.详细了解户外广告的概念类型,深入学习和理解户外广告的特点和设计法则,并按自己的理解在设计说明书中予以阐释。

3.依据市场调研结果设计出满足客户需求的策划方案和文案。

4.将搜集的相关素材处理为符合设计要求的图像,并按照设计草图进行恰当的编排。

5.考虑距离、视角、环境三个因素,与环境相协调。

6.广告画面简洁醒目,文字少且易识别,采用反差较大的颜色,整体视觉效果有冲击力。

7.考虑印刷的材质、文件分辨率及招贴方式等。

8.作品数量不少于8幅。可以是同一主题的不同设计作品,也可以是不同主题的设计作品。

平面设计选题七

题　　目:招贴广告类——书籍夹页招贴广告

研究方向:广告设计

论文类型:开发设计

成员组成:独立

难易程度:中

提示大纲:

1.选用合适的处理软件或多个软件配合使用。

2.通过书本学习、查阅资料等多种方法了解书籍夹页广告的一般特点以及不同于其他平面广告形式的特殊特点。在设计说明书中予以阐释。

3.对书籍内容做深入了解,并对书籍的读者对象做深入研究,然后确定广告主题以及要重点传达的信息。

4.形成设计的文字方案,并对最终作品从设计主题、设计方法、设计原则以及书籍夹页广告的特点上予以阐释。

5.设计作品过程中注意文件尺寸、分辨率、印刷方式以及材质等。

6.设计作品版面要美观、主题鲜明、内容充实。

7.最终作品不少于3个系列,每个系列不少于5张单页作品。

平面设计选题八

题　　目:招贴广告类——产品宣传招贴广告

研究方向:广告设计

论文类型:开发设计

成员组成:独立

难易程度:中

提示大纲:

1.选用合适的处理软件或多个软件配合使用。

2.通过书本学习、查阅资料等多种方法了解产品宣传招贴广告的一般特点以及不同于其他平面广告形式的特殊特点。在设计说明书中予以阐释。

3.针对产品的特点、功能、使用对象等做出产品宣传的基本文案。

4.确定宣传主题以及要通过设计作品传达的重要信息。

5.设计时注意版面美观、主题明确、视觉冲击力;合理的配比文字并能够传达产品的重要信息。

6.设计的作品能够形成系列,并要求针对不同招贴场合设计。设计作品不少于 5 个系列。每个系列不少于 3 幅作品。

7.设计过程中注意文件的尺寸、分辨率以及作品的印刷方式、印刷材质等问题。

平面设计选题九

题　　目:招贴广告类——杂志广告设计

研究方向:广告设计

论文类型:开发设计

成员组成:独立

难易程度:中

提示大纲:

1.选用合适的处理软件或多个软件配合使用。

2.详细了解杂志广告的种类、特点和版式,深入学习和理解杂志广告的表现形式和设计法则,并按自己的理解在设计说明书中予以阐释。

3.根据客户需要及市场调研结果设计出满足客户需求的策划方案和文案。

4.搜集相关资料,进行设计的构思和创意,绘制草图,使用相关软件设计初稿。

5.使用突出而醒目,且有吸引力的广告标题。注重版面的编排,可适当增加文字的信息量。

6.注重应用细腻精致的摄影图片,以精美的图形感动读者。

7.突出丰富的色彩变化,杂志的彩版用纸讲究,印刷精美。

8.作品数量不少于 6 幅。

平面设计选题十

题　　目:海报类——产品宣传海报

研究方向:广告设计

论文类型:开发设计

成员组成:独立

难易程度:中

提示大纲:

1.选用合适的设计软件或多个软件配合使用。

2.通过对产品宣传海报的调研,明确产品宣传海报的特点与海报类特点的契合点;并明确产品宣传海报的独有特点。

3.通过产品的特点、功能、使用对象、宣传理念等的深入研究确定海报设计的主题以及要重点传达的产品信息。

4.设计时应以突出的商标、标志、标题、图形,对比强烈的色彩,简练的视觉流程,使海报成为张贴场所的视觉焦点。

6.能够通过构思巧妙的创意驱动消费者的好奇心,吸引消费者的注意力,产生引人入胜的艺术效果。

7.作品不少于 3 组系列,每个系列不少于 5 幅作品。

8.在设计开始时就要考虑并确定作品的印刷方式、印刷材质等问题。

平面设计选题十一

题　　目:海报类——活动宣传海报

研究方向:广告设计

论文类型:开发设计

成员组成:独立

难易程度:中

提示大纲:

1.选用合适的设计软件或多个软件配合使用。

2.了解活动海报类设计的特点、版式和设计法则。

3.充分了解活动的主旨和内容,运用恰当的方法表现其内容和风格。

4.设计作品版面合理,活动主题要重点突出,活动的具体内容等文字要很好地融合到作品中去。

5.强烈的视觉冲击,和谐的色彩搭配,构思巧妙的创意以及对活动简练的诠释。

6.关于作品的印刷模式、文件大小、印刷材质等问题在设计开始的时候就要考虑并确定。

7.作品不少于 3 组系列,每个系列不少于 5 幅作品。

平面设计选题十二

题　　目:海报类——电影海报

研究方向:广告设计

论文类型:开发设计

成员组成:独立

难易程度:中

提示大纲:

1.选用合适的设计软件或多个软件配合使用。

2.考虑并确定海报的印刷模式、文件分辨率、印刷材质等问题。

3.了解电影海报设计的特点、版式和设计法则。

4.电影海报主要是起到吸引观众注意、刺激电影票房收入的作用,所以设计中要重点突出电影卖点,将主创人员、影片特色等文字很好地融合到作品中去。

5.尽量运用夸张、幽默、特写等手段提示重要场景,以引起观众的好奇心,造成强烈的视觉感受,产生引人入胜的艺术效果。

6.设计时注意调动图像、色彩、构图、形式感等因素形成强烈的视觉效果,让海报画面具有号召力与艺术感染力。

7.作品不少于 3 组系列,每个系列不少于 5 幅作品。

平面设计选题十三

题　　目:票面门头设计——门票、邮票、请柬、铭牌、挂历、台历等

研究方向:平面设计

论文类型:开发设计

成员组成:独立

难易程度:中

提示大纲:

1.选用合适的设计软件或多个软件配合使用。

2.充分了解宣传的主旨,确定作品的设计主题。

3.对此类作品进行详细深入地学习和研究,形成自己有别于传统作品的设计样式。

4.把握作品设计的原则,撰写简洁明了的宣传文案。

5.关于作品印刷方式、印刷材质等问题要在设计开始的时候就考虑并确定。

6.作品不少于 3 组系列,每个系列不少于 5 幅作品。

平面设计选题十四

题　　目:票面门头设计——店铺门头

研究方向:平面设计

论文类型:开发设计

成员组成:独立

难易程度:较难

提示大纲:

1.选用合适的设计软件。

2.充分了解店铺主营项目、经营理念及其目标定位。

3.传达店铺文化和主营项目信息。

4.有较强的视觉可读性和构思巧妙的创意。

5.做出系列作品:店面主门头、店铺附属介绍、店铺橱窗、店内促销单以及整体效果。

6.作品印刷方式、印刷材质等问题在设计开始的时候就要考虑并确定。

7.作品不少于 3 组系列,每个系列不少于 5 幅作品。

平面设计选题十五

题　　目:标志设计类——活动标志(某项活动)

研究方向:平面设计

论文类型:开发设计

成员组成:独立

难易程度:较难

提示大纲:

1.选用合适的设计软件。

2.充分了解活动的历史背景、文化因素和目的意义。

3.通过标志传达的信息要契合活动的主旨。

4.较强的视觉可读性、构思巧妙的创意以及可复制性。

5.做出标志组合的可行方式以及禁止方式。

6.作品印刷方式、印刷材质等问题在设计开始的时候就要考虑并确定。

7.作品不少于 3 组系列,每个系列不少于 5 幅作品。

平面设计选题十六

题　　目:标志设计类——行业、企业的商标或标志

研究方向:平面设计

论文类型:开发设计

成员组成:独立

难易程度:较难

提示大纲:

1.选用合适的设计软件。

2.了解商标或标志的符号意义和角色功能,深入学习和理解标志的图形元素与构成法则,并按自己的理解在设计说明书中予以阐释。

3.充分了解行业、企业的历史背景、文化因素、事业内容、经营现状和理念,使设计的商标或标志传达的信息契合行业、企业的主旨。

4.捕捉记录各种创意点子,找到富有内涵和价值的标志图形元素,继而仔细研究修改成为可以准确传达企业形象的商标或标志。还必须考虑能适应各种不同的媒介和应用方式。

5.将标志进行规范和精致化作业,做出标志组合的可行方式以及禁止组合规范。

6.设计作品不少于 3 组,并分别予以阐释。

7.考虑作品在不同色彩印刷方面的表现问题。

平面设计选题十七

题　　目:书籍杂志装帧设计

研究方向:平面设计

论文类型:开发设计

成员组成:独立

难易程度:中

提示大纲:

1.选用合适的设计软件。

2.充分学习了解书籍装帧艺术与发展历史,深入学习封面封底设计的功能、要素、面料的使用、装订形式等知识。

3.明确书籍的分类和读者对象,对书籍内容有深刻、全面的了解,之后再开始计划、创意、设计,形成书籍的整体艺术设计。

4.把握书籍的品种、样式,考虑书的内在气质,通过封面设计的色彩、构图、文字达到深刻、丰富的视觉效果,唤起读者的兴趣。

5.对封面、封底和书脊的相互关系有统一的构思和表现。

6.合理巧妙地运用封面材料的不同特点及表现力。

7.考虑装订形式、书籍扉页、书籍正文、书籍护封的设计艺术和技术的统一性,整体风格一致。

8.制作时考虑印刷、装帧等相关问题。

平面设计选题十八

题　　目:包装设计类

研究方向:平面设计

论文类型:开发设计

成员组成:独立

难易程度:较难

提示大纲:

1.选用合适的设计软件。

2.了解包装设计的历史和发展、分类和功能、设计材料和特征。

3.在进行充分的市场调研的基础上,对包装产品作合理的设计定位,包括:品牌定位、产品定位和消费者定位。

4.根据目标市场的需要和条件制定包装设计的策略。

5.充分考虑文字、图形和色彩的关系,巧妙构思平面视觉设计的效果,通过鲜明的主题、合适的表现方法使包装平面设计能有效地传递准确的信息。

6.在版面编排时把握包装平面视觉设计版面编排原则,如:清晰可读、与三维立体结构大小形状相配合、信息设计准确等。

7.考虑作品在实际工作中的可操作性(包装方式、包装材质、材料节约等)。

8.仔细考虑包装的印刷与工艺问题。

平面设计选题十九

题　　目:套册设计

研究方向:平面设计

论文类型:开发设计

成员组成:独立

难易程度:难

提示大纲:

1.选用合适的设计软件。

2.学习了解套册设计的特点和相应的技术要求。

3.确定套册所要表现的主题、风格、精神内涵,所做的套册设计应具有一定的连续性、故事性、统一性和完整性。

4.裁剪和选用的素材需与主题表现的内容相适应,但同时应保持素材的基本性质不改变。

5.各系列单页表现的内容要与主题相贴合。

6.设计的系列单页风格要与整体套册风格相一致。

7.注意对整体的准确把握和对细节的细致描绘要结合起来。

8.制作时考虑印刷和装帧以及材质的相关问题。

平面设计选题二十

题　　目:VI 设计

研究方向:平面设计

论文类型:开发设计

成员组成:独立

难易程度:难

提示大纲:

1.综合运用多种平面设计软件制作。

2.了解 VI 设计的重要作用,学习 VI 设计的基本程序、技术要求和设计方法。

3.挖掘企业深层的精神、文化、信仰和哲学进行统一规范化的设计,力图使设计能够传达企业的经营理念和战略目标,提高企业凝聚力,增强产品的竞争力。

4.注重视觉基本要素的设计。

5.基础系统的设计要具有可操作性、连贯性和完整性。

6.应用系统的设计要具有实用性和典型性。

7.阐释说明设计过程,撰写相应的文案。

8.考虑和解决实际应用问题。

4.2　视频制作方向

4.2.1　视频制作选题总体概括

视频制作的过程中,我们既是导演,又是编剧,又是摄像,还是作品的总制片人。作品凝聚了我们的无数心血。为了完成好作品,统一的要求如下:

1.编写作品的剧本(脚本),写出自己的创作构思,并列出详细的剧本提纲;对提纲写出较为详细的细节描述。

2.写出作品的技术规范和使用技术说明。

3.素材题材来源不限,但都要与题目及主题吻合,不能随意堆叠素材。最好自己用摄像机采集,对于没有办法采集的素材可以使用其他方法搜集。

4.素材选用要合理,所使用素材的大小、分辨率要与视频作品的大小、清晰度等基本符合,不能让素材产生变形、马赛克、花边等失真效果。

5.制作过程中技术使用要熟练;视频、视频特效、音频、音响特效等处理精确,转场过渡自然。分屏、移动等技术使用合理,而不要纯粹为了技术而技术。

6.主题明确,各种技术综合使用并对主题起到很好的烘托和强化作用。

7.所有作品都要加做片头和片尾,组成一个完整的作品,片头时长为 15 秒,片尾时长为 10 秒(除特技特效类作品)。

8.作品的总时间均为 30 分钟。特技特效类作品时长在提示大纲中另作要求。

9.上交作品时上交制作的源文件及使用素材,并进行分类整理。

10.将作品输出为 avi 格式,刻录作品的视频 DVD 光盘,并制作光盘封面。

4.2.2 视频制作选题

视频制作选题一

题　　目:家庭录像——电子相册

研究方向:视频制作

论文类型:开发设计

成员组成:独立

难易程度:中

提示大纲:

1.综合运用多种视频及平面软件制作。

2.了解视频电子相册制作的技术规范和要求。

3.所用素材要进行前期的处理,统一分辨率和大小。

4.视频画面的构图要美观、布局要精巧合理。

5.必要的文字说明与素材结合,画龙点睛地给予画面强烈的视觉效果。

6.电子相册作品要有相应的故事性或情节性,给人以深刻的印象。不要流于一般过程,避免画面的简单过渡堆砌。

7.作品完整,细节处理得当,没有明显的瑕疵和穿帮镜头或素材出现。

视频制作选题二

题　　目:家庭录像——温暖的家

研究方向:视频制作

论文类型:开发设计

成员组成:独立

难易程度:中

提示大纲:

1.综合运用多种视频及平面软件制作。

2.写出作品的剧本,给出自己的创作构思,并列出详细的剧本提纲;对提纲写出较为详细的细节描述。

3.依据剧本的内容搜集素材:素材的采集和使用要以家庭为主要元素,内容要极力表现家庭生活的点点滴滴。

4.作品结构新颖,特效设计有创意;作品故事性要完整,引人入胜。

5.主题要明确,并且对主题阐释有层次,有起伏。

6.作品的台词要与画面完美结合,并通过恰到好处的音频和音响特效来烘托作品。

7.作品要完整,细节处理得当,没有明显的瑕疵和穿帮镜头或素材出现。

视频制作选题三

题　　目:家庭录像——快乐的童年

研究方向:视频制作

论文类型:开发设计

成员组成:独立

难易程度:中

提示大纲:

1.综合运用多种视频及平面软件制作。

2.写出作品的剧本,给出自己的创作构思,并列出详细的剧本提纲;对提纲写出较为详细的细节描述。

3.为体现童年的欢乐和童年多样化的生活,素材的搜集也要多样化。记录成长的照片和视频以及充满趣味的音乐等都可纳入素材搜集的范围。

4.作品的主题为快乐童年,作品本身也要体现出童趣的风格。所有的素材和技术都要为快乐童年这个主题服务。

5.作品叙事的结构要清晰,有创意;视频的整体画面构图和谐美观,视觉效果舒适。

6.作品要完整,细节处理得当,没有明显的瑕疵和穿帮镜头或素材出现。

视频制作选题四

题　　目:活动庆典——元旦(新春、圣诞等)晚会

研究方向:视频制作

论文类型:开发设计

成员组成:独立

难易程度:中

提示大纲:

1.综合运用多种视频及平面软件制作。

2.写出作品的剧本,给出自己的创作构思,并列出详细的剧本提纲;提纲要写出较为详细的细节描述。

3.作品的主题与晚会的主题和内容要基本保持一致,能够体现晚会的实质内容。

4.素材剪辑合理,加入的台词要画龙点睛地阐释当前的画面。加入的音频和音响特效要适可而止,起到增强的效果而不能喧宾夺主。

5.剪辑的素材原则上是一个独立的单元,技术处理要在保持晚会完整性的基础上完成,不能强行随意分割。

视频制作选题五

题　　目:活动庆典——婚庆 DVD

研究方向:视频制作

论文类型:开发设计

成员组成:独立

难易程度:较难

提示大纲:

1.综合运用多种视频及平面软件制作。

2.写出婚庆具体流程剧本,并列出详细的剧本提纲;提纲要写出较为详细的细节描述。

3.素材的采集要有针对性,对于设计的婚礼过程中的重点段落部分不能有遗漏,保证婚礼的完整性。音频使用以喜庆音乐为主,并配合作品风格引入其他音频效果。

4.片头片尾要独立设计,充分体现喜庆欢乐的场景。

5.适当加入各种元素,如图片、文字、音响特效、背景音乐等来烘托气氛。

6.依据原始婚礼过程确立婚庆的主题,是浪漫的、温馨的、热烈的、感人的,而不是婚礼录像的简单重复。

视频制作选题六

题　　目:活动庆典——毕业典礼

研究方向:视频制作

论文类型:开发设计

成员组成:独立

难易程度:较难

提示大纲:

1.综合运用多种视频及平面软件制作。

2.写出毕业典礼流程剧本,写出自己作品的创作构思,并列出详细的剧本提纲;提纲要写出较为详细的细节描述。

3.素材的采集要有针对性,对于毕业典礼过程中的重点段落部分不能有遗漏,保证毕业典礼的完整性。

4.作品的叙事结构要新颖清晰,内容完整。能够表达从进校之初到毕业的历程以及思想变化。

5.作品要有感情有情节。

6.作品制作要严谨,画面构图、音频音效等使用要表达出作品所体现的感情。

视频制作选题七

题　　目:纪录片——旅游札记

研究方向:视频制作

论文类型:开发设计

成员组成:独立

难易程度:难

提示大纲:

1.综合运用多种视频及平面软件制作。

2.写出作品脚本,写出作品的创作构思,并列出详细的脚本提纲;提纲要写出较为详细的细节描述。

3.依据剧本自己录制基本旅游素材,并通过各种途径搜集其他素材。

4.通过自己的录制以及亲身的旅游体验,做出旅游地的主要宣传点和宣传方向。

5.作品的叙事流程清晰,画面优美,音频音效动听,充分体现旅游地的特点特色。即便是漫漫黄沙,戈壁荒丘,也有它们别样美的表现。

6.台词设计精确,内容科学,不可随意地捏造。

视频制作选题八

题　　目:纪录片——科普宣传片

研究方向:视频制作

论文类型:开发设计

成员组成:独立

难易程度:难

提示大纲:

1.综合运用多种视频及平面软件制作。

2.写出作品的剧本,给出自己的创作构思,并列出详细的剧本提纲;提纲要写出较为详细的细节描述。

3.素材首先要真实科学,要多方搜集并进行科学的比较,而后再使用。

4.台词解说要严谨科学,不可出现错误。

5.作品叙事清晰明了,对知识的解读要深入浅出,把科普内容讲述清楚,并引人入胜。

视频制作选题九

题　　目:纪录片——动植物生活

研究方向:视频制作

论文类型:开发设计

成员组成:独立

难易程度:难

提示大纲:

1.综合运用多种视频及平面软件制作。

2.写出作品的剧本,给出自己的创作构思,并列出详细的剧本提纲;提纲要写出较为详细的细节描述。

3.依据剧本多方面搜集素材,图片、视频、音频、音效等素材要搜集整理。

4.作品内容丰富,设计安排合理,技术使用能够很好地突显作品的主题。

5.作品结构有新意,体现动植物世界别样的风情。切忌平铺直叙,没有色彩。

6.作品的主题积极向上,深入探究动植物世界的内在生活状态(比如没有人类参与的动植物们的生活状态)。

视频制作选题十

题　　目:宣传片——民风民俗

研究方向:视频制作

论文类型:开发设计

成员组成:独立

难易程度:难

提示大纲:

1.综合运用多种视频及平面软件制作。

2.写出作品的剧本,给出自己的创作构思,并列出详细的剧本提纲;提纲要写出较为详细的细节描述。

3.搜集本地区、本民族独有的民风民俗素材,并配合其他素材以备使用。

4.作品讲述的过程中充分体现出历史继承性、独特性以及所产生的影响。

5.作品要有一定的思想性,能够准确反映民风民俗的存在以及传承的意义。

6.台词解说准确科学,作品结构严谨;将本地区、本民族的民风民俗还原本质,广泛传播。

视频制作选题十一

题　　目:宣传片——我的母校

研究方向:视频制作

论文类型:开发设计

成员组成:独立

难易程度:中

提示大纲:

1.综合运用多种视频及平面软件制作。

2.写出作品的剧本,给出自己的创作构思,并列出详细的剧本提纲;提纲要写出较为详细的细节描述。

3.依据剧本提纲采集或搜集学校的大量素材,并进行整理分类。

4.作品要突出特点特色,不要面面俱到。围绕其中的核心部分进行多方面、多层次、多角度的表现。

5.作品要有自己的特点,立意要新、结构别致、画面温馨。将自己对母校的感情融入作品中去,通过画面、声音、文字等表现出来。

6.作品结构完整、叙事清晰、感情浓厚。

视频制作选题十二

题　　目：特技特效——电视/电影特效剪辑

研究方向：视频制作

论文类型：开发设计

成员组成：独立

难易程度：难

提示大纲：

1.综合运用多种视频及平面软件制作。

2.写出作品的剧本，给出自己的创作构思，并列出详细的剧本提纲；提纲要写出较为详细的细节描述。

3.搜集各种不同类型的素材并分类整理。

4.技术处理要创新，不能千篇一律，也不能照搬别人的成功作品。

5.素材剪辑转场要平滑，不要出现画面不衔接的硬伤。

6.作品引人入胜，在内容、叙事结构、画面构图、台词解说等方面要别出心裁。

7.特技特效要炫目大气，视觉冲击力强。

8.作品为 3 分钟，不少于 3 个。

视频制作选题十三

题　　目：特技特效——剧场片头/片尾

研究方向：视频制作

论文类型：开发设计

成员组成：独立

难易程度：易

提示大纲：

1.综合运用多种视频及平面软件制作。

2.写出作品的剧本，给出自己的创作构思，并列出详细的剧本提纲；提纲要写出较为详细的细节描述。

3.了解电视节目片头片尾的制作特殊性和重要地位。

4.片头要很好地与内容相衔接，在极短的时间段里表现出作品栏目的中心所在。

5.作品画面流畅，背景音乐融合细腻，特点突出，配上最后出现的剧场或栏目名称，让人印象深刻，一目了然。

6.作品的观赏性和艺术性要综合体现。

7.片头为 15 秒，片尾为 10 秒。

8.作品不少于 5 个栏目或剧场，而且不能雷同。

4.3　多媒体课件制作方向

4.3.1　多媒体课件制作选题总体概括

1．课件内容

(1)课件内容完整,可以是一章或者几章的内容。

(2)课件内容正确,无政治性、科学性错误和严重的文字错误。

(3)课件结构符合教学要求,体系规范。

(4)课件引用的资料应注明来源。

2．教学设计

(1)交互良好。

(2)配有适当习题。

3．技术性

(1)界面人性化,操作方便、灵活;有章节导航功能,没有链接错误。

(2)课件输出格式为 EXE 格式。

(3)能根据需要选用最适当的制作工具,应用效果好。

(4)充分利用多媒体技术,如视频、声音、动画等。

4．艺术性

(1)界面布局合理,整体风格统一,色彩搭配协调,符合视觉心理。

(2)文字、图片、音频、视频、动画配合恰当,符合教学主题。

(3)制作精细,吸引力强,能激发学生的学习兴趣。

4.3.2　多媒体课件制作选题

多媒体课件制作选题一

题　　目:网络课件制作

研究方向:多媒体技术软件应用类

论文类型:开发设计

成员组成:1~2 人

难易程度:难

提示大纲:

1.以学过的课程为蓝本,制作网络课件。

2.制作适合学生自学用的网上课件。

3.要求操作方便、视觉效果良好、画面新颖、声音优美。

4.开发工具:Frontpage、Dreamweaver 等。

5.限定用 Web 浏览器阅读。

6.课件至少涉及课本中两个章节的内容,内容要准确无误。

7.课件以文字为主,根据内容需要可插入静态图像、动画、视频和声音等素材。

8.课件中要加入与该课件内容相关的站点链接。

多媒体课件制作选题二

题　　目:制作语音电子书

研究方向:多媒体技术软件应用类

论文类型:开发设计

成员组成:独立

难易程度:难

提示大纲:

1.制作适合大学生阅读、内容健康向上的语音电子书。

2.开发工具:eBookWorkShop、eBookEditPro、eBookPackExpress 等。

3.课件运行环境说明。

4.可以选择电子书支持的文档类型如 txt、html、flash 作素材。

5.要求操作方便,视觉效果良好,画面新颖,声音优美。

6.要求内容完整,可以是小说、诗歌、散文、摘抄等。

多媒体课件制作选题三

题　　目:数据结构算法演示课件

研究方向:多媒体技术软件应用类

论文类型:开发设计

成员组成:1~2 人

难易程度:难

提示大纲:

1.需要有课程结构分析以及课件框架介绍的文字资料。

2.开发工具:Authorware、PowerPoint 等。

3.文件输出格式:EXE 格式

4.课件风格统一,元素布局合理,色彩协调,操作方便。

5.课件至少涉及课本中的三个章节内容,要有明确的学习目标和教学要求,内容要准确无误,需配有练习题。

6.课件的组织结构符合其逻辑体系和学生的认知规律。

7.结合课程的特点插入静态图像、动画等素材。

多媒体课件制作选题四

题　　目:计算机专业课多媒体课件制作

研究方向:多媒体技术软件应用类

论文类型:开发设计

成员组成:1~2人

难易程度:难

提示大纲:

1.需要有专业课特点分析以及课件结构介绍的文字资料。

2.开发工具:Authorware、PowerPoint、Flash、Photoshop 等。

3.文件输出格式:EXE 格式。

4.课件风格统一,元素布局合理,色彩协调,操作方便。

5.课件至少涉及课本中的三个章节内容,有明确的学习目标和教学要求,内容要准确无误,能突出专业课的特点,需配有练习题。

6.课件的组织结构符合其逻辑体系和学生的认知规律。

7.根据课程的特点,可结合其他应用软件设计页面元素。

多媒体课件制作选题五

题   目:学院专业介绍演示稿制作

研究方向:多媒体技术软件应用类

论文类型:开发设计

成员组成:1~2人

难易程度:难

提示大纲:

1.学院专业介绍演示稿制作的需求分析。

2.开发工具 Authorware、PowerPoint 等。

3.文件输出格式:EXE 格式。

4.主题突出,文字言简意赅。

5.视觉效果良好,画面新颖,声音优美。

6.可以根据内容插入视频剪辑、图片等元素。

7.演示稿交互性好,易操作。

4.4　网页制作方向

4.4.1　网页制作选题总体概括

1.网站设计的总体描述

网页制作不是漫无目的,而是有计划、有目标建立的。所以在进入网页制作之前,需要对将要建立的网站进行目标分析、网站定位与规划等,然后才能进行网页的制作和网站的进一步建设。

（1）网站目标分析。对于设计者来说，网站是针对特定的用户，且具有特定的任务。通常提出目标是一件简单的事情，如何使目标陈述得简明且可以实现才是最为重要的。

（2）网站定位。在网页设计之前，首先要给网站一个准确的定位，是属于宣传产品的一个窗口，还是用来提供商务服务的网站。然后，确定主题与设计风格，网站名称要符合主题，题材要专而精。

（3）网站规划。在设计之前，需要先画出网站结构图，其中包括网站栏目、结构层次、链接内容。首页中的各功能按钮、内容要点、友情链接等都要体现出来，一定要切题，突出重点。

（4）内容采集。选好标题后，开始采集内容，内容必须与主题相符，在采集内容时，应注重特色，突出自己的个性。把内容按类别进行分类，设置栏目，让人一目了然。栏目不要设置太多，最好不要超过 10 个，层次也最好少于 5 层。主要栏目最好能直接从首页到达，保证用各种浏览器都能看到主页最好的效果。

（5）主页设计。主页设计包括创意设计、结构设计、色彩调配和布局设计。创意设计主要来自于设计者的灵感和平时的积累。结构设计是源自网站结构图。网页的色彩设计有其自身的色彩应用规律。为求得良好的整体效果，需要有计划性地思量色彩布局和色彩组合。网页最基本的布局方式有："国"字型网页布局、拐角型网页布局、左右型网页布局和封面型网页布局。

"国"字型网页布局也称为"同"字型网页布局，是一些大型网站经常使用的类型。即最上面是网站的标题以及横幅广告条，接下来是网站主要内容，左右分开两小条内容，中间是主要部分，与左右一起罗列，最下面是网站的一些基本信息、联系方式、版权声明等。如图 4-1 所示。

图 4-1　"国"字型网页布局示例

拐角型网页布局上面是标题及广告横幅,接下来左侧或者右侧是一窄列链接,正文在很宽的区域中,下面是一些网站的辅助信息。如图4-2所示。

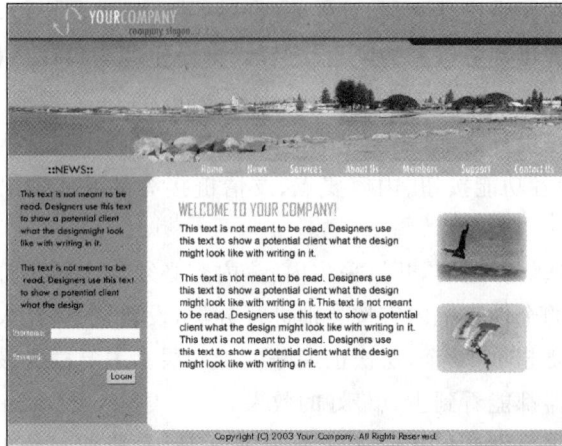

图 4-2 拐角型网页布局示例

左右型网页布局是一种分为左右两页的框架结构,一般左面是导航条,有时最上面会有一些小的标题或标志,右侧是正文。这种布局方式结构清晰,一目了然,是常见的一种布局方式。如图4-3所示。

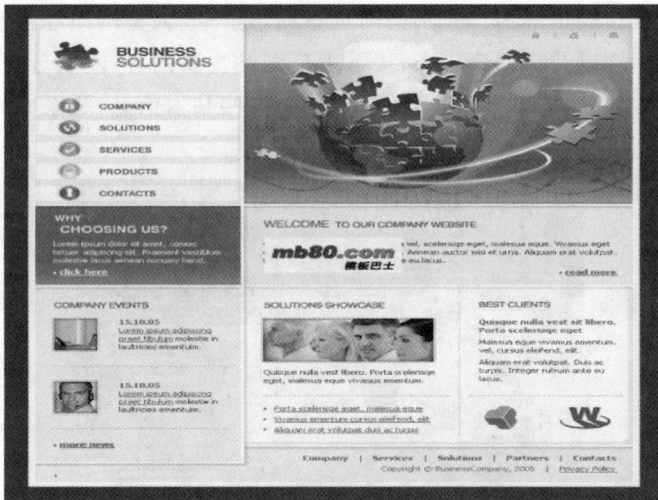

图 4-3 左右型网页布局示例

封面型布局基本上出现在一些网站的首页。大部分为一些精美的平面设计结合一些小的动画,放上几个简单的链接或者仅是一个"进入"的链接等。如图4-4所示。

(6)网页上传到申请的网络空间。在电脑上制作完网站后,就可以把它上传到因特网上。在上传之前,要事先做好个人空间的申请。然后,将网页上传到个人空间。

(7)书写网站的电子设计说明书。在说明书中对在网站建设中所应用的技术进行介绍说明。

图 4-4　封面型网页布局示例

2.建立网站目录结构的部分建议

(1)网站的目录机构要清晰,文件分类存放,命名合理。

(2)不要将所有文件都存放在根目录下。

(3)按栏目内容建立子目录。如:电脑技术介绍网站可根据技术设定栏目并建立相应的目录,如 Database(数据库)、Webpage(网页制作)、Images(图像处理)、Tools(工具软件)等。

(4)在每个主目录下都建立独立的 Images 目录。

(5)目录的层次不要太深(一般不要超过 3 层)。

3.网站开发软件的选择说明

(1)网页制作工具(如:Dreamweaver、Frorntpage 等)。

(2)图形图像编辑处理软件(CorelDraw、Photoshop 和 Fireworks 等)。

(3)动画制作软件(如:GIF98a、ULEAD COOL3D 和 Flash 等)。

(4)动态技术支持(如:ASP. NET、Php 和 Java 等)。

(5)数据库(如:Access、SQL、mySQL 等)。

(6)脚本语言(如:Vbscript、Javascript 等)。

4.网页编写的格式要求

(1)浏览网站分辨率采用 1024×768。

(2)主页的文件名规定用 index. htm。

(3)各层网页的内容要充实,紧扣该栏目的主题。

(4)至少有六个以上可链接的页面,不能出现链接错误;各栏目页面之间能互相链接。

(5)图片必须是自己制作或利用图像处理工具处理过的,要包含至少一个自己制作的 Flash 作品。

(6)要求内容编排得当,页面设计美观,导航控制转换流畅,网站个性鲜明。

(7)尽量少用背景音乐和Java程序,这些内容会占用许多下载时间。

(8)每页用同样的菜单选项以保持统一风格。框架结构能很好地实现这一功能。

(9)设计要有一定的创意和技术成分。

选题方向:

1.个人网站类

这类网站主要是以介绍自己、把自己的相关信息和自己的作品作为主要内容的网站,或是将个人兴趣、爱好搜集整理后,作为网站的主要内容。例如,如果喜欢电影明星章子怡,那么以她为中心内容来建设网站;如果比较喜欢运动,那可以将介绍各种运动项目作为网站内容等。

2.课程网站类

这类网站主要是以在线教育为主要内容,可选择某门熟悉的课程做一个网站(如:精品课程建设),或是以在线辅助教学作为主要内容,给学习者提供一个集学习、交流、娱乐于一体的综合性辅助网站。

3.校园网站类

这类网站是以校园中的一个单位为网站的创建内容。如:一个班级、一个部门、一个系或是整个校园。在网站建设时可以建设静态网站也可以建设动态网站。

4.中小型企业网站

这类网站是以公司和企业提供的服务为主线来制作网页。根据公司或企业特点或需求来建立相应的网站。如时装展示、化妆品展示、房地产开发公司住宅区展示等(主要以做静态网站为主)。

5.电子商务网站类

这类网站主要是以实现网络营销为主要目的。通过网站的建立实现产品的展示、订购、营销。

6.优秀网站分析研究报告类

介绍一个你喜欢的网站或对几个提供相同或相似服务的网站进行对比分析。

4.4.2　网页制作选题

网页制作选题一

题　　目:个人网站

研究方向:网站设计

论文类型:开发设计

成员组成:独立

难易程度:易

提示大纲:

1.建立一个新的个人网站,网站内容以个人信息和原创作品为主。

2.确定网站的主题及网站名称,设计网站的 Logo、网站的标准色彩以及网站的宣传标语等。

3.建立网站的目录结构,画出整个网站的目录结构图。网站中的栏目参考有:个人简介、教育档案、社会实践、家庭相册、成绩成就、个人作品和成长健康等。

4.选择合适的网站开发软件,确定网站的版面布局,遵循网页格式要求进行网页制作。

5.在网页制作中能很好地应用脚本语言实现动画效果(如滚动字幕、悬停按钮和计数器),在网页的合适位置插入 Flash 动画及背景音乐。

6.测试并上传网页。

7.撰写设计说明书。

网页制作选题二

题　　目:诗歌欣赏网——个人网站建设

研究方向:网站设计

论文类型:开发设计

成员组成:独立

难易程度:易

提示大纲:

1.建立一个主题内容是介绍诗歌的网站,为网站起一个响亮的名称。

内容建议:不要把目标定得太高、太大。如:唐诗欣赏,宋词鉴赏等。做好一个主题就可以了。

2.设计网站的 Logo、网站的标准色彩以及网站的宣传标语等。

3.建立网站的目录结构,画出整个网站的目录结构图。

4.选择合适的网站开发软件,确定网站的版面布局,遵循网页格式要求进行网页制作。

5.在网页制作中能很好地应用脚本语言实现动态效果。在网站中最好能提供查询功能,按诗歌名称查询或按作者查询。仅供参考。

6.测试并上传网页。

7.撰写设计说明书。

网页制作选题三

题　　目:电影网站——个人网站建设

研究方向:网站设计

论文类型:开发设计

成员组成:独立

难易程度:易

提示大纲:

1.网站的主题内容是介绍一部自己喜欢的电影。

2.根据主题确定网站栏目。如:电影故事梗概、电影人物介绍分析和电影演员介绍。

3.确定网站的名称,设计网站的 Logo、网站的标准色彩以及网站的宣传标语等。

4.建立网站的目录结构,画出整个网站的目录结构图。

5.选择合适的网站开发软件,确定网站的版面布局,遵循网页格式要求进行网页制作。

6.在网页制作中能很好地应用脚本语言实现动态效果,网站中载入电影的视频片断。

7.测试并上传网页,撰写设计说明书。

网页制作选题四

题　　目:小说网站——个人网站建设

研究方向:网站设计

论文类型:开发设计

成员组成:独立

难易程度:中

提示大纲:

1.建立一个主题内容是介绍小说的网站(如:明清小说网、元曲欣赏)。

注意:题目要求是建立个人网站,独立完成,所以不要仿照网上的大型小说网,把小说整篇放在网上,那样会很耗时。所以,在此处要求给出小说的故事梗概就可以了。

2.搜集整理小说,按小说的内容进行分类,确定网站的栏目。建议:一级栏目可按小说的种类来分,二级栏目可按作者来分。可参考类似的网站。

3.确定网站的名称,设计网站的 Logo、网站的标准色彩以及网站的宣传标语等。

4.建立网站的目录结构,画出整个网站的目录结构图。

5.选择合适的网站开发软件,确定网站的版面布局,设计网页模板,遵循网页格式要求进行网页制作。

6.在网页制作中能很好地应用脚本语言实现动态效果。在网站中提供查询功能。

7.测试并上传网页。

8.撰写设计说明书。

网页制作选题五

题　　目:体育运动网站——个人网站

研究方向:网站设计

论文类型:开发设计

成员组成:独立

难易程度:中

提示大纲:

1.建立主题内容是体育运动的网站,选择你喜欢的一项运动(如:足球、篮球等)。

2.确定网站的名称,设计网站的 Logo、网站的标准色彩以及网站的宣传标语等。

3.建立网站的目录结构,画出整个网站的目录结构图。

4.选择合适的网站开发软件,确定网站的版面布局,设计网页模板,遵循网页格式要求进行网页制作。

5.在网页制作中能很好地应用脚本语言实现动态效果。在网站中建立论坛。

6.测试并上传网页。

7.撰写设计说明书。

<h3 align="center">网页制作选题六</h3>

题　　目:动物网站——个人网站建设

研究方向:网站设计

论文类型:开发设计

成员组成:独立

难易程度:中

提示大纲:

1.网站的主题内容是介绍一类动物。

2.确定网站内容,是海底动物、飞禽、家畜或是专门介绍宠物狗等。

3.搜集与网站内容相关的信息并进行整理。

4.确定网站的名称,设计网站的 Logo、网站的标准色彩以及网站的宣传标语等。

5.建立网站的目录结构,画出整个网站的目录结构图。

6.选择合适的网站开发软件,确定网站的版面布局,设计网页模板,遵循网页格式要求进行网页制作。

7.能很好地应用 Flash 软件来展现动物的风采。可应用相应软件做一个照片浏览器。

8.测试并上传网页,撰写设计说明书。

<h3 align="center">网页制作选题七</h3>

题　　目:儿童天地——个人网站建设

研究方向:网站设计

论文类型:开发设计

成员组成:独立

难易程度:中

提示大纲:

1.为父母们建立一个儿童天地网,网站目标不要太大,建议以儿童娱乐或育儿知识为主题。

2.确定网站的名称,设计网站的 Logo、网站的标准色彩以及网站的宣传标语等。

3.建立网站的目录结构,画出整个网站的目录结构图。栏目参考:动漫(如:介绍奥特曼等动漫人物)、动画片(如:花仙子、葫芦娃等)、儿歌、故事、儿童游戏(Flash)等。

4.选择合适的网站开发软件,确定网站的版面布局(建议应用拐角型或封面型网页布局),遵循网页格式要求进行网页制作。

5.测试并上传网页。

6.撰写网站使用手册和设计说明书。

网页制作选题八

题　　目:动漫网站——个人网站建设

研究方向:网站设计

论文类型:开发设计

成员组成:独立

难易程度:中

提示大纲:

1.目前,动漫很受青少年的喜爱和关注。建议以介绍漫画作品作为主题来进行网站建设。

2.确定网站的名称,设计网站的 Logo、网站的标准色彩以及网站的宣传标语等。

3.建立网站的目录结构,画出整个网站的目录结构图。建议:栏目可以按国家分类漫画(如:日本动漫、欧美动漫和国内动漫等)。或者分为经典动漫(如:蜡笔小新、聪明的一休、变形金刚等)、漫画人物介绍、在线漫画观赏、原创作品等。

4.选择合适的网站开发软件,确定网站的版面布局,设计网页模板,遵循网页格式要求进行网页制作。

5.网站功能要求能在线欣赏漫画,如果作者有创作能力,可上传自己创作的动漫作品。

6.测试并上传网页,撰写设计说明书。

网页制作选题九

题　　目:游戏网站规划设计——个人网站建设

研究方向:网站设计

论文类型:开发设计

成员组成:独立

难易程度:较难

提示大纲:

1.选择一种或几种熟悉的游戏,站在游戏玩家的角度来设计一个游戏网站。

2.搜集与游戏内容相关的信息并进行整理,内容包括游戏介绍、攻略、论坛及以网友投稿为主要来源的游戏经验谈与游戏心情故事。

3.确定网站的名称,设计网站的 Logo、网站的标准色彩以及网站的宣传标语等。

4.建立网站的目录结构,画出整个网站的目录结构图。

5.选择合适的网站开发软件,确定网站的版面布局,设计网页模板,遵循网页格式要求进行网页制作。

6. 网站功能要求包括玩家注册、登录、单机游戏下载和在线 Flash 小游戏。

7. 测试并上传网页,撰写设计说明书。

网页制作选题十

题　　　目:《××》精品课网站——课程网站建设

研究方向:网站设计

论文类型:开发设计

成员组成:1～2 人

难易程度:中

提示大纲:

1. 确定课程网站的内容,网站栏目可参考网上的其他课程网站的栏目设定。

2. 准备所选课程的授课教案、习题集、试题集、课件等教学资料。

3. 建立网站的目录结构,画出整个网站的目录结构图。

4. 选择合适的网站开发软件,确定网站的版面布局,设计网页模板,遵循网页格式要求进行网页制作。

5. 扩展要求:在时间及能力允许的情况下,可用适当的软件开发工具做一个交流论坛,用于师生交流或问题解答。

6. 测试并上传网页。

7. 撰写设计说明书和网站指南。

网页制作选题十一

题　　　目:计算机辅助学习网站的设计与开发——课程类网站

研究方向:网站设计

论文类型:开发设计

成员组成:2～3 人

难易程度:较难

提示大纲:

1. 网站的宗旨是给学习计算机的人员提供一个交流的环境,使学习者能够利用该网站进一步学习各种计算机软件的应用技术与编程技巧,并能通过技术论坛讨论软件应用和设计中遇到的问题。

2. 网站具备的基本功能:注册登录、课件下载、技术论坛和资料上传等。

3. 确定网站的名称,设计网站的 Logo、网站的标准色彩以及网站的宣传标语等。

4. 建立网站的目录结构,画出整个网站的目录结构图。

5. 选择合适的网站开发软件,确定网站的版面布局,设计网页模板,遵循网页格式要求进行网页制作。

6. 测试并上传网页。

7. 撰写设计说明书和网站指南。

网页制作选题十二

题　　目:班级网站——校园网站建设

研究方向:网站设计

论文类型:开发设计

成员组成:2~3 人

难易程度:中

提示大纲:

1.确定班级网站的内容,网站要体现班级情况、班级特色以及班级精神。

2.设计班级网站的 Logo、色彩搭配以及班级的宣传标语等。

3.建立网站的目录结构,按栏目内容建立子目录,栏目必须包含"班级简介""关于站长"和至少两个自定栏目(如:班级照片、学习园地等);画出整个网站的目录结构图。

4.选择合适的网站开发软件,确定网站的版面布局,设计网页模板,遵循网页格式要求进行网页制作。

5.技术上要求能实现班级成员注册、登录网站的功能,提供留言服务。

6.测试并上传网页。

7.撰写设计说明书和网站指南。

网页制作选题十三

题　　目:××系(部)网站——校园网站建设

研究方向:网站设计

论文类型:开发设计

成员组成:2~3 人

难易程度:难

提示大纲:

1.搜集整理所需要的建站资料。

2.确定所建设的系(部)网站的内容,网站要能体现出系(部)的概况、系(部)工作内容以及重点。

3.设计系(部)网站的 Logo、色彩搭配等。

4.建立网站的目录结构,栏目可参考网上的高校网站内容建立;画出整个网站的目录结构图。

5.选择合适的网站开发软件,确定网站的版面布局,遵循网页格式要求进行网页制作。

6.技术上要求系(部)网站能实现学生和老师注册、登录网站的功能,提供成绩查询功能和留言服务;部门网站能够为教职工提供下载文件功能。

7.测试并上传网页,撰写设计说明书和网站指南。

网页制作选题十四

题　　目:基于 Web 的校园网规划与设计——校园网站建设

研究方向:网站设计

论文类型:开发设计

成员组成:3～5 人

难易程度:难

提示大纲:

1.搜集整理所需要的建站资料。

2.设计校园网站的 Logo、色彩搭配和宣传语等。

3.建立网站的目录结构,栏目可参考网上的高校网站内容建立;画出整个网站的目录结构图。

4.选择合适的网站开发软件,确定网站的版面布局,设计网页模板,遵循网页格式要求进行网页制作。

5.测试并上传网页,撰写设计说明书和网站指南。

网页制作选题十五

题　　目:靓丽化妆品网——小型企业网站建设

研究方向:网站设计

论文类型:开发设计

成员组成:1～2 人

难易程度:易

提示大纲:

1.选定某一种熟悉的化妆品品牌,网站以宣传该化妆品品牌为目的。

2.确定网站的主题及网站名称,规划网站栏目。

3.设计网站的 Logo、网站的标准色彩以及网站的宣传标语等。

4.建立网站的目录结构,画出整个网站的目录结构图。

5.选择合适的网站开发软件,确定网站的版面布局,设计网页模板,遵循网页格式要求进行网页制作。

6.建立静态网站。建议:网页制作软件选用 Dreamweaver,图片展示是该网站重点考查的部分。

7.测试并上传网页,撰写设计说明书和网站指南。

网页制作选题十六

题　　目:甜甜糕点屋——小型企业网站建设

研究方向:网站设计

论文类型:开发设计

成员组成:1~2人

难易程度:易

提示大纲:

1.以介绍糕点产品为网站内容,内容可参考类似网站。

2.确定网站的主题及网站名称,规划网站栏目。

3.设计网站的Logo、网站的标准色彩以及网站的宣传标语等。

4.建立网站的目录结构,画出整个网站的目录结构图。

5.选择合适的网站开发软件,确定网站的版面布局,设计网页模板,遵循网页格式要求进行网页制作。

6.建议:网页制作软件选用Flash,图片展示是该网站重点考查的部分。

7.测试并上传网页,撰写设计说明书和网站指南。

网页制作选题十七

题　　目:时尚服饰网——小公司网站建设

研究方向:网站设计

论文类型:开发设计

成员组成:1~2人

难易程度:易

提示大纲:

1.网站的主题内容是介绍服装或装饰物,以此主题规划网站栏目。

2.设计网站的Logo、网站的标准色彩以及网站的宣传标语等。

3.建立网站的目录结构,画出整个网站的目录结构图。

4.选择合适的网站开发软件,确定网站的版面布局,设计网页模板,遵循网页格式要求进行网页制作。

5.测试并上传网页,撰写设计说明书和网站指南。

网页制作选题十八

题　　目:住宅区网站——公司网站建设

研究方向:网站设计

论文类型:开发设计

成员组成:1~2人

难易程度:中

提示大纲:

1.网站是以某家房地产公司的楼盘售前宣传为主要内容,让客户通过网站了解到住宅区的各方面信息。

2.设计网站的Logo、网站的标准色彩以及网站的宣传标语等。

3.建立网站的目录结构,给出整个网站的目录结构图。

4.选择合适的网站开发软件,确定网站的版面布局,设计网页模板,遵循网页格式要求进行网页制作。

5.网站功能要包含户型查看、在线提问等。

6.测试并上传网页,撰写设计说明书和网站指南。

网页制作选题十九

题　　目:旅游景点网——小型企业网站建设

研究方向:网站设计

论文类型:开发设计

成员组成:1～2 人

难易程度:较难

提示大纲:

1.选择省内或省外某一个熟悉或喜欢的景点,站在景点推广者的角度来设计规划网站。

2.确定网站的主题及网站名称,规划网站栏目。栏目参考:景点简介、旅游线路、风光图片、门票定价、天气预报和宾馆酒店等。

3.设计网站的 Logo、网站的标准色彩以及网站的宣传标语等。

4.建立网站的目录结构,画出整个网站的目录结构图。

5.选择合适的网站开发软件,确定网站的版面布局,设计网页模板,遵循网页格式要求进行网页制作。

6.提供线路查询和票价查询功能。

7.测试并上传网页,撰写设计说明书和网站指南。

网页制作选题二十

题　　目:在线书店——电子商务网站

研究方向:网站设计

论文类型:开发设计

成员组成:2～3 人

难易程度:较难

提示大纲:

1.建立一个网上书店。

2.网站具备的基本功能:用户注册、书店简介、图书目录、图书展示、订购及购物车查看和生成订书单等,后台有数据库支持。

3.设计网站的 Logo、网站的标准色彩以及网站的宣传标语等。

4.建立网站的目录结构,给出整个网站的目录结构图。

5.选择合适的网站开发软件;确定网站的版面布局,设计网页模板,遵循网页格式要求进行网页制作。

6.设计内容包括:在线书店系统需求分析、在线书店系统总体设计、在线书店系统用户登录模块的设计与实现、在线书店系统管理员登录模块的设计与实现、在线书店系统用户管理模块的设计与实现、在线书店系统图书新增模块、图书查询模块、图书更新模块的设计与实现。

7.掌握在线书店系统数据库的设计方法。

8.测试并上传网页,撰写设计说明书和网站指南。

网页制作选题二十一

题　　目:网上超市——电子商务网站

研究方向:网站设计

论文类型:开发设计

成员组成:2~3人

难易程度:难

提示大纲:

1.建立网上超市,实现网上购物功能。

2.网上超市的主要功能:会员注册登录、会员认证、商品展示、订购、付款方式确定、生成订货单。后台建立相应的数据库支持。

3.设计网站的Logo、网站的标准色彩以及网站的宣传标语等。

4.建立网站的目录结构,画出整个网站的目录结构图。

5.选择合适的网站开发软件;确定网站的版面布局,设计网页模板和每一个功能页面(如:注册页面、会员认证页面、商品展卖页面等),遵循网页格式要求进行网页制作。

6.测试并上传网页,撰写设计说明书和网站指南。

网页制作选题二十二

题　　目:网上家电营销系统的设计与实现——电子商务网站

研究方向:网站设计

论文类型:开发设计

成员组成:2~3人

难易程度:难

提示大纲:

1.网上家电营销系统开发主要包括后台SQL数据库的建立和维护以及前端应用程序的开发两个方面。能够将广告、信息、市场推广、统一配送、经营管理模式等实现资源共享,将家电信息进行统一集中管理,优化业务流程,提高工作效率,降低流通费用。

2.前台功能包括:新闻动态、产品展示、公司简介、连锁网络、联系我们、留言簿等。后台功能包括:后台登录、销售登记、销售查询、销售排行、用户管理、公告管理、产品管理、留言管理、商品管理、退出后台等。

3.设计网站的Logo、网站的标准色彩以及网站的宣传标语等。

4.建立网站的目录结构,给出整个网站的目录结构图。

5.选择合适的网站开发软件;确定网站的版面布局,设计网页模板和每一个功能页面,遵循网页格式要求进行网页制作。

6.测试并上传网页,撰写设计说明书和网站指南。

网页制作选题二十三

题　　目:网上报名系统

研究方向:网站设计

论文类型:开发设计

成员组成:2～3 人

难易程度:较难

提示大纲:

1.开发一个网上考试报名系统。

2.网上报名系统前台功能:用户注册、用户登录、报名填表、信息修改、网上缴费、打印表格和准考证。后台提供数据库支持。

3.设计网站的 Logo、网站的标准色彩以及网站的宣传标语等。

4.建立网站的目录结构,画出整个网站的目录结构图。

5.选择合适的网站开发软件;确定网站的版面布局,设计网页模板,遵循网页格式要求进行网页制作。

6.测试并上传网页,撰写设计说明书和网站指南。

网页制作选题二十四

题　　目:网络学习系统

研究方向:网站设计

论文类型:开发设计

成员组成:2～3 人

难易程度:难

提示大纲:

1.建立一个网络学校,用户对象包括学生、教师,想要学习的学生注册后成为正式的网络学员。学员可以利用课件进行学习,还可以进行自我测试,还能够在网上完成教师布置的作业;教师制作课件、测试题,并通过网络布置作业、批发作业。

2.设计网站的 Logo、网站的标准色彩以及网站的宣传标语等。

3.建立网站的目录结构,画出整个网站的目录结构图。

4.选择合适的网站开发软件;确定网站的版面布局,设计网页模板和每一个功能页面(如:学生注册页面、选修课程页面、登录页面、作业页面等),遵循网页格式要求进行网页制作。

5.测试并上传网页,撰写设计说明书和网站指南。

网页制作选题二十五

题　目：优秀网站分析

研究方向：网站设计

论文类型：研究报告

成员组成：独立

难易程度：难

提示大纲：

1.选择要进行比较分析的 2～3 个网站（如：易趣、淘宝和拍拍网,都是购物网站。对它们可以做比较分析）。

2.对所列出的网站给出简单的介绍（若选择的网站是大家不熟悉的,给出自己客观准确的描述）。

3.对所选择网站给出自己的选择理由。

4.网站的对比分析可从网站的结构、网站所提供的服务、网站的风格、网站的色彩搭配、网站的内容、网站的信息量等方面入手,对网站做出客观的评价。

5.根据对比分析情况,做出研究报告。

4.5　Flash 动画设计方向

4.5.1　Flash 动画设计选题总体概括

1.Flash 动画设计的工作流程

下面给出 Flash 动画设计的一般工作流程,供同学们进行毕业论文（设计）时参考：

(1)绘制静态效果结构图

计算机动画是在传统动画的基础上,采用计算机图形图像技术而迅速发展起来的一门高新技术,因此,在制作 Flash 动画作品前首先应该进行平面美术效果设计。所以,首先我们要利用 Photoshop 等图形软件将 Flash 动画中的关键场景和主要元素的效果图绘制出来。下面就以一个韩国电信广告为例加以说明,图 4-5～4-10 所示的六张效果图就展示了动画的基本结构：引子、动画主体、结束总结。

在动画结构复杂的情况下,比如 Flash 动画剧,其主体中出现转场等情况,就需要画出更多相应的效果图。

(2)进行动画设计

根据设计好的效果图,进行具体动画设计。运用各种动态效果使静态效果图的主要元素动起来。动画要具有明显的节奏感,在结构上有明显的层次和过渡,过渡要合理、流畅,不能生硬、唐突。

(3)根据动画设计的需要进行配音

在动画结构设计的同时,应考虑相关的音效设置。根据动画设计的效果,从素材库

图 4-5　引子

图 4-6　动画主体 1

图 4-7　动画主体 2

图 4-8　动画主体 3

图 4-9　结束总结 1

图 4-10　结束总结 2

中选择合适的音乐进行配音。MTV 制作要根据音乐来设计动画。选择合适的风格、节奏使画面和音乐浑然一体。

2. Flash 动画设计的节奏控制

优秀的 Flash 动画作品是视觉冲击与信息传达的结合,作品应流畅、充满美感,因此,需要为动画设计出整体节奏。

(1)起伏

例如 MTV 动画设计要根据所选择的音乐控制节奏,开始时音乐平缓,动画设计相对要柔和,随着音乐的渐强,动画要达到高峰,最后随着音乐的降低,进入结束画面,也就是整个动画的结尾。节奏是为传达设计者的概念而服务的。同学们可以通过观察优秀的 Flash 作品的整体节奏及作品中节奏与传达概念之间的联系来积累经验。

(2)交替

在具体元素的动态效果上,经常会采取速度交替的动态效果。例如,文字从画面的左部飞入,速度飞快,到达目标位置以后速度减慢,右部飞入更大、透明度更低的相同文字。两边文字交错而行,速度很慢。通过这种速度与位置的交错,满足了动画对速度的需求,实现了传达信息的目的。

(3)效果

不同的动画节奏,需要不同的动画效果来处理。节奏悠扬舒缓,元素的动态效果多采用移动、淡入淡出、条形遮罩、单线条等表现方式。如果节奏紧凑、快捷,则多采用闪动、高速位移、旋转、耀眼光芒等表现方式。

3. Flash 动画设计的速度感

(1)移动模糊

移动模糊是模拟人眼看到高速运动的物体时的样子。由于受人眼的视觉停留影响，高速运动的物体都会沿着其运动路径被拉长，就像是由彩色线组成的一样。这种效果可以应用在 Flash 中，如表现镜头的高速缩放、高速旋转等。

(2)速率

速率即 fps(每秒钟播放帧数)，速率合适与否直接影响动画的播放速度、占用 CPU 资源，最重要的是影响流畅度。一般情况下 12 fps～40 fps 是一个比较合理的范围，在这个速率内的动画显得非常流畅，同时消耗资源也不是很多。

(3)加速度

通俗地说加速度就是速度越来越快，当然也有反向的。在 Flash 中就体现在 frame 标签的 easing 值，加速度在动画中的作用，是使元素的运动更接近自然界的运动，例如物体呈抛物线运动的时候，速度应该是越来越慢的，而下落的物体应该是越来越快的。一般来说，从运动到静止的物体都是逐渐减速的，反之是逐渐加速的。掌握好物体运动的加速度，可以使物体的运动更自然。

(4)反弹

反弹是自然界最常见的物理现象，动画中也常常会用到。简单地说反弹是使物体运动看起来有弹性，例如文字落下时没有马上静止而是向上弹了一两下才静止，使得文字看上去充满了生气。弹性配合加速度，可以体现物体的重量和运动的真实程度。

(5)惯性

又是一个常见的物理现象，惯性的表现一般用在突然发生动作或者突然静止的情况。高速运动的物体突然停止的时候，可以给它以形变，然后恢复，体现高速运动的惯性。惯性大会显得很卡通，轻微地体现惯性则更自然。

4. Flash 动画设计的视觉冲击力

视觉冲击可以通过以下几点实现：

(1)速度

高速、变速，跟周围环境差异大的运动速度，都可以对人起到视觉影响。

(2)面积

大面积的运动能带来大的视觉冲击。面积小而无法扩大的物体可通过高速闪动实现视觉冲击。

(3)动作

一般来说，高速缩放是最能带来视觉冲击的，其次是位移，另外是各种各样的特殊效果，其实这和环境的关系很大，动作特殊往往就会带来不错的效果。

(4)颜色

在影视片断中经常出现这样的特效，两个片断之间突然白屏，然后画面渐出，给人很强的视觉冲击。可以说颜色变化得越大，视觉冲击就越强。可以通过颜色的变化达到视觉冲击的目的。

5.Flash 动画技能要求

(1)明确元件及图层名称,合理分类(按文件夹);

(2)引导和遮罩动画效果、补间动画、文本工具、Flash 特效动画等的应用;

(3)应用 UI 组件,对组件进行详细说明;

(4)使用动作脚本设置动画效果(例如:随机雪花效果),对动作脚本进行详细说明;

(5)添加背景音效素材,增强动画效果。

Flash 选题方向:

1.网页制作应用类

包括 Flash 动画设计在网站制作中的应用和 Flash 动态网站制作。具体的网站设计类型为:政府类网站、电子商务类网站、信息资源服务类网站、在线查询类网站、远程教育类网站、娱乐类网站。

2.广告设计类(网络广告)

为某公司设计制作 Flash 广告。Flash 广告可以是一个整体广告,例如:某洗发水广告用时 2 分钟以上,讲述的是一位男士从年轻到年老一直用该品牌洗发水为其妻子洗头。也可为一个系列广告(每个网页最少 5 个),例如:在网站中为某相机产品做系列宣传广告,该类广告首先要符合网页整体风格,起到点缀美化网页的作用,其次由于网站页面内容有限,要求该类广告要有主次之分,主广告为一个跳出的 Flash 窗口,内容为某记者手拿相机抢拍运动员跳水,强调该相机连拍和防水功能,其他广告为插入网页页面内广告,这些广告要求时间短,主题突出鲜明,从各方面描述该相机功能,以最短的时间达到最好的宣传效果。

3.Flash 动画剧制作(情景剧)要求开发出一个动画情景剧

情景剧内容多样,剧本可以选择相声、小品、影视作品、生活点滴、趣闻趣事,也可自己创作剧本。

4.Flash MTV 制作

歌曲类型多样,可以是怀旧歌曲、流行歌曲、影视歌曲、校园歌曲、欧美日韩歌曲等,也可以自己改编歌曲,但要求歌曲内容健康积极向上。

5.Flash 小游戏开发设计

小游戏类型包括:动作类游戏、益智类游戏、角色扮演类游戏和射击类游戏。具体在选题中有详细说明,学生可从中选择自己喜欢的游戏类型。

6.影视后期制作:片头、片尾动画效果制作

可根据自己的喜好选择影视作品,但要求该影视作品内容健康积极向上。

7.Flash 课件制作

课件内容可选择中小学课本,也可选择其他课本,但要求标明课件内容出处,例如:高中物理第×册、第×章、无阻尼运动。

8.Flash 相册制作

相册内容选择不限,可以是本人、亲戚朋友、同学、山水风景,但要求照片内容健康积极向上。

9.Flash 动画软件快捷键及其功能键归纳开发(理论＋实例)

该选题除了要对已知的快捷方式进行归纳总结以外,还要开发一些新的快捷方式,需要大量地查阅资料。

4.5.2　Flash 动画设计选题

Flash 动画设计选题一

题　　目:Flash 动画设计在网站制作中的应用

研究方向:Flash 动画设计

论文类型:开发设计

成员组成:独立

难易程度:中

提示大纲:

1.使用 Flash 软件制作毕业论文封皮。

2.简述 Flash 动画设计软件。

3.Flash 动画在网站中的应用方向及内容说明。

4.对添加 Flash 动画效果的某类型网站的性质及内容进行说明。

5.整体设计该类型网站的 Flash Banner、Logo 等动画效果。

6.设计出的 Flash 动画要突出网站整体设计风格,以达到美化网页的目的。

7.作品符合 Flash 动画技能要求。

8.Flash 动画技能附加说明:

(1)可选择应用 UI 组件,如使用要对其进行说明;

(2)可选择应用动作脚本,如使用要对其进行说明。

Flash 动画设计选题二

题　　目:Flash 动态网站制作

研究方向:Flash 动画设计

论文类型:开发设计

成员组成:独立或两人

难易程度:难

提示大纲:

1.使用 Flash 软件制作毕业论文封皮。

2.简述 Flash 动画设计软件。

3.选择 Flash 网站设计类型。

4.写出网站建设的需求分析,即明确建站目的。

5.Flash 网站规划:

(1)定位网站的整体风格特色;

(2)规划网站组织结构:

① 画出网站结构图,应包括网站栏目、结构层次、链接内容等;

② 网站的物理结构层次不能太多,要根据网站文件的功能、地位和逻辑结构建立树状目录结构;

③ 网站的链接应遵循网站设计的"三次单击"原则,即网站的任何信息都应在三次单击后找到。

6.Flash 网站版面设计:

(1)网页主体突出,主次分明;

(2)网页搭配合理,前后照应;

(3)网页图文并茂,相得益彰。

7.网页美工设计和内容必须具有针对性,即对不同类别的网页采用不同的美工艺术效果。

8.Flash 动态网站制作基本流程:

(1)利用 Photoshop 完成 Flash 网站结构图(附于论文内);

(2)创建 Flash 网页元素模块;

(3)链接外部 XML 文件;

(4)创建数据库文件,创建 ASP 文件;

(5)整站合成,即合成所有的 Flash 文件。

9.作品符合 Flash 动画技能要求。

10.Flash 动画技能附加说明:

(1)使用 Flash 外部链接;

(2)将所有 .swf 文件加载到 index.swf 文件并进行 Flash 文件合成。

Flash 动画设计选题三

题　　目:Flash 广告设计(网络广告)

研究方向:Flash 动画设计

论文类型:开发设计

成员组成:独立

难易程度:较难

提示大纲:

1.使用 Flash 软件制作毕业论文封皮。

2.简述 Flash 动画设计软件。

3.对某公司的新产品设计 Flash 动画广告。

4.Flash 广告设计应注意以下几点:

(1)确定商品或者服务的表现方式。通常把广告的表现方式分成三类:商品信息型、生活信息型、附加价值型。在进行创意工作之前,应根据产品特征选择适合的表现方式;

（2）确定产品定位和目标受众。目前的 Flash 广告客户多是一些电脑产品、数码产品的商家，因此，广告创意要新颖，不能落入俗套；

（3）建立产品"形象代言人"。针对某一品牌的产品，可以设计出一个固定的、受大家欢迎的动画形象，来做该品牌的"代言人"；

（4）Flash 动画广告创意的思路应奇特和夸张，遵循广告的制作思路和制作要点。作品需要创意、美术、软件制作相互协调，要注重成品的情节性、趣味性、交互性的统一。

5.Flash 动画广告时间应在 1 分钟以上。

6.根据广告内容添加音效，增加广告效果。

7.作品符合 Flash 动画技能要求。

8.Flash 动画技能要求附加说明：

（1）可选择应用 UI 组件，如使用要对其进行说明；

（2）可选择应用动作脚本，如使用要对其进行说明。

Flash 动画设计选题四

题　　目：Flash 动画剧制作（情景剧）

研究方向：Flash 动画设计

论文类型：开发设计

成员组成：独立

难易程度：难

提示大纲：

1.使用 Flash 软件制作毕业论文封皮。

2.简述 Flash 动画设计软件。

3.选择或设计 Flash 动画剧（情景剧）剧本：

（1）可选择某电视小品，也可自编剧本；

（2）剧本要求内容健康，主题突出，故事情节紧凑；

（3）Flash 动画剧不少于 5 分钟；

（4）写出完整的剧本附于论文中（包括剧本大纲）；

（5）根据需要选择背景音乐效果。

4.Flash 动画剧（情景剧）剧本构思：

（1）根据剧本设计故事情节；

（2）设计剧本转场场景（背景），不得少于 3 个场景（背景）。

5.Flash 动画剧（情景剧）角色定位：

根据剧本及故事情节进行演员形象、动作、表情等一系列设计。演员形象应鲜明突出，与故事背景相符。

6.作品符合 Flash 动画技能要求。

7.Flash 动画技能要求附加说明：

在 Flash 动画片头制作一个"loading 载入动画"。

Flash 动画设计选题五

题　　目：Flash MTV 制作

研究方向：Flash 动画设计

论文类型：开发设计

成员组成：独立

难易程度：难

提示大纲：

1.使用 Flash 软件制作毕业论文封皮。

2.简述 Flash 动画设计软件。

3.MTV 动画歌曲选择：

(1)应选择自己喜爱的歌曲；

(2)歌曲的选择要富有内涵,内容健康,主题突出；

(3)通过歌曲意境描绘出歌曲传达的景象；

(4)歌曲形象应具有个人突破性创造,追求完美,炫出自己的动感；

4.MTV 动画情节构思：

(1)根据歌曲列出 MTV 动画的剧本构思及故事情节；

(2)图像和故事情节的表达不能脱离歌词的含意。

5.MTV 动画角色定位：

根据 MVT 动画剧本及故事情节进行演员和背景的定位,好的剧本要有好的演员和背景。

6.作品符合 Flash 动画技能要求。

7.Flash 动画技能要求附加说明：

在 Flash 动画片头制作一个"loading 载入动画"。

Flash 动画设计选题六

题　　目：Flash 小游戏制作

研究方向：Flash 动画设计

论文类型：开发设计

成员组成：独立

难易程度：难

提示大纲：

1.使用 Flash 软件制作毕业论文封皮。

2.简述 Flash 动画设计软件。

3.Flash 交互式动画小游戏设计制作说明。

4.Flash 小游戏制作规划与流程：

(1)构思:在着手制作一个游戏前,先要有一个大概的游戏方案,要做到心中有数,而不能边做边想;

(2)游戏的目的:制作一个游戏的目的有很多,有的纯粹是娱乐,有的则是想吸引更多的访问者来浏览自己的网站,还有很多是出于商业目的。在进行游戏制作之前,必须先确定游戏的目的,这样才能够设计符合需求的作品;

(3)游戏的种类:在开始构思游戏的时候,决定游戏的种类是一项最重要的工作,在Flash 可实现的游戏范围内,分成以下几种类型:

① 动作类游戏(Actions):凡是在游戏的过程中必须依靠玩家的反应来控制游戏角色的游戏都可以被称作"动作类游戏";

② 益智类游戏(Puzzle):此类游戏也是 Flash 比较擅长的游戏,相对于动作游戏的快节奏,益智类游戏的特点就是玩起来速度慢,比较幽雅,主要培养玩家在某方面的智力和反应能力,此类游戏的代表非常多,比如牌类游戏、拼图类游戏、棋类游戏等;

③ 角色扮演类游戏(RPG):所谓角色扮演类游戏就是由玩家扮演游戏中的主角,按照游戏中的剧情来进行游戏,游戏过程中会有一些解谜或者和敌人战斗的情节,这类游戏在技术上不算难,但是因为游戏规模非常大,所以在制作上也会相当的复杂;

④ 射击类游戏(Shooting):射击类游戏在 Flash 游戏中占有绝对的数量优势,因为这类游戏的内部机制大家都比较了解,平时接触的也较多,所以做起来可能稍微容易一些。

(4)制作流程图:以"掷骰子"游戏的流程图为例,如图 4-11 所示。

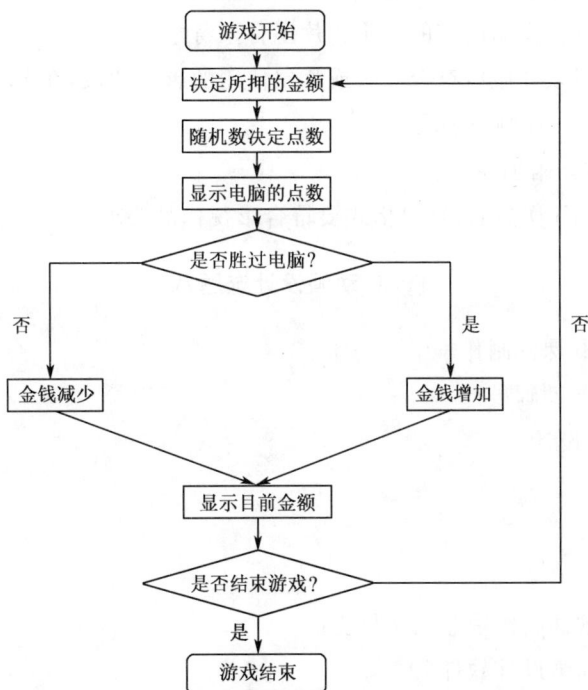

图 4-11　"掷骰子"游戏的流程图

5. 作品符合 Flash 动画技能要求。

6. Flash 动画技能附加说明：

(1) 使用动作脚本,利用函数创建交互式动画(【按钮】)。在论文中对 Flash 小游戏中使用的动作脚本及函数进行详细说明；

(2) 使用背景音效突出小游戏娱乐效果。

Flash 动画设计选题七

题　　目:Flash 动画在影视后期制作(片头或片尾)中的应用

研究方向:Flash 动画设计

论文类型:开发设计

成员组成:独立

难易程度:较难

提示大纲:

1. 使用 Flash 软件制作毕业论文封皮。

2. 简述 Flash 动画设计软件。

3. Flash 动画设计软件在影视后期制作方面的应用说明。

4. 选择影视作品,并对该影视作品表达的内容加以说明。

5. 设计该影视作品的片头或片尾,写出设计大纲。

6. 选择符合该影视作品内容的片头或片尾音乐背景。

7. 结合影视编辑软件截取符合片头或片尾使用的影视片段,在 Flash 中进行编辑。

8. 作品符合 Flash 动画技能要求。

9. Flash 动画技能附加说明：

注意编辑好 Flash 作品后,导出格式要符合影视作品要求。

Flash 动画设计选题八

题　　目:Flash 课件制作

研究方向:Flash 动画设计

论文类型:开发设计

成员组成:独立

难易程度:中

提示大纲:

1. 使用 Flash 软件制作毕业论文封皮。

2. 简述 Flash 动画设计软件。

3. 简述 Flash 课件制作内容,应标明课件内容的出处,例如:高中物理第×册、第×章、无阻尼运动。

4.遵循课件制作的一般标准:科学性、教育性、技术性和艺术性。

5.抽取知识点,每个知识点采用合适的表现手法进行讲解。

6.可采用 Flash 丰富的动画特技展示每一知识点的内容。让用户加深对知识点的理解和印象。

7.添加声音讲解。

8.利用 Flash 制作课后小测验。

9.作品符合 Flash 动画技能要求。

10.Flash 动画技能附加说明:

(1)Flash 课件中应使用 UI 组件中的 Radio Button 单选组件、Check Box 复选组件、Button 按钮组件,并对组件功能进行说明;

(2)小测试制作应使用 UI 组件和文本工具。

Flash 动画设计选题九

题　　目:Flash 相册制作

研究方向:Flash 动画设计

论文类型:开发设计

成员组成:独立

难易程度:中

提示大纲:

1.使用 Flash 软件制作毕业论文封皮。

2.简述 Flash 动画设计软件。

3.Flash 动画相册应内容健康、主题突出。

4.选择相册题材,例如:儿童类题材、学生类题材、校园类题材、婚纱摄影类题材、艺术写真类题材等。

5.给相册命名,简述作品主题及构思。

6.利用 Flash 制作一个照片浏览器,要求外观精美,并具有手动翻页与自动翻页两种方式。

7.根据作品主题选择照片,制作 Flash 交互式动画相册。

8.Flash 动画技能附加说明:

(1)利用函数创建交互式动画效果,在论文中对 Flash 动画相册中使用的动作脚本及函数进行详细说明;

(2)使用背景音效突出小游戏的娱乐效果。

Flash 动画设计选题十

题　　目:Flash 动画软件快捷键及功能键归纳及开发

研究方向:Flash 动画设计

论文类型:研究报告

成员组成:独立

难易程度:易

提示大纲:

1.使用 Flash 软件制作毕业论文封皮。

2.简述 Flash 动画设计软件。

3.Flash 动画设计软件中所使用到的快捷键及功能键汇总。

4.对快捷键及功能键进行详细说明。

5.快捷键及功能键实例。

6.快捷键及功能键实例说明。

4.6　3ds max 三维效果制作方向

4.6.1　3ds max 三维效果制作选题总体概括

本部分选题适合于对 3ds max 三维效果制作感兴趣或有偏长的同学。3ds max 是功能强大而使用复杂的软件,它在建筑设计、室内设计、动画设计、工业产品设计等方面应用非常广泛,但因其复杂性和高深性,不能要求学生从建模、材质、灯光、摄像机到渲染的整个制作流程都掌握得很精通,只希望学生就 3ds max 的某个分支做深入的技能学习和训练,针对自己的长处有侧重点地选择选题进行设计,尽量将自己掌握的制作技巧应用到毕业论文(设计)的作品中。

下面设计的每类参考选题的考察方向都有所侧重,分别重点考察建模、材质与贴图、灯光与摄像机、动画制作、渲染、特效与后期制作等,学生在设计作品时对重点考察方向需做精细工作,其他方面在制作流程中有辅助展示效果即可。

选题方向:

1.室内装修效果图设计类

选择室内局部区域进行设计,如客厅、卧室、书房、厨房、卫生间、阁楼等的效果图设计,其中的构件可以从外部调入,重点在于布局合理、色调风格统一、整体效果赏心悦目。此类选题需要较全面地掌握 3ds max 技术,难度很大。

2.室外效果图设计类

制作与表现室外建筑效果,选择与制作区域不宜过大,应选择某种典型建筑(要突出特点)进行设计,加以周围辅助环境的衬托即可,如别墅、办公楼、商业楼、高层建筑、小区建筑、街道环境等。要求建筑与配景融洽结合,整体效果和谐宜人。此类选题需要较全面地掌握 3ds max 技术,难度很大。

3. 精致家具设计类

设计 3～5 样系列家具，如一套书柜、一组衣柜、一套餐桌椅、一组电视柜等，要求材质与贴图、造型设计统一。主要考察基础建模和高级建模技能，材质与贴图作为辅助展示。

4. 物品设计类(建模与修改器的运用)

各类物品的造型设计均可，主要考察对建模与修改器的熟练运用。要求学生必须精工细做，充分展示自己的创造才华。

5. 材质与贴图的效果运用

通过材质与贴图体现大千世界丰富多彩的物体属性。尤其是对高级材质的应用，能让各种模型锦上添花。学生在创作中可充分体验创作的乐趣。

6. 灯光与摄像机效果——各种展厅、舞台场景设计

灯光与摄像机准确、巧妙地运用对场景的设计能起到画龙点睛的作用，可以运用灯光与摄像机设计各类展厅和特殊场景。此类选题较难，要求学生有较高的艺术审美能力。

7. 动画制作类

使用关键帧、轨迹视图、动画控制器等制作一些简单的动画效果。考查学生的动画制作能力。要求所模拟的场景要合乎情理，动作协调美观。

8. 星球动画制作(旋转的星球、奇妙的宇宙、星空特效等)

模仿制作旋转的星球、宇宙场景、星空特效等。要求学生有一定的科技知识储备，并充分发挥自己的空间想象力进行创作。

9. 科幻场景小动画制作

利用环境特效制作科幻场景效果，运用修改器制作一些小怪物活动在场景中。要求学生有较高的创造力和科幻想象能力，可以模仿电影和电视中的一些科幻场景制作。

10. 环境特效制作类

应用环境特效制作各种雾效、火焰、光特效等。考查学生对环境特效的掌握和运用能力，此类选题较简单。

11. 粒子系统动画制作

使用粒子系统制作雨效、喷泉、雪景、风吹落叶等各种大自然的效果。考查学生对粒子系统的掌握和运用能力。

12. 商品广告制作

为各种商品设计广告。要求学生有一定的创新能力，以社会生活知识做铺垫，了解消费者的心理，充分运用 3ds max 中的相关技术，采用合适的表现手法阐释商品的特点、优点、亮点。

13. 设计一个简单的课件

就某一较小具体的知识设计一个课件，动态地展示所讲授的内容，能吸引学生。要

求画面布局合理,内容阐释清楚。

14.影视后期制作

片头、片尾动画效果制作。

4.6.2　3ds max 三维效果制作选题

3ds max 三维效果制作选题一

题　　目:室内装修效果图设计——客厅

研究方向:3ds max 设计

论文类型:开发设计

成员组成:独立

难易程度:难

提示大纲:

1.设计思想:要表现出客厅的宽敞、明亮、干净、简捷与大方,并能体现出现代人追求安居时尚的风格,通过场景中的材质、贴图和灯光来反映这些特点。

2.作品能反映出作者敏锐的洞察力和丰富的想象力。

3.只创建少部分模型,如客厅墙体、地面、天花板等,客厅内的构件(如沙发、茶几、电视柜、电视等)都可以从外部调入。

4.创建模型时,会用到拉伸、合并、细分等修改器。

5.从素材库中合并模型后,要注意布局合理,符合现实生活中的居家场景。

6.制作材质时,应先为场景确立一个色彩基调,其他模型的材质应以此基调为准,使最终形成的色调风格统一,整体效果赏心悦目。

7.在场景布光时,要注意采用不同类型的灯光来表现不同的光效应,考虑不同物体的反光程度不同。利用泛光灯的衰减设置使场景能模拟出较真实的视觉效果。

8.要求用到渲染高级技术"光能传递"。

9.以适当的大小进行渲染输出。

10.通过后期处理使效果图更佳。

3ds max 三维效果制作选题二

题　　目:室内装修效果图设计——卧室

研究方向:3ds max 设计

论文类型:开发设计

成员组成:独立

难易程度:难

提示大纲:

1.设计思想:要表现出卧室的舒适、静谧、整洁与方便使用,营造出温馨浪漫的氛围,通过场景中的物品、装饰点缀、材质和灯光来反映这些特点。

2.作品能反映出作者细致的观察力和丰富的想象力。

3.只创建少部分模型,如卧室的墙体、木地板(装饰地毯)、天花板等,卧室内的构件(如床、衣柜、台灯、窗帘)等都可以从外部调入。

4.创建模型时,会用到拉伸、合并、细分等修改器。

5.从素材库中合并模型后,要注意布局合理,符合现实生活中的居家场景。

6.制作材质时,应先为场景确立一个色彩基调,其他模型的材质应以此基调为准,使最终形成的色调风格统一,整体效果赏心悦目。

7.在场景布光时,要注意光源的位置、光感、强弱的变化,以营造卧室独特的氛围。

8.要求用到渲染高级技术"光能传递"。

9.以适当的大小进行渲染输出。

10.通过后期处理使效果图更佳。

3ds max 三维效果制作选题三

题　　目:室内装修效果图设计——书房

研究方向:3ds max 设计

论文类型:开发设计

成员组成:独立

难易程度:难

提示大纲:

1.设计思想:要表现出书房的安静、典雅、休闲与舒适,营造出书卷厚重、文墨清香的气息,通过场景中的家具、书画、装饰物品来反映这些特点。

2.作品能反映出作者细致的观察力和丰富的感受力。

3.只创建少部分模型,如书房的墙体、地板、天花板等,书房内的构件(如书柜、躺椅、电脑桌椅、字画)等都可以从外部调入。

4.注意在较小的空间内陈设的物品要少而精致,墙面可点缀字画,书桌(柜)可放盆景以烘托书房的气息。

5.制作材质时,应先为场景确立一个色彩基调,其他模型的材质应以此基调为准,使最终形成的色调风格统一、整体效果和谐宜人。

6.在场景布光时,要注意光源的位置、光感、强弱的变化,以营造书房的氛围。

7.要求用到渲染高级技术"光能传递"。

8.以适当的大小进行渲染输出。

9.通过后期处理使效果图更佳。

3ds max 三维效果制作选题四

题　　目:室外效果图设计——春天别墅

研究方向:3ds max 设计

论文类型:开发设计

成员组成:独立

难易程度:难

提示大纲:

1.仔细观察别墅建筑的特点。

2.作品要表现出阳光下别墅的温暖以及与周围环境的协调性。

3.做好单位设置及建筑模型的尺寸确定。

4.创建模型时,要按照别墅的高度分层创建。大部分物体由二维曲线经拉伸而转换成三维物体,所以在拉伸前一定要准确地编辑好二维曲线。

5.由于别墅建筑的不规则性,贴图前要指定贴图坐标。

6.在制作大面积玻璃时,应注意玻璃对光线的反射率和折射率。

7.要求用到渲染高级技术"光线跟踪"。

8.通过 Photoshop 进行后期处理:合理使用图层给别墅添加草地、天空、树木、水池等周围环境。

9.室外场景布光。

10.表现别墅与周围环境的和谐性。

11.以适当的大小进行渲染输出。

3ds max 三维效果制作选题五

题　　目:室外效果图设计——办公楼

研究方向:3ds max 设计

论文类型:开发设计

成员组成:独立

难易程度:难

提示大纲:

1.仔细观察办公楼的特点。

2.作品要表现出现代办公楼模型的特色,体现现代都市生活的一角。

3.做好单位设置及建筑模型的尺寸确定。

4.创建模型时,要按办公楼的规则程度划分楼层进行创建。大部分物体由二维曲线经拉伸而转换成三维物体,所以在拉伸前一定要准确地编辑好二维曲线。相同的楼层通过复制生成即可。

5. 贴图前要指定贴图坐标。

6. 在制作材质时,要特别注意玻璃对光线的反射率和折射率。

7. 通过 Photoshop 进行后期处理:合理使用图层给办公楼添加地面、街道等少量周围环境。

8. 室外场景布光。

9. 要求用到渲染高级技术"光线跟踪"。

10. 要注意添加到场景中的景物与周围环境的协调性。

11. 以适当的大小进行渲染输出。

3ds max 三维效果制作选题六

题　　目:室外效果图设计——街道环境制作

研究方向:3ds max 设计

论文类型:开发设计

成员组成:独立

难易程度:难

提示大纲:

1. 选取街道的一角,以确定的视角进行制作。建筑物及场景内容依据自己的能力,可简单也可复杂。

2. 作品要表现出现代城市场景的特征,体现现代都市生活的一角。

3. 做好单位设置及建筑模型的尺寸确定。

4. 创建模型时,多用曲线拉伸、挤出、倒角完成。另外,通过对基本单元的阵列和镜像操作得到部分群组以形成主体建筑。

5. 统一对建筑材料的使用。

6. 使用 AEC 扩展制作植物、窗户、台阶等。

7. 室外场景布光。添加灯光和照相机。

8. 要求用到渲染高级技术"光线跟踪"。

9. 通过 Photoshop 进行后期处理:合理使用图层添加地面、街道、绿地、风景图片等周围环境。

10. 要注意添加到场景中的景物与周围环境的协调性。

11. 以适当的大小进行渲染输出。

3ds max 三维效果制作选题七

题　　目:系列家具设计——欧式沙发(或组合书柜、衣柜、餐桌椅等)

研究方向:3ds max 设计

论文类型:开发设计

成员组成:独立

难易程度:中

提示大纲:

1.制作一套组合家具,如一套沙发、一套书柜、一组衣柜、一套餐桌椅、一组电视柜等均可。

2.各组件的设计风格造型要统一。

3.基础建模后,要充分利用各种修改器将家具打磨精细。

4.通过材质与贴图的合理运用,使家具质地真实、色调搭配和谐美观。

5.添加合适的灯光和摄像机,以突出家具表面的质感。

6.布置场景、渲染输出。

3ds max 三维效果制作选题八

题   目:精细物品设计类——飞机(或赛车、航模、人体造型等)

研究方向:3ds max 设计

论文类型:开发设计

成员组成:独立

难易程度:较难

提示大纲:

1.设计造型较复杂的物品,考察对高级建模(网格建模、多边形建模、面片建模、NURBS 建模)技术的运用。

2.作品能反映出学生的创新理念和独特的造型设计能力。

3.先勾画草图,仔细考虑并观察各部件的装配过程。

4.反复揣摩各部件的创建与修改方法。

5.充分利用合适的修改器将各部件打磨精细。

6.给物品的各部件赋予合适的材质与贴图。

7.布置灯光,并通过光线跟踪进行渲染得到最佳的设计效果图。

3ds max 三维效果制作选题九

题   目:材质与贴图特效——不锈钢制品

研究方向:3ds max 设计

论文类型:开发设计

成员组成:独立

难易程度:易

提示大纲:

1.考查学生对材质与贴图正确运用的能力。

2.作品能反映出学生的审美能力、准确表现物质特性的敏锐洞察力。

3.选择适合运用不锈钢材质的物品模型,如餐具、洗手池等。

4.制作不锈钢材质,需重点设置高光级别、光泽度参数,并添加"光线跟踪"贴图。

5.适当添加背景,注意不锈钢制品的强反光性,而且会在其表面映射周围环境。

6.添加合适的灯光和摄像机,以突出不锈钢制品表面的特性。

3ds max 三维效果制作选题十

题　　目:材质与贴图特效——玻璃制品

研究方向:3ds max 设计

论文类型:开发设计

成员组成:独立

难易程度:易

提示大纲:

1.考查学生对材质与贴图正确运用的能力。

2.作品能反映出学生独特的审美能力与对美好生活的感受力。

3.选择适合运用玻璃材质的物品模型,如酒具、玉石、翡翠等。

4.制作玻璃材质,注意透明度、自发光及折射率等参数的设置。

5.可在材质中贴进漂亮的图案,生成印花玻璃。

6.添加灯光和摄像机,并通过光线跟踪进行渲染得到最佳的设计效果图。

3ds max 三维效果制作选题十一

题　　目:展厅灯光设计——车展(或时装展、珍宝展、灯具展、各类产品展示厅)

研究方向:3ds max 设计

论文类型:开发设计

成员组成:独立

难易程度:难

提示大纲:

1.考查学生对灯光与摄像机正确运用的能力。

2.作品能反映出学生独特的审美能力与对美好生活的感受力、创造力。

3.可导入展品,重点设计灯光效果。

4.将展品放置于合适的场地,注意展品布局美观大方,与场景和谐相融。

5.设计运用各类灯光效果,充分利用不同类型灯光的属性。

6.综合使用灯光效果,使场景产生丰富、自然的色彩和明暗对比,营造出场景的富丽堂皇,显示出被展物品的高贵、典雅、时尚、价值不菲、光彩夺目。

7.使用摄像机表现手法,掌握摄像机的成像原理。

3ds max 三维效果制作选题十二

题　　目：建筑物漫游动画制作

研究方向：3ds max 设计

论文类型：开发设计

成员组成：独立

难易程度：中

提示大纲：

1.阐述建筑物漫游动画技术的原理与用途(在建筑的装饰装修效果中,漫游动画可以使用户快速地观察一个室内或室外场景)。

2.研究摄像机沿路径运动的设置方法与生成漫游动画的一些技巧。摄像机在制作运动拍摄时有很多的技巧,例如将摄像机捆绑到一个运动的物体上,从而可以实现运动拍摄;或者将目标点锁定到一个运动物体上,实现跟踪拍摄等。

3.选择合适的场景(如会议室、展厅等),创建自由摄像机。

4.设置动画控制器。使用 Look At(注视)控制器使摄像机的"目光"定位于一个指定的物体,被指定的物体与摄像机自身的运动都不会影响这种相互注视关系。

5.制作摄像机动画。使用路径的方法,模拟出一个人行走的动画,并将其与摄像机捆绑起来,形成一个完整的摄像机动画。

6.当渲染摄像机视图时,发现摄像机与虚拟物体以及虚拟物体与路径之间的运动都匹配成功时,则漫游动画制作完成。

7.渲染输出 avi 动画。

3ds max 三维效果制作选题十三

题　　目：科幻小动画制作

研究方向：3ds max 设计

论文类型：开发设计

成员组成：独立

难易程度：中

提示大纲：

1.阐述使用 3ds max 制作科幻场景的优越性。

2.培养学生的创新思维和丰富的想象力。

3.制作思路：利用环境特效制作科幻场景效果,运用修改器制作(或导入)一些小怪物活动在场景中。例如：在一个山地环境中,整个天空为红色漩涡状,山的背后产生白色的光柱(体光),而在地面上流动着红色的岩浆,天上有许多恐龙飞翔。

4.创建场景：山地和环形天空。

5.制作光柱效果。

6.使用雾制作岩浆效果,再以燃烧的球体烘托整个场景的气氛。

7.制作恐龙飞翔的动画。

8.布置怪异的灯光。

9.渲染输出动画。

3ds max 三维效果制作选题十四

题　　目:公路上奔跑的汽车

研究方向:3ds max 设计

论文类型:开发设计

成员组成:易

提示大纲:

1.培养学生的动画制作能力。

2.考查如何在一个运动物体上添加多个动画控制器来制作复杂的动画效果。

3.导入汽车和公路模型。

4.使用路径约束控制器、注视约束控制器、噪波控制器制作动画。

5.要求汽车在运动过程中位置、大小、方向正确,汽车在公路上匀速行驶。

6.通过噪波控制器制作汽车在运动中轻微颠簸的效果。

7.渲染输出动画。

3ds max 三维效果制作选题十五

题　　目:海面上迎风行驶的船

研究方向:3ds max 设计

论文类型:开发设计

成员组成:独立

难易程度:易

提示大纲:

1.培养学生的动画制作能力。

2.考察如何在一个运动物体上添加多个动画控制器来制作复杂的动画效果。

3.导入轮船和大海模型。

4.使用路径约束控制器、噪波控制器等两种以上控制器制作动画。

5.要求轮船在行驶过程中位置、大小、方向正确,轮船在海面上匀速行驶。

6.添加轮船在行驶中遇到海浪颠簸的效果。

7.渲染输出动画。

3ds max 三维效果制作选题十六

题　　目:粒子系统动画制作——雪中的世界

研究方向:3ds max 设计

论文类型:开发设计

成员组成:独立

难易程度:易

提示大纲:

1.介绍粒子系统的强大功能以及使用粒子进行各种造型的基本原理。

2.考查学生运用粒子系统模仿大自然的风霜雨雪场景的能力。

3.制作雪粒子发射器,创建雪花飘舞的效果。详细设置雪粒子发射器的紊乱、紊乱率、形状等主要参数。

4.制作大雪中的地面(凹凸不平的积雪)、天空(阴沉)、背景(朦胧)、雪树等各种烘托雪景的衬景。要求有较丰富的雪中世界的场景(导入或制作),景物和谐,融为一体。

5.将合适的材质赋予粒子系统和各种衬景。

6.营造出美丽的雪中世界后,渲染输出动画。

3ds max 三维效果制作选题十七

题　　目:粒子系统动画制作——美丽的喷泉(或烟花等)

研究方向:3ds max 设计

论文类型:开发设计

成员组成:独立

难易程度:易

提示大纲:

1.介绍粒子系统的强大功能以及使用粒子进行各种造型的基本原理。

2.学习使用空间扭曲工具改变粒子的运动方向,对粒子进行模糊处理。

3.考查学生运用粒子系统制作动画,并使用空间扭曲工具对物体施加影响,从而能够逼真地模仿自然景物的能力。

4.至少制作三种以上的粒子系统,模仿不同形状与方向喷射的喷泉水柱,将几种形状的水柱交汇在一起。

5.将空间扭曲工具作用于水柱上,模仿真实的水滴喷射效果。

6.导入或制作衬景,要求景物和谐,融为一体。

7.可添加背景音乐,让人感受到音乐喷泉的效果。

8.营造美丽的喷泉景观,渲染输出动画。

3ds max 三维效果制作选题十八

题　　目:地球动画制作

研究方向:3ds max 设计

论文类型:开发设计

成员组成:较难

提示大纲:

1.制作月亮绕着地球转动的动画,并添加星空特效做衬景。

2.创建地球和月亮模型,并赋予合适的材质贴图。

3.制作月亮绕着地球转动的动画效果(地球同时在自转)。要用到"动画/约束/方向约束",画圆作为路径,让月亮沿圆绕着地球转动。

4.添加灯光和背景音乐。

5.添加星空特效做衬景。

6.使用视频合成特效,制作出有流星滑过天空的景象。

7.通过视频合成进行渲染输出。

3ds max 三维效果制作选题十九

题　　目:奇妙的宇宙

研究方向:3ds max 设计

论文类型:开发设计

成员组成:独立

难易程度:中

提示大纲:

1.考察光学特效的制作方法及其在视频合成中的应用。

2.创建宇宙场景,其中有陆地和各种星球造型,并使用 Noise、FFD 等修改器增加物体表面的凹凸效果。

3.给星球创建发光效果。创建泛光灯,通过渲染特效编辑器添加"光晕"效果。

4.制作光环效果。添加"光环(Ring)"效果,并设置合适的参数值。当光源的半径及厚度符合一定的条件后,就产生了太阳的效果。

5.添加射线特效。添加"射线(Ray)"效果,并设置合适的参数值,当增加射线的密度并降低了射线的强度后,就能产生光芒四射的效果。

6.制作遮罩屏蔽掉太阳所发射的一部分光线。

7.调整并修饰陆地、其他星球等衬景,产生宇宙星球间和谐生辉的奇妙景象。

8.通过视频合成渲染输出。

3ds max 三维效果制作选题二十

题　　目:装饰效果制作——客厅灯带效果

研究方向:3ds max 设计

论文类型:开发设计

成员组成:独立

难易程度:较难

提示大纲:

1.学习掌握灯光的属性、类型及使用方法。钻研建筑效果中的灯带装饰效果。

2.阐述灯带效果的制作原理与用途。

3.选择合适的客厅场景,然后制作灯带效果。

4.制作两种以上形状的灯带效果,分别用于客厅的吊顶、沙发背景墙以及电视墙上。

5.通过阵列泛光灯制作灯带效果,也可使用光度学灯光制作。

6.调整灯光的颜色、投射范围、阴影等属性参数,通过灯光列表合理地管理灯光,模拟出真实、和谐、自然的装饰效果。

7.选择合适的角度渲染输出灯带装饰效果图。

3ds max 三维效果制作选题二十一

题　　目:商品广告制作

研究方向:3ds max 设计

论文类型:开发设计

成员组成:独立

难易程度:难

提示大纲:

1.学习了解商品广告制作方面的专业知识。

2.准确了解商品的价值、用途、适用人群等信息。

3.寻找应用 3ds max 技术来展示商品的途径。经仔细分析、捉摸、设计并实验后,应用 3ds max 中的相关技术,采用合适的表现手法阐释商品的特点、优点、亮点。

4.布置灯光,并适当运用灯光特效来突出商品的特色,给观众留下深刻印象。

5.制作摄像机动画。运用动画的手法进一步展示商品,吸引观众。

6.渲染输出商品广告动画文件。

3ds max 三维效果制作选题二十二

题　　目:片头、片尾效果制作

研究方向:3ds max 设计

论文类型：开发设计

成员组成：独立

难易程度：易

提示大纲：

1.充分利用 3ds max 制作炫目的小特效，吸引观众，给人留下深刻印象。

2.使用光效的动画效果。

3.基本思路：制作摄像机，使文字或物品渐渐地显示在画面中；再使用光照的方式使文字或物品透出光芒并产生运动。

4.创建文字或物品的场景。

5.布置灯光，通过对强度、衰减、颜色、投影贴图等参数的修改，实现光芒四射的效果。

6.可使用噪波控制、添加体积光效果。

7.制作灯光和摄像机动画，应用视频合成特效，如镜头光斑。

8.将场景渲染成为视频播放器可独立播放的文件。

3ds max 三维效果制作选题二十三

题　　目：简单课件制作

研究方向：3ds max 设计

论文类型：开发设计

成员组成：独立

难易程度：较难

提示大纲：

1.选择一个自己熟悉的、相对具体完整的知识内容，制作成课件进行自动播放。

2.先勾画草图，进行课件动画设计。

3.抽取知识点，每个知识点采用合适的表现手法进行讲解。

4.可采用模型、视图、灯光、动画、音乐、特效等丰富的方法展示每一个知识点的内容。让用户加深对知识点的理解和印象。

5.添加声音讲解。

6.生成动画并自动播放。

3ds max 三维效果制作选题二十四

题　　目：3D 小游戏制作

研究方向：3ds max 设计

论文类型：开发设计

成员组成：独立

难易程度：难

提示大纲：

1.设计一个简单的小游戏。

2.游戏所包含的知识和操作技巧是健康益智的。

3.可创建简单模型或导入模型。

4.制作动画。

5.添加声音和特效。

6.生成动画并自动播放。

3ds max 三维效果制作选题二十五

题　　目：创建人体动画

研究方向：3ds max 设计

论文类型：开发设计

成员组成：独立

难易程度：较难

提示大纲：

1.学习了解有关角色动画的基础知识，如运动学原理、人体骨骼系统、运动混合器的使用、简单角色动画的操作过程等。

2.学习使用 Biped 工具创建两足动物，并认识常用的运动编辑器。

3.使用 Biped 命令创建一个人体骨骼，并制作一个简单的人体骨骼动画。

4.将制作好的人体模型网格与骨骼进行结合，并将制作好的人体骨骼动画添加到网格模型上。

5.仔细研究两足动物的运动规律及各肢体的摆动幅度等。

6.通过 Motion 卷展栏调整两足动物的姿势。

7.制作人体自由运动的动画。

8.渲染输出动画。

第三篇

职业院校计算机专业学生毕业论文（设计）范例

本篇导读

为了更好地帮助学生完成毕业论文(设计),让学生把握毕业论文(设计)的难易程度、篇幅大小、成果形式,本篇提供了十二篇内容完整的范例,这些范例切合高职层次学生的知识水平和技能水平,学生可以模仿或作为参考。

在本篇的范例中,包括了毕业论文(设计)的三种类型:研究报告型、开发文档型和开发设计型。学生通过认真学习和阅读这些范例,可以学到三种不同类型的毕业论文(设计):研究报告、开发文档和设计说明书的撰写方法。

内容简介

(1)计算机应用技术综合范例。

(2)多媒体技术范例。

第5章 计算机应用技术综合范例

本章导读

本章包含计算机应用技术专业不同方向的五篇范例,内容涉及了计算机组装、软硬件故障检测及维修、网络故障检测、软件工程、软件开发技术等方面,论文的类型包括了研究报告型和开发文档型两种。

学生通过本章的学习,可以掌握毕业论文的内容组织方法及格式规范,了解研究报告型和开发文档型两种论文的撰写方法。

内容简介

(1)计算机组装实战研究

(2)微机常见软硬件故障检测及维修

(3)常见网络故障的检测及排除

(4)《图书管理系统》的文档实现

(5)精品课论坛开发

5.1 计算机组装实战研究

摘　要

在认真学习计算机应用技术相关课程的基础上,本人阅读了大量关于计算机硬件和组装方面的资料,并到电脑城进行暑期实践,积累了一些计算机组装的实践经验,通过本文与大家分享。本文主要介绍了计算机主要组成配件的基本情况,包括配件的功能、性能以及配件的主要技术指标;计算机硬件市场行情,包括组装市场的需求量调研、各配件的主要品牌、性能指标、价位、市场占有率、发展趋势等;最后给大家推荐三种按不同使用用途进行计算机组装的配置方案。

【关 键 词】计算机硬件,硬件配置,配置方案

【研究方向】计算机硬件

【论文类型】研究报告

目　录

前　言

　　计算机是一种能按照人们事先编写的程序连续、自动地工作,能对输入的数据进行加工、存储、传送,由电子和机械部件组成的电子设备。它可以用比人脑高得多的速度完成各种指令性甚至智能性的工作,所以人们又称它为电脑。

　　计算机最初是为了计算弹道轨迹而研制的。世界上第一台计算机 ENIAC(埃尼阿克)在 1946 年 2 月 14 日诞生于美国宾夕法尼亚大学,占地 170 多平方米,重约 30 吨,每秒能进行 5000 次加法运算。

　　随着科技的不断发展,计算机体积、功耗逐步减小,重量进一步减轻,运算速度、可靠性、存储容量有了大幅度的提高,只要涉及信息处理的场合都可以使用计算机完成,计算机已经渗透到了我们的工作、生活、娱乐的各个方面。

　　本篇论文主要和大家分享一些本人积累的方法和计算机组装的实践经验及思路,希望读者通过本篇论文也能有所得。本文对计算机硬件选购和组装做了一定的研究和总结。

一、计算机部件组成介绍

计算机主要由 CPU、主板、内存、硬盘、显卡、显示器、声卡、电源、键盘、鼠标、机箱这几大部件组成,其中大多数主板都已经集成了声卡,因此如果没有特殊需要,不需要另外购买声卡。下面针对影响计算机性能的主要组成部件进行简要介绍:

1. CPU

CPU 是整个计算机的运算核心和控制核心,负责控制整个计算机的运行。因此CPU 在很大程度上决定着计算机性能的好坏。衡量 CPU 性能的参数主要有:CPU 的工作频率(主频)、Cache 容量、核心数、指令系统和逻辑结构等参数。

现在主要的 CPU 生产厂商有 Intel 和 AMD。这两家厂商同时生产不同档次的CPU。以 Intel 的 CPU 为例,从低端到高端分别是,赛扬单核、赛扬双核、奔腾双核、酷睿i3 系列、酷睿 i5 系列、酷睿 i7 系列。其中各个级别中根据主频等参数还有进一步划分。一般来说,CPU 的档次越高,计算机的运行速度越快,但价格也越贵。因此在选购时需要考虑个人的需求和 CPU 的性价比。

2. 主板

主板是一个矩形的电路板,主要负责将不同的计算机部件进行连接,因为不同的部件有不同的工作频率、工作电压和数据传递的格式,因此主板也是协调各个部件协同工作的重要部件,是组成计算机的基础部件。主板的主要生产厂商有很多,如华硕、微星、技嘉、华擎等,同品牌的主板也有不同的档次。

从计算机的稳定性和将来升级的角度考虑,建议选购一线品牌的中、高档型号的产品。

3. 内存

内存也是计算机中重要的部件之一,它是暂时存储程序以及数据的地方,并且直接和 CPU 进行数据交换。计算机中所有程序都是在内存中运行的,因此内存的性能对计算机的影响非常大。CPU、主板和内存统称为计算机的三大部件。

随着计算机硬件技术的发展,内存的发展趋势是大容量,高频率和高稳定性。现在衡量内存好坏的主要参数是工作频率和容量。内存的主要生产厂商有金士顿、现代、威刚、KINGMAX、三星 、金邦、宇瞻、超胜、英飞凌等。同品牌的内存也有优劣之分,在选择时需要多加辨认。

一般在选购内存时,首先要注意匹配内存的工作频率和 CPU 的主频,另外大容量的内存有助于计算机发挥更好的性能。

二、计算机购买配件的原则和注意事项

计算机组装的第一步就是购买计算机的配件,购买时对计算机各个配件的性能和价格越了解,越能节省组装计算机的时间,也可以减少组装过程中的问题。下面是针对购买配件的一些心得,与大家分享。

1. 计算机组装原则

配置计算机不需要所有的配件都用最好的,而是需要首先明确自己的需求。尽管计算机的使用领域很广泛,但每个人都有自己特定的用途,不同用途的计算机需要不同的

硬件配置,价格也是千差万别。计算机硬件产品一般每18个月就可以升级换代,因此计算机产品一向都不保值,现在看来高端的配置在一段时间后很可能就沦为中低端配置。比如经常玩大型游戏、图像处理,一定要有一块好的显卡,而一般的办公、上网就没必要浪费这笔钱。

其次,根据使用计算机的用途,确定计算机的大致配置意向后,需要可以承受的配件价格,然后做出预算。在做预算的时候最好给留有余度,这样做有两点好处:一是防止电脑市场配件价格突然变化,二是可以在配件品牌之间有更大的选择权。

最后,在购买前一定要了解计算机配件的性能和大致价格。要了解配件的性能,主要比较不同品牌的同种配件的价格差异、性能差异,选择最适合自己的配件。可以浏览一些电脑网站,例如中关村在线、太平洋电脑网等大型计算机配件网站。不同地区的价格会有差距,这时就需要到电脑城多比较几家。

2.计算机组装的注意事项

(1)多跑柜台

配置计算机的时候一定要多跑几家柜台,拿着第一家店铺的报价单给第二家看,以此类推。所以经过3～5家进行比较后就差不多能把最低价拿到手了。经过这个过程之后,大家会发现最后成交价格要比第一次得到的更真实,这个时候也有机会更合理地再次修正自己的配置。

另外,店面的选择也很重要。一般在电脑城的首层都不会有装机店。因为首层的人气最旺盛,往往都是注重品牌形象的商家驻扎的范围,品牌机和笔记本等产品较多。而在二楼人气最旺盛的是靠近楼梯口的店面,它们往往需要支付更多的铺租,而这部分费用最终还是会转嫁给消费者。

(2)不要贪小便宜

首先不要一味的关注CPU、硬盘、内存的价钱,这三样配件的价格都很透明。部分经销商会故意将这三样配件的价格报得比其他柜台低,让消费者有捡了便宜的感觉,其实在显卡、主板、显示器等小配件上可能都加了些价钱,所以还是要比较整机价格。

另外不能贪图赠品。如果组装机商家赠送很多的赠品,特别是赠送电脑桌、摄像头等大件物品时更要留心。规范的组装机商家一般都会按配件的市场价报价,这些报价的利润空间本身就不大,所以一般是赠送不起大件物品的。所以赠品超值的时候,很可能机器性能已经大打折扣。

最后尽量购买品牌比较好的配件组装电脑,不要为了一时的便宜而购买品牌比较差的配件。品牌配件组装的电脑在使用中更流畅,质量也更有保障。

(3)机箱电源需选用名牌

电源也是很重要的配件,不好的电源会带来很大的安全隐患,也有可能带来一堆问题。所以大家千万不能忽略电源,尽量购买名牌产品。尤其是现在也使用64位CPU的情况下,对电源的要求更高。特别要注意的是现在大部分主板要求电源的接口为24针,因此尽量不要再使用原20针接口的电源。

遵守以上购买配件的原则和注意事项,基本上不会有太大的偏差,如果再有懂电脑的朋友的帮助,那在预算范围内装出来的计算机就会令人比较满意。

三、计算机组装过程

1. 计算机组装的操作步骤

选购完配件后,就可以开始计算机硬件组装的过程了,组装大体分为十一个操作步骤:

第 1 步:把 CPU 安装在主板的 CPU 槽中,扣好卡扣。注意:CPU 上的三角标识要与主板上的三角标识对齐。

第 2 步:安装 CPU 风扇。风扇的四个角对准主板相应的位置,再扣紧扣具,然后把 CPU 风扇的电源线接到主板的 CPU FAN 口。

第 3 步:安装内存。先将内存插槽两端的扣具打开,对应内存槽上的缺口和内存条的缺口,将内存平行放入内存插槽中,用两拇指按住内存条两端轻微向下压,听到"啪"的一声响后,即说明内存安装到位。

第 4 步:安装主板。拆开机箱两侧的挡板,从主板盒子中取出挡板安装在机箱背面,再挑选六个铜柱安装在机箱上,安装好铜柱后把主板放到机箱里拧紧螺丝。注意:铜柱要和主板相对应,并且要用套筒锁紧。

第 5 步:安装硬盘、光驱。把硬盘和光驱插入机箱对应的位置,两边各用两个螺丝固定。

第 6 步:安装显卡。把机箱背面的显卡对应的挡板卸掉,再把显卡插入主板显卡槽中,最后用螺丝固定显卡。注意:如果显卡有电源接口,则需要接电源。

第 7 步:安装电源。把电源安装在机箱指定位置,带电源线的一头朝下,然后用四个螺丝固定。

第 8 步:安装电源线、硬盘电源线/数据线、光驱电源线/数据线。把 24 针接口的电源接头插入主板 24 针的槽中,再把 4 针接口的电源接头插入主板 4 针的槽中。将主板附带的数据线一头插入主板槽中,一头接插入硬盘、光驱接口。注意:电源线、数据线的接口要保持一致。

第 9 步:安装主板跳线。包括 USB、音频、开机、重启、电源指示灯、硬盘指示灯等接口。跳线参考主板说明书及主板上面的标志字符。注意:USB 接口的第一针和主板 USB 接口的第一针保持一致。通常主板上标有实三角图标是第一针,USB 第一针通常是红色。电源指示灯和硬盘指示灯有正负极,有颜色的是正极。

第 10 步:整理机箱线路。用扎带把电源线、数据线等绑好,保持机箱内部整齐美观。

第 11 步:锁好机箱挡板。

2. 计算机组装操作的注意事项

在计算机组装的过程中,需要注意以下几点:

(1)在安装前,先消除身上的静电,比如用手摸一摸自来水管等接地设备;

(2)对各个部件要轻拿轻放,一般不要碰撞,尤其是硬盘;

(3)在安装时不要太用力,一般只要对好了卡槽,都很容易安装;

(4)安装主板一定要稳固,同时要防止主板变形,否则会对主板的电子线路造成损伤;

(5)安装过程中取用部件时不能用手触碰配件的引脚等部位,因为手上带有油脂和汗液,会腐蚀引脚,时间长了就会引起接触不良;

(6)安装完成后一定要对每个部件逐一检查后方可通电,以免发生危险。

四、计算机组装常见配置

下面分别介绍三种常见用途的计算机配置清单。这三种配置属于中档配置,大家可以根据自己的需求以及预算配置个性化的计算机。

1. 图形处理用计算机配置清单

在这类计算机配置中,通常用户需要使用 PS、Premiere 和 AE 等软件,为了能够达到使用要求,此类计算机通常是高性能台式机,价格一般在 7000 元以上。在配置上,需要的高性能 CPU 和显卡,鼠标和键盘必须适合用户的操作体验。针对这种类型的需求我们给出的配置见表1。

表 1   图形处理用计算机配置清单

配件名称	品牌型号	数量	单价
CPU	Intel 酷睿 i5 4570	1	1270
主板	技嘉 GA-Z77P-D3	1	749
内存	威刚万紫千红 DDR3 1600 8G	2	407
机械硬盘	希捷 Barracuda 1TB 64M SATA3 单碟	1	380
显卡	映众 GTX560Ti 冰龙版	1	1499
机箱	游戏悍将贝雷帽战争版	1	399
电源	TT 威龙 650(W3066)	1	359
显示器	明基 VW2430	1	1789
键鼠套装	狼蛛破魂斩	1	188
音箱	漫步者 R201T06	1	199
散热器	九州风神阿萨辛	1	499
声卡	创新 SB Live! 5.1	1	248
光驱	先锋 DVR-118CHV	1	150
总计			8136

选用以上配件的目的是在图形处理过程中达到最高的运行效率,因此台式机主要注意选择好的 CPU,总的来说 Intel 的稳定性要好于 AMD;显卡的显存和 GPU 要能够满足图形处理时要求的运算速度;狼蛛破魂斩的键鼠套装手感不错,可以满足长时间作图的用户的需求。

2. 大型游戏用计算机配置清单

在这类计算机配置中,通常用户的需求是电脑要能运行大型的游戏。为了能够达到使用要求,在配置上,需要高稳定性的 CPU、高性能的显卡和声卡,因此价格通常在五千元到几万元不等。另外作为大型游戏的玩家,一般都会使用专业游戏键鼠和耳机,所以在配置时一般不给用户统一配键鼠和耳机。针对这种类型的需求我们给出的配置见表2。

表 2　　　　　　　　　　　　**大型游戏用计算机配置清单**

配件名称	品牌型号	数量	单价
CPU	Intel Xeon E3-1230 v2	1	1250
主板	华擎 B75 Pro3	1	468
内存	威刚万紫千红 DDR3 1600 4G	2	204
机械硬盘	希捷 Barracuda 2TB 64M SATA3	1	569
固态硬盘	浦科特 PX-128M5S(128GB)	1	649
显卡	HIS R9 280X 冰酷版 Boost Clock	1	1799
机箱	NZXT H2	1	399
电源	振华冰山金蝶 GX-效能版 550W	1	499
显示器	HKC T3000＋	1	899
散热系统	九州风神玄冰 400	1	100
声卡	创新 X-Fi	1	599
合计			7435

3. 办公用计算机配置清单

办公用计算机的配置中,通常用户的需求是能够满足一般的上网、影音娱乐和办公,因此对硬件的要求并不高。在配置上,只要能够满足安装较高版本的操作系统即可,例如能够安装 Windows 7 操作系统。此类机型的价格一般在 3 千元到 7 千元,见表 3。

表 3　　　　　　　　　　　　**办公用计算机配置清单**

配件名称	品牌型号	数量	单价
CPU	Intel 酷睿 i3 530(盒)	1	760
主板	技嘉 GA-H55M-D2H(rev.1.4)	1	699
内存	金士顿 2GB DDR3	2	140
硬盘	希捷 1.5TB 7200.11 32M(串口/散)	1	460
光驱	先锋 DVD-231D	1	139
LCD	三星 E2420L	1	1319
机箱	酷冷至尊 毁灭者 RC-K100	1	299
电源	航嘉 冷静王钻石 2.3＋版	1	228
键鼠	双飞燕 KB-8620D 防水飞燕	1	78
音箱	漫步者 R201T06	1	199
合计			4321

五、结束语

通过在学校的理论学习和在实习过程中的实践,我得到了组装计算机的经验,并且利用这些经验可以帮助别人,这是一件很快乐的事! 通过对计算机理论的学习和亲自动手组装及上网查询各种部件的主流型号和参数,不断地积累经验,我逐步地了解了电脑城的工作流程和工作方法。

作为一名即将毕业的学生,本人知识有限,因此文章主要对计算机组装里面硬件的组装过程和方法做了总结。通过总结,不仅将三年来所学的知识进行了巩固,还发现自己欠缺很多计算机方面的知识和技能。在以后的实际工作中,我会将论文编写过程中学到的知识很好地进行实践应用,今后还要更加努力地学习!

致谢(省略)

参考文献:

[1] 刘瑞新.计算机组装、维护与维修教程[M].北京:机械工业出版社,2011.

[2] 杨晔.计算机应用基础项目实训教程[M].大连理工大学出版社,2011.

[3] 刘博.计算机组装与维[M].北京:清华大学出版社,2011.

[4] 温立伟.计算机维护中常见问题及解决办法[J].农村实用科技信息,2011(07).

[5] 中关村在线[EB/OL]http://www.zol.com.cn/.

[6] 太平洋电脑网[EB/OL]http://www.pconline.com.cn.

5.2 微机常见软硬件故障检测及维修

摘 要

在认真学习微机组装与维修课程的基础上,大量阅读了关于微机软硬件故障检测和维修方面的书籍,并通过一些检测与维修方面的实践经验,撰写了本文。本文详细介绍了常见硬件(CPU、内存、硬盘、显卡、声卡、光驱、显示器)的故障现象及一般情况下可能的故障分析与处理方法;对软件的常见问题进行了归纳,探讨了软件故障产生的原因及防止软件故障的注意事项;并对微机故障的常用检测方法、注意事项、故障识别与处理步骤等做了介绍。

【关 键 词】软件故障,硬件故障,检测,解决方法

【研究方向】维护与维修

【论文类型】研究报告

目 录

三、软硬件故障的检测方法

1.检测计算机故障的 5 种方法

2.检测软硬件故障的注意事项

四、常见微机软硬件故障的识别和处理

1.常见微机软硬件故障的识别

2.电脑故障处理步骤

五、结束语

致谢

参考文献

前　言

本篇论文主要探讨了微机常见故障的分类及其解决方法。通过论文编写对所学主干课程《计算机组装与维修》进行了系统地复习和深化总结,希望读者通过本篇论文也能有所得。本文对微机常见软硬件故障做了一定的研究和总结,分析了微机故障出现的原因及解决方法。

微机故障是由系统某部分硬件或软件不能正常工作引起的。快速准确地判断故障部位,找出故障原因是微机维修工作的关键一步。微机故障可分为硬件故障与软件故障两大类。硬件故障是由于组成微机硬件的各类板卡、硬盘驱动器、显示器及其适配器、键盘、鼠标、打印机等设备的电子线路、元器件等工作状态异常,机械传动装置失灵,开关或板卡、线缆插接有误或接触不良等造成的。而软件故障则是由于机器所执行的程序模块指令代码错误、系统软硬件资源使用冲突、机器参数配置不当产生的。

在编写论文的过程中,本人阅读了大量的文献资料,通过阅读巩固了自己所学的知识,也学习到了一些新的解决微机故障的有效方法,并对部分方法通过实验进行了验证,在文中都逐一做了介绍和总结,希望对读者能有帮助。

下面就介绍一些微机常见的故障及产生原因,让读者在遇到类似问题的时候可以轻松解决。

一、常见硬件故障及其解决方法

微机常见的故障主要分为硬件故障和软件故障。硬件故障问题特别多,也非常复杂。硬件故障是指微机硬件系统使用不当或硬件物理损坏所造成的故障。例如:计算机开机无法启动、无显示输出、声卡无法出声等。

常见的硬件故障出现的原因及解决方法有哪些呢?

1.CPU 常见故障以及解决方法

(1)机箱的噪音

故障现象:电脑在升级 CPU 后,每次开机时噪声特别大。但使用一会儿后,声音恢复正常。

故障分析与处理:首先检查 CPU 风扇是否固定好,有些劣质机箱做工和结构不好,容易在开机工作时造成共振,增大噪音,另外可以给 CPU 风扇、机箱风扇的电机加点油试试。如果是因为机箱的箱体单薄造成的,最好更换机箱。

(2)温度上升太快

故障现象:一台电脑在运行时 CPU 温度上升很快,开机才几分钟左右温度就由 31℃上升到 55℃,而到了 63℃就稳定下来了,不再上升。

故障分析与处理:一般情况下,CPU 表面温度不能超过 60℃,否则会缩短 CPU 寿命。对于 CPU 来说 63℃温度太高了,长时间使用易造成系统不稳定和硬件损坏。根据现象分析,升温太快,稳定温度太高应该是 CPU 风扇的问题,只需更换一个质量较好的 CPU 风扇即可。

(3)夏日里灰尘引发的死机故障

故障现象:电脑出现故障,现象为使用平均每 20 分钟就会死机一次,重新开机后过几分钟又会再次死机。

故障分析与处理:打开机箱发现散热片上的风扇因为积累的灰尘太多,已经转不动了,于是更换 CPU 风扇,这时再开机,电脑运行数个小时的游戏也没有发生死机现象。

(4)CPU 针脚接触不良导致电脑无法启动

故障现象:一台 Intel CPU 的电脑,平时使用一直正常,近段时间出现问题。

故障分析与处理:首先估计是显卡出现故障。用替换法检查后,有时又正常了。最后拔下插在主板上的 CPU,仔细观察并无烧毁痕迹,但发现 CPU 的针脚均发黑、发绿,有氧化的痕迹和锈迹(CPU 的针脚为铜材料制造,外层镀金),对 CPU 针脚做了清洗工作,电脑又可以加电工作了。

(5)CPU 引起的死机

故障现象:一台电脑开机后在内存自检通过后便死机。

故障分析与处理:按[Del]键进入 BIOS 设置,仔细检查各项设置均无问题,然后读取预设的 BIOS 参数,重启后死机现象依然存在。用替换法检测硬盘和各种板卡,结果所有硬件都正常。估计问题可能出在主板和 CPU 上,将 CPU 的工作频率降低一点后再次启动电脑,一切正常。

(6)CPU 风扇导致的死机

故障现象:一台电脑的 CPU 风扇在转动时忽快忽慢,电脑使用一会儿就会死机。

故障分析与处理:由于现在的普通风扇大多是滚珠风扇,需要润滑油来润滑滚珠和轴承,这种现象估计是 CPU 风扇的滚珠和轴承之间的润滑油没有了,造成风扇转动阻力增加,转动困难,使其忽快忽慢。由于 CPU 风扇不能持续给 CPU 提供强风进行散热,使 CPU 温度上升,最终导致死机。在给 CPU 风扇加了润滑油后 CPU 风扇转动正常,死机现象消失。

(7)CPU 的频率显示不固定

故障现象:一台电脑在每次启动的时候显示的 CPU 频率时高时低。

故障分析与处理:很可能是主板上的电池无电造成的。只要更换同类型的电池后,再重新设置 BIOS 中的参数,CPU 的频率显示即可恢复正常。

2.内存常见故障以及解决方法

(1)内存显示的容量与实际内存容量不相符

故障表现:一台电脑配置为 Intel 酷睿 i3 2.2 Hz CPU、华硕 X55VD 主板、两条 2GB

DDR3 内存,但是开机后内存显示为 2GB,偶尔显示 4GB。

故障分析与处理:打开机箱检查,发现两条内存品牌不同,做工设计也有很大差异,一问机主,原来是刚升级增加了一条内存。先把内存条单独插到机子上,都显示为 2GB,没有问题,但是一起插上仍然显示 2GB,调换了内存的插槽也没用。很明显,是内存兼容问题,拿做工差的内存去市场加差价换回一条和原机内存相同的内存条后,故障排除。

(2)除尘中将内存 PCB 板划坏导致机器无法启动

一台笔记本电脑配置为 Intel HM65 主板芯片组、AMD Radeon HD6370MB 显卡、4GB 内存,装 Windows 7 频繁死机,始终无法正常安装。

故障分析与处理:经询问,机主之前刚给电脑进行了除尘,之后发生了系统崩溃,然后就无法安装系统了。经过对硬件的仔细察看,发现其内存上有一处不是很明显的硬划伤,伤及了部分 PCB 上的电路,问题就出在这里。经过换用其他内存,故障消失,可见原内存已经被彻底损坏。

(3)升级内存后内存工作频率降低

故障表现:电脑配置为 Intel P45 主板、2GB DDR3 1333 内存,原本使用正常,后来得到一条 2GB DDR3 1066 内存,一起插上之后,BIOS 中显示内存工作频率为 1066 MHz。

故障分析与处理:首先确定内存容量正常,证实内存都是好的,可以排除内存条的质量问题。想到升级主板 BIOS 可能会对内存支持有所提高,于是将 BIOS 进行升级,内存工作频率恢复到 1333 MHz,问题解决。

(4)内存接触不良导致电脑无法启动

故障表现:一台电脑配置为 Intel 酷睿 i5 3470、华擎 B75 Pro3、威刚 DDR3 1600 4GB ＊2,一天突然开机黑屏,蜂鸣器报警。

故障分析与处理:先把内存条拔下换个插槽,故障依旧,证明内存插槽正常;接着换另外一条内存插上,故障消失。看来是内存条有问题,但内存条无故损坏的可能性很小,于是仔细查看内存,发现"金手指"部分有油泥状污垢,看来问题在于接触不良。于是找来橡皮在"金手指"部分擦拭几次,重新插入插槽,发现一切正常了。

3.硬盘常见故障以及解决方法

(1)系统不认硬盘

系统从硬盘无法启动,使用 CMOS 中的自动监测功能也无法发现硬盘的存在。这种故障大都出现在连接电缆或 IDE 端口上,硬盘本身故障的可能性不大,可通过重新插接硬盘电缆或者改换 IDE 端口及电缆等进行替换试验,就会很快发现故障的所在。

(2)CMOS 引起的故障

CMOS 中的硬盘类型正确与否直接影响硬盘的使用。当硬盘类型错误时,有时无法启动系统,有时能够启动,但会发生读写错误。比如 CMOS 中的硬盘类型小于实际的硬盘容量,则硬盘后面的扇区将无法读写,如果是多分区状态则个别分区将丢失。还有一个重要的故障原因,目前的 IDE 都支持逻辑参数类型,如果在一般的模式下安装了数据,而又在 CMOS 中改为其他的模式,则会发生硬盘的读写错误,因为其映射关系已经改变,将无法读取原来正确的硬盘位置。

(3)主引导程序引起的启动故障

主引导程序位于硬盘的主引导扇区,主要用于检测硬盘分区的正确性,并确定活动分区,负责把引导权移交给活动分区的 DOS 或其他操作系统。此段程序损坏将无法从硬盘引导,但从软驱或光驱启动之后可对硬盘进行读写。找到一种 DOS 引导盘启动系统并运行此程序即可修复。

(4)分区表错误引发的启动故障

分区表错误是硬盘的严重错误,不同的错误程度会造成不同的损失。如果没有活动分区标志,则计算机无法启动。但从软驱或光驱引导系统后可对硬盘读写,可通过FDISK 重置活动分区进行修复。

分区表中还有其他数据用于记录分区的起始或终止地址。这些数据的损坏将造成该分区的混乱或丢失,有效的方法是将备份的分区表数据重新写回,或者从其他相同类型并且分区状况相同的硬盘上获取分区表数据。

4. 显卡常见故障以及解决方法

(1)显卡的硬件和安装故障

如果开机黑屏,且机箱喇叭发出"嘀嘀……嘀嘀……"连续两声比较短促而且重复的报警声,说明是显卡没插好,或是接触不良。这时请关闭电源,打开机箱,重新插好显卡,并将挡板螺丝拧紧。如果故障依旧,就可能是显卡硬件上出问题了,一般是显示芯片或显存烧毁,建议将显卡拿到别的机器上去试一下,若确认是显卡问题就只能更换了。

(2)屏幕出现异常杂点或图案

此类故障一般是由于显卡的显存出现问题或显卡与主板接触不良造成的。需清洁显卡部位或更换显卡。

(3)显示花屏的问题

出现显示画面花屏的情况,显存有质量问题的可能性最大。另外如果显卡或 CPU超了频也容易导致这类现象出现。可以试试调整一下分辨率、色彩数和刷新频率,看看情况有无改善。显卡连续使用时间太长,如果散热不好的话也可能导致显示花屏。

(4)显卡驱动程序丢失

显卡驱动程序运行一段时间后自动丢失,此类故障一般是由于显卡质量不佳或显卡与主板不兼容,使得显卡温度太高,从而导致系统运行不稳定或出现死机,此时只有更换显卡。

5. 声卡常见故障以及解决方法

(1)声卡无法"即插即用"

如果不支持 PNP,那么此时应进入 Windows 下的相关目录,把关于声卡的 inf 文件统统删掉,再重新启动后人工安装。

(2)声卡无声

出现无声的原因有多种,常见的是系统默认声音输出为"静音"。单击屏幕右下角的声音小图标(小喇叭),出现音量调节滑块,下方有"静音"选项,单击前边的复选框,清除框内的对号,即可正常发音。有时是因为声卡驱动程序安装有问题,可以重新安装驱动程序后,再到控制面板的"声音和音频设备"属性中检查设备是否运转正常。

另外是声卡与其他插卡有冲突。解决办法是调整 PNP 卡所使用的系统资源,使各卡互不干扰。

6. 光驱常见故障以及解决方法

(1)激光头问题

大家知道,激光头是最怕灰尘的,很多光驱长期使用后,识盘率下降就是因为尘土过多。不用光驱时,尽量不要把光盘留在驱动器内,因为光驱要保持"一定的随机访问速度",所以盘片在其内会保持一定的转速,这样就加快了电机老化(特别是塑料机芯的光驱更易损坏)。另外在关机时,如果劣质光盘留在离激光头很近的地方,那当电机转起来后很容易划伤激光头。

(2)散热问题

散热问题也是非常重要的,一定要注意电脑的通风条件及环境温度的高低,机箱的摆放一定要保证光驱保持在水平位置,否则光驱高速运行时,其中的光盘不可能保持平衡,将会对激光头产生致命的碰撞而损坏,同时对光盘的损坏也是致命的,所以在光驱运行时要注意听一下发出的声音,如果有光盘碰撞的噪音请立即调整光盘、光驱或机箱位置。

(3)光驱连接不当造成的问题

光驱安装后,开机自检,如不能检测到光驱,则要认真检查光驱排线的连接是否正确、牢固,光驱的供电线是否插好。如果自检到光驱这一项时出现画面停止,则要看看光驱(主、从)跳线是否有误。光驱尽量不要和硬盘连在同一条数据线上。

(4)内部接触问题

如果出现光驱卡住无法弹出的情况,可能就是光驱内部配件之间的接触出现问题。将光驱从机箱卸下并使用十字螺丝刀拆开,通过紧急弹出孔弹出光驱托盘,卸掉光驱的上盖和前盖,会看见光驱的机芯,在托盘的左边或者右边会有一条末端连着托盘马达的皮带。可以检查此皮带是否干净,是否有错位,同时也可以给此皮带和连接马达的末端上油。另外光驱的托盘两边会有一排锯齿,这个锯齿是控制托盘弹出和缩回的。给此锯齿上油,并看看它有没有错位之类的故障。

(5)CMOS 设置的问题

如果开机自检到光驱这一项时出现停止或死机现象,有可能是 CMOS 设置中光驱的工作模式设置有误。一般来说,只要将所有用到的 IDE 接口设置为"AUTO",就可以正确地识别光驱工作模式了。对于一些早期的主板或个别现象则需要进行设置。

(6)激光头老化

排除了灰尘的原因,如果光驱还不能读盘,很可能是"激光头"老化了,这时就要调整光驱激光头附近的电位调节器,加大电阻,改变电流的强度,使发射管的功率增加,提高激光的亮度,从而提高光驱的读盘能力。

7. 显示器常见故障以及解决方法

显示器分为传统的显示器,即采用电子枪产生图像的 CRT(Cathode Ray Tube,阴极显示管)显示器和液晶显示器 LCD(Liquid Crystal Display)。

(1)CRT 显示器常见故障

由于显示器内部器件的工作电压很高,出现比较严重的异常问题后应及时送专业维修点维修,而不要自己随意处理,以免引发火灾、人身伤害等。

① 显示器出现偏色问题

大多数时候可能是显示器被磁化导致的。如果经过专业维修消磁后,屏幕仍然偏色,则可能是显示器有质量问题了,比如消磁器烧坏,就只能送修了。

② 无法调整刷新频率

常常遇到在"显示属性"中显示器刷新频率始终无法调整的问题,大多是因为没有选择正确的显示器类型造成的。解决的方法就是在显示属性中选择正确的显示器类型,如果用的是 Windows 不能识别的杂牌显示器,可以随便选一个性能接近的产品替代。

(2)液晶显示器常见故障

① 出现水波纹和花屏问题

首先请仔细检查电脑周边是否存在电磁干扰源,然后更换一块显卡,或将显示器接到另一台电脑上,确认显卡本身没有问题,再调整一下刷新频率。如果排除以上原因,很可能就是该液晶显示器的质量问题了,比如存在热稳定性不好的问题。出现水波纹是液晶显示器比较常见的质量问题,自己无法解决,建议尽快更换或送修。

有些液晶显示器在启动时出现花屏问题,究其原因,主要是液晶显示器本身的时钟频率很难与输入模拟信号的时钟频率保持百分之百的同步,或者是与显卡同步信号连接的传输线路出现了短路、接触不良等问题,不能及时调整跟进以保持必要的同步关系。

② 显示分辨率设定不当

由于显示原理的差异,液晶显示器分辨率一般都有个最佳值。当设置为真实分辨率以外的分辨率时,一般是扩大或缩小屏幕显示范围,显示效果保持不变,超过部分则黑屏处理,感觉不太舒服。另外液晶显示器的刷新频率设置与画面质量也有一定关系,可根据实际情况设置合适的刷新频率。

二、常见软件故障及其解决方法

通常软件主要分为系统软件和应用软件两部分。软件问题是比较频繁的,比如运行软件的时候出现错误、死机、重启等。这些软件问题出现的可能性有三个,一是软件发生了错误,二是软件感染了病毒,三是软件本身设计制作不完善。

1. 软件常见问题归纳

(1)软件与系统不兼容引起的故障

软件的版本与运行的环境配置不兼容,造成不能运行、系统死机、某些文件被改动或丢失。

(2)软件相互冲突产生的故障

两种或多种软件和程序的运行环境、存取区域、工作地址等发生冲突,造成系统工作混乱,文件丢失。

(3)误操作引起的故障

误操作分为命令误操作和软件程序运行误操作。执行了不该使用的命令,选择了不该使用的操作,运行了某些具有破坏性的程序、不正确或不兼容的诊断程序、磁盘操作程序、性能测试程序等而使文件丢失、磁盘格式化。

（4）计算机病毒引起的故障

计算机病毒将会极大地干扰和影响计算机使用，使计算机存储的数据和信息遭到破坏，甚至全部丢失，并且会传染给其他的计算机。大多数计算机病毒可以隐藏起来像定时炸弹一样待机发作。

（5）不正确的系统配置引起的故障

系统配置故障分为三种类型，即系统启动基本 CMOS 芯片配置、系统引导过程配置和系统命令配置，如果这些配置的参数和设置不正确，或者没有设置，计算机也可能会不工作或产生操作故障。电脑的软件故障一般可以恢复，不过在某些情况下有的软件故障也可以转化为硬件故障。

2.软件故障排除的方法

软件发生故障主要有以下几个原因：丢失文件、文件版本不匹配、非法操作、蓝屏、内存冲突、资源耗尽等。根据具体情况的不同，电脑在运行过程中反映出来的情况也不同。那么如果出现了这些问题，我们该如何排除呢？下面就介绍几种常用排除软件故障的方法。

（1）安全模式法

安全模式法主要用来诊断由于注册表损坏或一些软件不兼容导致的操作系统无法启动的故障。安全模式法的诊断步骤为：首先用安全模式启动电脑，如果存在不兼容的软件，在系统启动后将它卸载，然后正常退出；接着再重新启动电脑，启动后安装新的软件即可，如果还是不能正常启动，则需要使用其他方法排除故障。

（2）软件最小系统法

软件最小系统是指从维修判断的角度能使电脑开机运行的最基本软件环境，即只有一个基本的操作系统环境，不安装任何应用软件。可以通过卸载所有的应用软件或者重新安装操作系统实现。然后根据故障分析判断的需要，安装需要的应用软件。使用一个干净的操作系统环境，可以判断故障是属于系统问题、软件冲突问题，还是软硬件的冲突问题。

① 程序诊断法

针对运行环境不稳定等故障，可以用专用的软件来对计算机的软硬件进行测试，如 3DMark\WinBench 等，根据这些软件反复测试生成的报告文件，我们就可以比较轻松地找到一些由于系统运行不稳定而引起的故障。

② 逐步添加、去除软件法

逐步添加软件法，以最小系统为基础，每次只向系统添加一个软件，来检查故障现象是否发生变化，以此来判断故障软件。逐步去除法正好与逐步添加软件法的操作相反。

3.防止软件故障注意事项

（1）在安装一个新的程序之前需要保护已经存在的被共享使用的 DLL（DLL 文件即动态链接库文件，是一种可执行文件，它允许程序共享执行特殊任务所必需的代码和其他资源）文件，防止在安装新文件时被其他文件覆盖；

（2）在出现非法操作和蓝屏的时候仔细研究提示信息，分析原因；

（3）随时监察系统资源的占用情况；使用卸载软件删除已安装的程序。

三、软硬件故障的检测方法

主要的常见软硬件故障已经大致介绍完毕。既然有故障,那么一定有解决的方法以及防止它发生的方法。现在来了解一下,怎样检测计算机故障。

1.检测计算机故障的 5 种方法

(1)清洁法:对于机房使用环境较差,或使用较长时间的机器,应首先进行清洁。可用毛刷轻轻刷去主板、外设上的灰尘,如果灰尘已清扫掉,或无灰尘,就进行下一步的检查。

另外,由于板卡上一些插卡或芯片采用插脚形式,灰尘、震动等原因常会造成引脚氧化,接触不良。可用橡皮擦擦去表面氧化层,重新插接好后开机检查故障是否排除。

(2)直接观察法:即"看、听、闻、摸"。"看"即观察系统板卡的插头、插座是否歪斜,电阻、电容引脚是否相碰,表面是否烧焦,芯片表面是否开裂,主板上的铜箔是否烧断。还要查看是否有异物掉进主板的元器件之间(造成短路),也可以看看板上是否有烧焦变色的地方,印刷电路板上的走线(铜箔)是否断裂等。

"听"即监听电源风扇、软/硬盘电机或寻道机构、显示器变压器等设备的工作声音是否正常。另外,系统发生短路故障时常常伴随着异常声响。监听可以及时发现一些事故隐患和帮助在事故发生时即时采取措施。

"闻"即辨闻主机中是否有烧焦的气味,便于发现故障和确定短路所在。

"摸"即用手按压管座的活动芯片,看芯片是否松动或接触不良。另外,在系统运行时用手触摸或靠近 CPU、显示器、硬盘等设备的外壳,根据其温度可以判断设备运行是否正常;用手触摸一些芯片的表面,如果发烫,则为该芯片损坏。

(3)拔插法:一些芯片、板卡与插槽接触不良,将这些芯片、板卡拔出后在重新正确插入可以解决因安装接触不良引起的微机部件故障。

(4)交换法:将同型号插件板(总线方式一致、功能相同的插件板)或同型号芯片相互交换,根据故障现象的变化情况判断故障所在。

(5)振动敲击法:用手指轻轻敲击机箱外壳,有可能解决因接触不良或虚焊造成的故障问题。然后可进一步检查故障点的位置进而排除故障。

2.检测软硬件故障的注意事项

(1)拔去电源

在任何拆装零部件的过程中,请切记一定要将电源拔去,不要进行热插拔,以免不小心误触而烧坏电脑。

(2)备妥工具

在开始维修前请先备妥工具(包括螺丝刀、尖嘴钳、清洁工具),不要等到维修中途才发现少了某种工具而无法继续维修步骤。

(3)备妥替换部件

想要维修一台坏的电脑,最好能准备一台好的电脑,以便提供替换部件来测试,这样会比较容易发现故障。当然,这一点对于普通用户比较困难,不过现在电脑普及率已经很高,相信左邻右舍之间都不止一台电脑,互相借用一下应该不会太难。

（4）小心静电

维修电脑时请小心触电，避免烧坏电脑元件，尤其是干燥的冬天，手经常带有静电，请勿直接用手触摸电脑部件。

（5）备妥小空盒

维修电脑难免要拆卸电脑，请将拆下的螺丝放到一个小空盒中，最好用有一些小隔间且可以存放下不同大小螺丝的空盒，维修完毕再将螺丝拧回原位。

四、常见微机软硬件故障的识别和处理

1. 常见微机软硬件故障的识别

微机故障尽管五花八门，千奇百怪，但由于微机是一种由逻辑部件构成的电子装置，因此识别故障也是有章可循的。那么怎样来识别呢？

（1）了解清楚情况

维修前要弄清机器的配置情况，包括操作系统和应用软件，了解机器的工作环境和条件，了解系统近期发生的变化，如移动、装、卸软件等；了解诱发故障的直接或间接原因与死机时的现象。

（2）先软后硬，先假后真，先外后内

先软后硬：电脑出现故障后，应注意系统提示，先查看是否是软件系统出现问题。例如计算机给出"未知"提示信息，就可能是该数据文件已经损坏。在排除软件故障以后再开始检测电脑硬件系统。

先假后真：确定系统是否真有故障，操作过程是否正确，连线是否可靠。排除假故障的可能后才去考虑真故障。

先外后内：先检查机箱外部，然后才考虑打开机箱。能不开机时，尽可能不要盲目拆卸部件。

（3）注意安全

做好安全措施。电脑需要接电源运行，因此在拆机检修的时候千万要记得检查电源是否切断；此外，静电的预防与绝缘也很重要，所以做好安全防范措施，是为了保护自己，同时也是保障电脑部件的安全。

2. 电脑故障处理步骤

（1）明确问题所在

出现问题的到底是内存、显卡还是整机的兼容性，需要冷静分析，一步一步地观察才能找到问题的所在，然后正确处理。

（2）搜集资料

根据所明确的问题，接下来搜集相应的资料。例如：主板的型号、BIOS 的版本、显卡的型号、操作系统版本等。

（3）根据电脑出现的故障现象，结合自己平时掌握的相关硬件处理知识，提出一个合理的解决方法。

五、结束语

本篇论文比较笼统地介绍了一些微机常见软硬件故障，因为所学知识及时间有限，本人没有更深入地去讨论这些问题。自从计算机诞生至今都伴随着软硬件故障，有很多

权威人士对计算机进行了深入研究,做出很多总结。作为一名刚毕业的学生,本人知识有限,因此文章主要对微机常见软硬件故障做了总结。通过论文的编写,将三年来所学的知识进行了巩固。希望本文可以对计算机初学者有一定的帮助,让他们对计算机的常见故障有一些了解。

通过论文的编写,我发现自己还欠缺很多计算机方面的知识和技能,尤其是缺乏实际动手解决问题的能力。在以后的实际工作中,我会将论文编写过程中学到的知识很好地进行实践应用,今后还要更加努力地学习!

致谢(省略)

参考文献:

[1] 马琰.计算机组装与维护教程[M].北京:机械工业出版社,2013.

[2] 刘博.计算机组装与维护维修[M].2版.北京:清华大学出版社,2013.

[3] 张敏.计算机硬件常见问题的排除与处理技巧[J].电子世界,2012(06).

[4] 许美玲,张迎辉.计算机硬件维护原则与方法问题探讨[J].科技致富向导,2013(15).

[5] 魏娜.计算机网络维护中常见问题以及解决策略[J].计算机光盘软件与应用,2013(06).

[6] 金霞.计算机硬件故障维修问题探讨[J].网友世界,2013(08).

5.3 常见网络故障的检测和排除

摘　要

网络故障与网络协议和网络设备的复杂性有关。本文介绍了网络常见故障的分类及其检测过程,重点介绍了基于 OSI 模型理论的两种故障检测方法,即分层诊断技术和用命令进行检测网络故障的方法,以及这两种方法对网络管理员网络理论技术的提高进行了阐述。文中还通过一些比较典型的网络故障实例知识,进一步阐述了如何对网络故障进行分析与排除,同时也从侧面说明方法论和理论在实践中的重要性和前瞻性,尤其对从事网络管理工作的人员非常重要。

【关 键 词】网络故障,检测方法,故障排除,故障实例

【研究方向】网络技术

【论文类型】研究报告

目　录

引　言

随着计算机网络技术的飞速发展,网络系统的构成在发生巨大的变化,网络规模变得越来越大,网络变得越来越复杂,网络故障也时有发生。网络故障不只是组成网络的数百台计算机故障的简单组合,还与网络协议和网络设备的复杂性有关。许多故障解决起来也绝非像解决计算机故障那么简单,只需通过简单的插拔和板卡置换就能解决。网络故障的检测应以网络原理、网络配置和网络运行的知识为基础。从故障现象出发,以网络诊断工具为手段获取诊断信息,确定网络故障点,查找问题的根源,排除故障,恢复网络正常运行。

一、网络常见故障及其检测过程

1.网络常见故障分类

由于网络故障的多样性和复杂性,网络故障分类方法也不尽相同,根据网络故障的性质可以分为物理故障与逻辑故障,也可以根据网络故障的对象分为线路故障、路由器故障和主机故障等,网络故障的分类方法非常重要,这个决定网络管理员处理问题的方法和步骤,本文提出的是基于 OSI 模型的分类方法,即分层诊断技术,通常把网络故障分为以下几种:

(1)物理层中物理设备相互连接失败或者硬件及线路本身的问题;

(2)数据链路层的网络设备的接口配置问题;

(3)网络层网络协议配置或操作错误;

(4)传输层的设备性能或通信拥塞问题;

(5)上三层错误或网络应用程序错误。

本人认为这种网络故障的分类方法更科学,理论性更强,更适合网络管理员理论水平的提高,为迅速处理网络故障提供理论依据。

网络管理员可以在平常的工作中,对网络故障现象进行详细的记录和归类整理,这样日积月累为自己分析和解决网络故障问题打下良好的基础。

2. 网络故障的检测过程

网络故障的检测过程应该沿着 OSI 七层模型从物理层开始向上进行。首先检查物理层，然后检查数据链路层，依次类推，设法确定通信失败的故障点，直到系统通信正常为止。网络检测可以使用包括局域网或广域网分析仪在内的多种工具：如路由器检测命令、网络管理工具和其他故障检测工具。一般情况下查看路由表是解决网络故障开始的好地方。ICMP 的 ping trace 命令和 Cisco 的 show 命令、debug 命令是获取故障检测有用信息的网络工具。通常使用一个或多个命令搜集相应的信息，在给定情况下，确定使用什么命令获取所需要的信息。网络故障往往以某种症状表现出来，对某一个症状使用特定的故障检测工具和方法都能查找出一个或多个故障原因。

二、网络故障的常用检测方法

网络故障的分类方法多种多样，造成网络故障的检测方法也多种多样。这里重点介绍基于 OSI 模型的故障检测方法和基于命令的检测方法，这两种方法都是以七层模型理论为基础，长期用这种方法分析和处理问题，可以使网络管理员的网络理论和实践知识迅速提高。

1. 基于 OSI 模型的故障检测方法

由于网络故障是基于 OSI 模型进行分类的，故通常检修的流程也应按照 OSI 模型分层进行。

OSI 模型是国际标准化组织(ISO)制定的开放系统互连(OSI)参考模型，该模型有七层，每一层与运行在另一个系统上的对等层通信，每一层为上一层提供服务，除最底层，各层都将它们的数据传送给上一层进一步处理。利用该模型的这种特性，在对网络故障进行分析时，可采用自底向上的方法进行，即故障检测从最底层开始，首先检查电缆和物理接口，然后在数据链路层检查封装和介质控制的相关问题，上移一层考虑路由协议问题和网络层编址问题，在高层考查缓冲区耗尽、软件 bug 命名、加密、压缩、数据表示和用户错误问题。该模型有助于网络维护人员将网络的症状和网络问题的潜在原因建立关联，很好地解决网络故障相关性问题，故障检测的准确性高。下面分别阐述每一层故障的诊断方法：

(1)物理层及其诊断

物理层是 OSI 分层结构体系中最基础的一层，它建立在通信媒体的基础上，实现系统和通信媒体的物理接口，为数据链路实体之间进行透明传输，为建立、保持和拆除计算机和网络之间的物理连接提供服务。物理层的故障主要表现为设备的物理连接方式是否恰当，连接电缆是否正确，Modem、CSU /DSU 等设备的配置及操作是否正确。确定路由器端口物理连接是否完好的最佳方法是使用 show interface 命令，检查每个端口的状态，解释屏幕输出信息，查看端口状态、协议建立状态和 EIA 状态。

(2)数据链路层及其诊断

数据链路层的主要任务是使网络层无需了解物理层的特征而获得可靠的传输。数据链路层为通过链路层的数据进行打包和解包，进行差错检测并具有一定的校正能力，协调共享介质。在数据链路层交换数据之前，协议关注的是形成帧和同步设备。查找和排除数据链路层的故障，需要查看路由器的配置，检查连接端口共享同一数据链路层的封装情况。每对接口要和与其通信的其他设备有相同的封装。通过查看路由器的配置检查其封装，或者使用 show 命令查看相应接口的封装情况。

（3）网络层及其诊断

网络层提供建立、保持和释放网络层连接的手段，包括路由选择、流量控制、传输确认、中断、差错及故障恢复等。排除网络层故障的基本方法是：沿着从源到目标的路径，查看路由器的路由表，同时检查路由器接口的 IP 地址。如果路由没有在路由表中出现，应该通过检查来确定是否已经输入适当的静态路由、默认路由或者动态路由。然后手工配置一些丢失的路由，或者排除一些动态路由选择过程的故障，包括 RIP 或者 IGRP 路由协议出现的故障。例如，对于 IGRP 路由选择信息只在同一自治系统号（AS）的系统之间交换数据，应查看路由器配置的自治系统号的匹配情况。

由于网络故障具有层次性、时间性、相关性、模糊性、随机性、未确知性等性质，既有系统行为和特性上的复杂性，也存在不确定性导致的复杂性。网络故障的检测要求维护人员有丰富的实际操作经验和广泛的知识。要顺利地诊断并排除网络故障，网络工程技术人员必须掌握两种基本的技能。首先是对网络技术和协议要有清楚的理解，它是检测与排除网络故障的基础。其次要熟悉常用的诊断工具，以网络诊断工具为手段获取诊断信息，准确判断故障现象，查找问题的根源，确定网络故障点，才能及早发现故障，少走弯路，使排除工作得心应手。

2. 基于命令的故障检测方法

网络管理员在掌握理论的基础上，可以进行网络故障的排除。在这里特别提到一些常用命令的应用，这些命令使用方便，信息搜集准确，是排除网络故障的好帮手。同时网络管理员要深入地掌握这些命令的原理，有条件的可以自己编程进行功能测试，这对理解 OSI 七层模型和处理网络故障大有好处，这样做就不只是停留在经验上面，而且可以上升到理论层面，达到事半功倍的效果，这一点非常重要。

ICMP 的 ping、trace 命令和 Cisco 的 show 命令、debug 命令是获取故障诊断有用信息的网络工具。我们通常使用一个或多个命令搜集相应的信息，在给定情况下，确定使用什么命令获取所需要的信息。如：ping 从源点向目标发出 ICMP 信息包，如果成功的话，返回的 ping 信息包就证实从源点到目标之间所有物理层、数据链路层和网络层的功能都运行正常。

（1）ping 命令进行检测

ping 是 Windows 95/98/NT 中一个集成的 TCP/IP 协议探测工具。凡是使用 TCP/IP 协议的网络，不管是仅有几台机器的局域网，还是 Internet，当发生计算机之间无法访问或网络工作不稳定时，都可试着用 ping 来确定问题的所在。

ping 的使用方法：

① ping 工具的格式

ping 命令的格式为：ping 目的地址［-参数 1］［-参数 2］...

有关 ping 的参数，可通过在 MS-DOS 提示符下运行：ping 或 ping -? 命令来查看。

② 用 ping 检查其他计算机上 TCP/IP 协议的工作情况

如果要检查某一台计算机上 TCP/IP 协议的工作情况，可在网络中其他任何一台计算机上 ping 该计算机的 IP 地址即可。

命令格式为：ping 192.168.0.2（其中 192.168.0.2 为被检查计算机的 IP 地址）

如果被 ping 计算机上的 TCP/ IP 协议工作正常，则会返回 4 个测试数据包（Reply from...）。若不正确，则返回诸如"Request timed out..."的信息。

此时要认真分析故障出现在何处，一般可通过以下几个步骤进行：

• 被测试计算机是否已安装了 TCP/ IP 协议；

• 被测试计算机的网卡安装是否正确；

• 被测试计算机的 TCP/ IP 协议是否与网卡有效的绑定（可通过选择"开始|设置|控制面板|网络"来查看）；

• 如果是 NT 网络，还要查看 Windows NT 服务器的网络服务功能是否已启动（可通过选择"开始|设备| 控制面板| 服务"，在出现的对话框中找到"Server"一项，查看"状态"下所显示的是否为"已启动"）。如果通过以上步骤的检查还没有解决问题，建议重新安装和设置 TCP/ IP 协议。

③ 用 ping 检查本台计算机上 TCP/ IP 协议的工作情况

如果要检查本地计算机上 TCP/ IP 协议的配置和工作情况，可直接在该台机器上 ping 自己的 IP 地址，即"ping 192.168.0.2"。若返回成功的信息，说明 IP 地址配置无误，若失败则应检查 IP 地址的配置。可通过以下步骤进行：

• 检查整个网络，该 IP 地址是否已被其他用户使用；

• 该工作站是否已连入网络；

• 检查网卡的 I/ O 地址、IRQ 值和 DMA 值，这些值是否与其他设备发生了冲突。

其中第三步的检查非常重要，也常被许多用户所忽视，即使是 ping 成功后也要进行此项检查。因为当 ping 本机的 IP 地址成功后，仅表明本机的 IP 地址配置没有问题，但并不能说明网卡的配置完全正确。这时虽然在本机的"网上邻居"中能够看到本机的计算机名，可就是无法与其他的用户连通，不知为何，其实问题往往就出在网卡上。

④ 用 ping 工具检查与远程计算机的连接情况

不仅在局域网中广泛使用 ping 工具，在 Internet 中也经常使用它来探测网络的远程连接情况。平时，当我们遇到以下两种情况时，需要利用 ping 对网络的连通性进行测试。

第一种情况是当某一网站的网页无法访问时，可使用 ping 命令进行检测。如果返回正确信息，说明对方的主机已打开，否则在网络连接的某个环节可能出现了故障，或对方的主机未打开。

第二种情况是在发送 E-mail 之前先测试网络的连通性。许多 Internet 用户在发送 E-mail 后经常收到诸如"Returned mail ：User unknown"的信息，这说明邮件未发送到目的地。为了避免此类事件的发生，建议大家养成在发送 E-mail 之前先 ping 对方邮件服务器地址的习惯。例如，当您给 ietmh @mx. ln. cei. gov. cn 发邮件时，可先键入"ping mx. ln. cei. gov. cn"进行测试，如果返回类似于"Bad IP address cniti . com"或"Request times out"的信息，说明对方的主机未打开或网络未连通。这时即使将邮件发出去，对方也无法收到。

（2）traceroute 与 pathchar 应用程序

traceroute 是一个应用程序，其工作方式与 ping 类似，但它扩展了 ping 的功能。它不仅显示数据包丢失和等待信息，而且给出数据包到达目标主机的路径图。路径图在跟踪阻塞链接、准确测定高等待时间区数据包丢失方面十分有用。pathchar 是新近开发出的程序，它提供更多的有用信息，允许用户发现网络中网源和目标之间每个中继段的带宽延时、平均排队及丢失率，这对专业网络管理人员十分有用。

（3）show 命令集

show 命令集基本上能监视网络中整个系统的运行状态，是网管管理人员利用路由器监视网络运行的常用手段。show interface 命令的输出提供了与路由器接口相关以及与传输介质相关的参数等有价值的信息。show controller 命令提供连接到路由器接口物理线路以及传输介质的详细信息，并提供状态的历史信息。show protocol 命令给出了路由器运行的协议信息以及路由这些协议的每一个接口的地址信息。show ip interfaces 显示的是接口关于 IP 协议的信息。show ip protocols 显示的是当前设备运行着哪些 IP 路由协议以及其具体的一些参数。show process cpu 命令检查路由器的 CPU 是否过载。该命令将给出路由器 CPU 的利用率，同时显示路由器中不同进程的 CPU 占用率。show process memory 命令可以用来给出路由器可用内存的一般信息，然后显示每一个进程所占用的内存空间的详细信息。show stack 命令用于跟踪路由器的堆栈，提供路由器临时重新启动的原因。show ip interface brief 命令将显示每一个路由器接口的 IP 地址信息以及第二层的状态信息。

（4）debug 命令集

debug 命令集对排除网络层故障十分有用，debug 命令可显示路由器收到的 arp 数据包信息。debug ethernet-interface 命令可显示路由器所有有效的 Ethernet 接口上出现的事件，debug frame-relay 命令允许输出与帧中继特性有关的信息。在端对端通信中，用 debug in packet 命令显示一个数据包的信息，该输出显示存放在数据包中的源 IP 地址和目标 IP 地址，还显示下一个中继网关。值得注意是，debug 命令会占用系统资源。如果一次启动得太多，可能会使路由器死锁。使用 debug all 命令会迫使路由器屈服，若选择生效，关闭 debug 选项最好的方法是使用 no debug all 命令。

网络故障的检测方法不是一成不变的，网络管理员可以在充分掌握网络理论的基础上进行故障的排除，知其然，也知其所以然，这样不仅可以做网络维护员，而且可以向更高层次的网络管理员迈进。

上面介绍的基于 OSI 模型的故障检测方法和基于命令的检测方法，正是培养高层次网络管理员的基础。

三、网络故障排除精选实例

我们可以用以上的网络故障分类方法和故障检测方法分析处理问题，下面通过几例具体的网络故障实例及其排除方法进行说明。

1．传输介质故障

例：双绞线线序不正确故障

按 T568 标准，制作双绞线时 8 根线的排列顺序有 A、B 两种。常用 B 顺序，排列顺序为:白橙,橙,白绿,蓝,白蓝,绿,白棕,棕。另一种顺序为:白绿,绿,白橙,蓝,白蓝,橙,白棕,棕。A、B顺序的使用规则为:(1)用于网卡与交换机(或Hub)相连时,双绞线两面均为B顺序,即B－B;(2)如果连接两台电脑,双绞线一端为B顺序,另一端必须为A顺序,即B－A;(3)如果两台交换机(或Hub)相连,对未标明级联端口的交换机(或Hub)则一端为A顺序另一端为B顺序,即B－A。对于那些标明级联端口的交换机(或Hub),因有些产品在端口内已做调整,在级联时只需按B－B顺序连接。

例:双绞线接触不良故障

网络系统中有一台计算机,运行本机的程序十分正常,一旦数据传输量大时就死机。ping本机及其他机器的IP地址都能ping通,在网上邻居中,该机能看到其他计算机,其他计算机也能看到该机,由此判断,网络没有问题,开始怀疑是由于病毒破坏或集成管理软件的原因,对该机进行杀毒,重新安装系统,但都没有作用。在没有办法的情况下,更换了网线,问题却解决了。事后对该网线进行测试,发现该网线接触不良,数据传输量增大时,就会出现数据堵塞,从而造成了死机。因此当软件、硬件都找不出问题时,就应该检查网线是否有问题。如果使用了劣质双绞线,其数据传输速率达不到网络数据传输要求,会发生运行速度慢或因数据堵塞容易死机的故障。

2. 网卡故障

例:网卡驱动程序故障

由于杀毒、非正常关机等原因,可能造成网卡驱动程序逻辑的损坏。如果网卡驱动程序逻辑损坏,网卡不能正常工作,网络也ping不通,但网卡指示灯发光。这时可通过"控制面板"→"系统"→"硬件"标签中的"设备管理器"选项,查看网卡驱动程序是否正常,如果网卡图标上标有一黄色"!",说明该网卡驱动程序不正常,重新安装网卡驱动程序,即可解决问题。

3. 网络协议故障

例:局域网内计算机可以互相访问却无法ping通

导致在网上邻居中可以互访,但在DOS提示符下无法ping通的原因,可能是对方或者网络中有设备禁止了ICMP流量(例如在交换机的访问控制列表中过滤了ICMP端口),禁止对ICMP做出响应,而这并不影响资源共享。

另一种可能的原因是网络协议问题。如果所有的计算机使用的均是NETBIOS协议,即在该局域网中网上邻居功能是通过NETBIOS协议实现,而不是借助于TCP/IP协议,因此不会支持ICMP协议,而ICMP协议需要TCP/IP协议的支持。如果想让各个计算机之间可以使用ping命令,就必须为网络中的计算机安装TCP/IP协议。

4. 网络配置故障

例:计算机无法访问外部网络

如果计算机无法正常实现对外部网络的访问,应首先检查网线是否正常,若网线正常工作,说明能够连接到网络内的其他计算机,网络连接没有问题。因此,导致故障的原因可能是IP地址信息设置不完整,或者没有正确设置应用程序的代理服务器。这时,应检查故障计算机的默认网关、DNS服务器和子网掩码的设置是否正确。另外,查看一下其他计算机的Web浏览器的连接设置,然后将故障计算机设置为与之相同即可。

例：ping 通 DNS 却无法上网

如果已经正确设置了 IP 地址信息和代理服务器的地址，而且能够 ping 通 DNS 服务器，也能在“网上邻居”中看到其他计算机，但是不能 ping 通服务器，也不能上网。上述问题表明网络连接是没有问题的，应当检查 Internet Explorer 的设置。如果 DNS 与计算机在同一子网，位于同一 IP 地址段，应当为计算机指定正确的默认网关，以便使其 Internet 访问请求被路由至外部网络。

例：IP 地址冲突

在 TCP/IP 网络中，IP 地址代表着计算机的身份，用于识别某台计算机。因此，在同一网络中，IP 地址应当是唯一的。当两个或者两个以上的计算机使用同一个 IP 地址时，就会发生 IP 地址冲突，其他计算机将无法判断应当将数据发送给哪一台计算机，从而导致网络连接中断。既然采用 ICS、代理服务器或者宽带路由器实现 Internet 连接共享，就可以直接实现自动 IP 地址分配，使所有的计算机都自动获取 IP 地址，从而避免由手工设置 IP 地址所造成的 IP 地址冲突。网络中的客户端只需将 IP 地址和默认网关设置为“自动获取地址”即可，DNS 服务器则通常设置为 ISP 的 DNS 服务器的 IP 地址。

例：共享上网无法浏览网页

用 Windows XP 系统的计算机做代理服务器后发现局域网中的其他电脑无法浏览网页，但是有数据流，还可以使用 QQ 等软件，网络中的各个机器也可以互访。代理服务器为双网卡，在网络配置向导中设置为“网络中的其他计算机通过本机上网”（通过 a 网卡接局域网），在共享属性中设置为“共享到网络中的 b 连接”（即第 2 张，为 b 网卡）。客户机设置为“通过网络中的其他电脑上网”，操作系统有 Windows 98/2000/XP，通过交换机连接。代理服务器接交换机的指示灯工作正常（a、b 网卡和宽带 Modem 连接），但客户机上的指示灯只是偶尔亮一下。在打开网页时，可以在状态栏看到“正在打开 XXXX 网页”，但很长时间都看不到网页，最后显示“网页无法显示”的提示。

解决措施：

① 可能是网线连接和 DNS 设置存在问题：做一条级联线，将 a 网卡直接连接到宽带 ADSL 上，其他不动。

② 设置其他客户机的 IP 地址为 192.168.0.2、192.168.0.3、192.168.0.4...，子网掩码设置为 255.255.255.0，设置每台客户机的网关地址为 192.168.0.1，设置 DNS 为你的 ISP 的 DNS 地址。

同时，也可以考虑一下代理服务器、网卡之间是否存在着冲突，调换一下 PCI 插槽、移除暂时不需要的外设等也对问题的解决有一定帮助。

5. 操作系统故障

操作系统故障也是导致故障发生的原因之一。用户对计算机设置的修改或删除，也往往会发生一些令人意想不到的访问错误。

6. 主机安全性故障

主机故障的另一种可能是主机安全故障。通常包括主机资源被盗、主机被黑客控制、主机系统不稳定等。排查方法：主机资源被盗，主机没有控制其上的 finger,RPC, rlogin 等服务。攻击者可以通过这些进程的正常服务或漏洞攻击该主机，甚至得到管理员权限,进而取得对磁盘所有内容有任意复制和修改的权限。主机被黑客控制,会导致主机不受操纵者控制,通常是由于主机被安置了后门程序所致。发现此类故障比较困难,一般可以通过监视主机的流量、扫描主机端口和服务、安装防火墙和加补系统补丁来防止可能的漏洞。主机系统不稳定,往往也是由于黑客的恶意攻击,或者主机感染病毒造成。通过杀毒软件进行查杀病毒,排除病毒的可能。或重新安装操作系统,并安装最新的操作系统的补丁程序和防火墙、防黑客软件和服务来避免因漏洞的产生所造成的恶性攻击。

上面通过一些例子对网络故障进行了分析和排除,但是网络中可能出现的故障总是多种多样,往往解决一个复杂的网络故障需要广泛的网络知识与丰富的工作经验。只有了解整个网络,了解网络的布线、电气环境、网络的基本工作原理等,才能正确、顺利地解决问题,减少网络故障的出现,尽快排除出现的故障。

四、结束语

本文提出了网络故障的分类方法和基于分层结构的分析故障和解决故障的方法,网络管理员在分析和排查网络故障时,应充分利用网络这种分层的特点,快速准确地定位并排除故障。但是每种故障都通过不同的现象表现出来,网络管理员平时要详细记录故障现象,多分析这些现象原因,发现问题所在,并找出故障排除方法,相信通过一段时间的积累,一定会在理论和实践上都得到提高。

致谢(省略)

参考文献:

[1] 张玉兰、张召贤. 组网技术与网络管理[M]. 第 3 版. 北京:清华大学出版社,2013.

[2] 罗琼. 常见网络故障类型及诊断分析[J]. 计算机光盘软件与应用,2013(10).

[3] 宋铁. 计算机常见网络故障与维护排除[J]. 数字化用户,2013(09).

[4] 孙瑞山. 常见网络故障的维护[J]. 电子制作,2013(10).

[5] 陈红卫. 常见的计算机网络故障及诊治方法[J]. 网络安全技术与应用,2013(09).

[6] 陈江. 浅谈计算机网络常见故障处理方法[J]. 数字技术与应用,2013(02).

[7] 周玉婉. 计算机网络常见故障及维护[J]. 价值工程,2013(14).

[8] 魏娜. 计算机网络维护中常见问题以及解决策略[J]. 计算机光盘软件与应用,2013(06).

5.4 "图书管理系统"的文档实现

摘　要

图书馆是图书资料存储和流通的主要场所,传统的用手工管理图书和用户借阅资料的效率很低,因此我设计开发了"图书管理系统",本文是此系统的开发设计文档。该文档完成了对图书管理系统的需求分析和功能模块划分。系统采用 Visual FoxPro 数据库开发工具,设计了七个主要的操作界面,实现了五个基本功能:系统登录功能、读者管理功能、书籍管理功能、借阅管理功能、系统查询功能。

【关 键 词】开发设计文档,书籍管理,借阅管理,读者管理,系统查询
【研究方向】软件工程
【论文类型】开发文档

目　录

前　言

通过这三年对计算机专业知识和软件开发知识的学习,我尝试编写一个小型的图书管理系统来提高我所学到的知识。因为在学校经常去图书馆,所以对图书管理系统的业务领域比较清楚,对此系统的功能有所了解。下面是我撰写的图书管理系统开发设计文档。

一、图书管理系统需求分析

1. 系统需求

一般中高等院校里都有图书馆,每年的图书数量在急剧增加,有关图书的信息量也在不断增长。面对庞大的信息量,就需要有图书管理系统来提高图书管理工作的效率。传统

的手工管理,其在管理过程上烦琐而复杂,执行效率低,并且易于出错。如果运用图书管理系统来管理图书,就可以做到信息的规范管理和快速查询,实现图书管理的系统化、规范化和自动化,这样不仅减少了管理工作量,还提高了管理效率,降低了管理成本。

2.用户需求

用户的需求可分为三个方面:

(1)图书馆工作人员通过图书管理系统来管理各类图书,使图书馆的各项工作能够有序地进行,从而满足学生的需求。

(2)读者能通过该系统查询图书馆中的各类图书,确定自己需要的书籍的借阅情况。

(3)能对系统数据库进行安全和全面地管理。

3.可行性分析

(1)技术可行性

随着软件技术的日益发展,许多中小企业已具备独立开发各种应用软件的能力,能够满足不同行业的需求。目前,市场上可以选购的应用开发软件很多,许多软件都可用作企事业单位的开发工具。例如:Microsoft 公司的 Visual Basic、Visual FoxPro、SQL Server 等,都可以方便快捷地开发各类应用软件。

(2)经济可行性

系统的开发不需要增加设备购置费、软件开发费、管理费和维护费用等。而且系统的开发可以较好地解决图书馆因日常事务繁杂而造成的处理效率低、出错率高的局面,并可以及时了解各项日常工作的进展情况,为及时调整库存资料提供可靠的数据支持,从而明确工作目标。同时还可以减少人工劳动、提高工作效率、增加书本流通量。

(3)操作可行性

本系统使用界面良好,易于操作。图书馆只需要有一些较高素质的员工,了解简单的软件应用知识,就可熟练操作本系统。

通过以上分析,图书管理系统的开发在经济上、技术上、操作上都是可行的。

4.功能需求

(1)读者管理的功能需求

①输入功能:能将读者的基本信息输入系统,包括读者借书证号、姓名、性别、班级、电话号码等基本信息。

②修改、添加功能:能对读者基本信息进行修改、添加,包括读者借书证号、姓名、性别、班级、电话号码等基本信息。

③查询功能:通过输入学号、姓名、借书证 ID 其中的一项,可以查询出某学生的基本信息。

(2)书籍管理的功能需求

①输入功能:能对书籍信息进行输入,包括书籍编号、书籍名称、书籍类别、作者姓名、出版社名称、出版日期、关键词、登记日期、备注信息等。

②添加、修改、删除功能:图书馆系统管理员将采购的图书入库分类处理,同时添加相关的图书资料信息,如果该书已有,则修改现有书籍的数量,如有图书丢失则删除相关的图书资料信息。

③查询功能：通过输入书名、作者、出版社其中的一项，可以查询出此书的基本情况以及图书的馆藏状况。

（3）借阅管理的功能需求

①输入功能：能对借书信息、还书信息进行输入，包括书籍编号、读者编号、读者姓名、书籍名称、借书日期、还书日期、备注信息等。

②查询、修改功能：可以对借书信息、还书信息进行查询、修改。可以查询已借过哪些书籍，哪些书籍还未归还，如果借阅信息错误还可以进行修改。

（4）系统管理的功能需求

每位管理员能够设置自己的登录密码，保护用户资料。

5. 系统数据管理需求

（1）每年新生报到的时候，图书馆系统管理员要给每一位新生建立个人信息档案，办理图书借阅证。学生的个人档案包括学生的学号、姓名、性别、班级、年级、所属专业、电话号码。

（2）学生毕业的时候，图书馆系统管理员要及时对每位学生的信息进行删除。

（3）每次新进图书的时候，图书馆系统管理员要对每本图书的信息进行管理和录入，以方便读者借阅。图书的基本信息有：书名、作者、出版社、出版日期和图书的使用状态。

（4）图书被读者借阅的时候，每本书只允许被一个读者借阅。

（5）当图书被损坏或图书出馆时，图书馆系统管理员要及时修改相应的图书信息。

（6）系统还应该提供强大的数据管理、查询等功能。

6. 界面需求

本系统主要是设计用户的使用界面，使其尽量具有兼容性好、速度快、功能强的特点，可让程序运行变得相对简单和方便，只根据功能提示，用户就可以简便地正确操作。界面简洁、美观，风格统一，操作便利，能够方便地进行人机交互。

7. 安全性需求

每位用户根据自己的身份，进入相应的用户界面。管理员拥有所有的管理权限，普通用户只能进行一般的查询，所以本系统安全性很高。

二、总体设计

本系统总共有四大功能：借阅管理功能、读者管理功能、书籍管理功能、系统管理功能。系统设计的思路是：先根据功能需求确定系统的模块结构图，再根据各功能模块的任务划分确定子系统的模块结构图。最后，设计本系统所操作数据的数据库及其表结构。

1. 系统功能模块设计

图书管理系统的功能模块结构如图 1 所示。

借阅管理模块如图 2 所示。

书籍管理模块如图 3 所示。

读者管理模块如图 4 所示。

系统管理模块如图 5 所示。

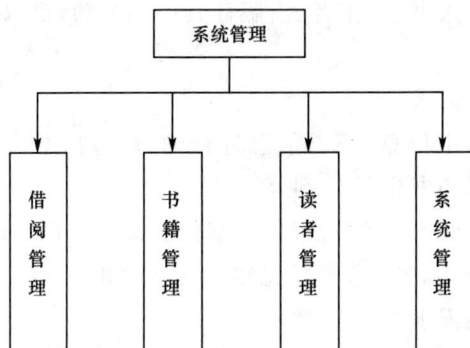

图 1　图书管理系统的模块结构图

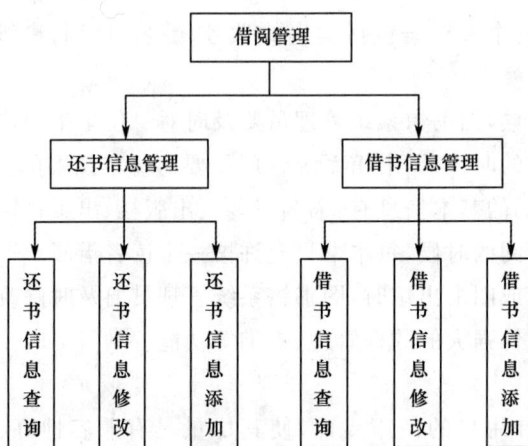

图 2　借阅管理模块结构图

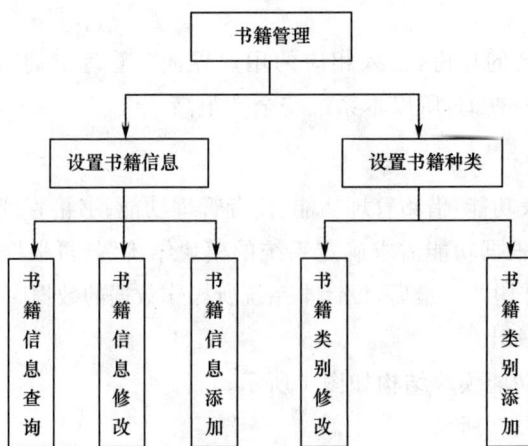

图 3　书籍管理模块结构图

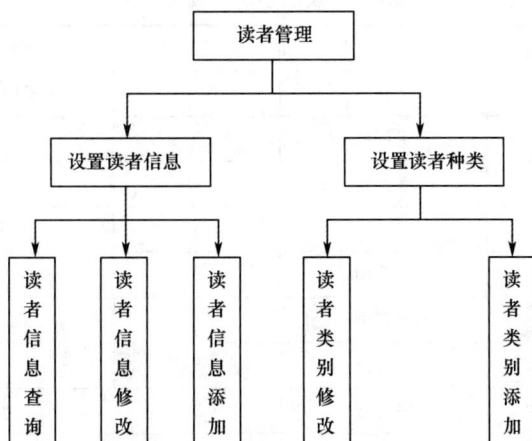

图 4　读者管理模块结构图

图 5　系统管理模块结构图

2. 数据库与表结构设计

本系统运用 Visual FoxPro 数据库编写，系统包含四张二维表。读者信息表（student. dbf），图书目录表（mulu. dbf），借阅信息表（jieyue. dbf）以及管理员表（guanliyuan. dbf）的字段名及其约束分别在表 1~4 中一一列出。

表 1　　　　　　　　　　　　student. dbf 表的字段名及其约束

序号	字段名	数据类型	字段长度	索引	是否为空
1	借书证 ID	字符型	5	主索引	否
2	姓名	字符型	8		否
3	性别	逻辑型	1		否
4	出生日期	日期型	8		否
5	班级	字符型	20		否
6	联系电话	字符型	11		否
7	登记日期	日期型	8		否
8	有效期	字符型	7		否
9	已借书数	整型	4		否
10	是否挂失	逻辑型	1		是

表 2   **mulu.dbf 表的字段名及其约束**

序号	字段名	数据类型	字段长度	索引	是否为空
1	图书编号	字符型	8	主索引	否
2	条形码	字符型	8		否
3	书名	字符型	50		否
4	图书类型	整型	4		否
5	作者	字符型	8		是
6	出版社	字符型	50		是
7	价格	货币型	8		是
8	书架名称	字符型	20		否
9	现存量	整型	4		否
10	操作员	字符型	10		是
11	简介	字符型	200		是
12	是否注销	逻辑型	1		是

表 3   **jieyue.dbf 表的字段名及其约束**

序号	字段名	数据类型	字段长度	索引	是否为空
1	借书证 ID	字符型	5	主索引	否
2	条形码	字符型	8	候选索引	否
3	图书编号	字符型	8		否
4	姓名	字符型	8		否
5	借阅时间	日期型	8		否
6	应还时间	日期型	8		否
7	续借次数	整型	4		否
8	操作员	字符型	10		是

表 4   **guanliyuan.dbf 表的字段名及其约束**

序号	字段名	数据类型	字段长度	索引	是否为空
1	管理员 ID	字符型	3	主索引	否
2	管理员姓名	字符型	8		否
3	管理员密码	字符型	8		否

三、详细设计

1. 系统界面设计

本系统共设置了 7 个系统主界面,在各个主界面上放置了相应的功能命令按钮,并在这些按钮的(Click)事件中处理所要实现的功能。

登录系统的界面如图 6 所示。

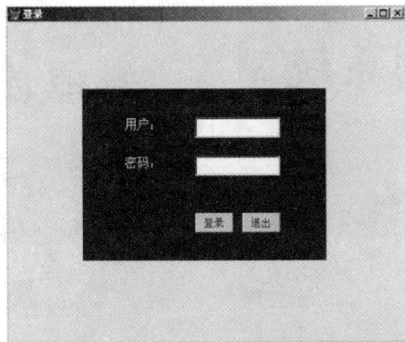

图 6　登录系统的界面

图书管理系统的主界面如图 7 所示。

读者管理系统的主界面如图 8 所示。

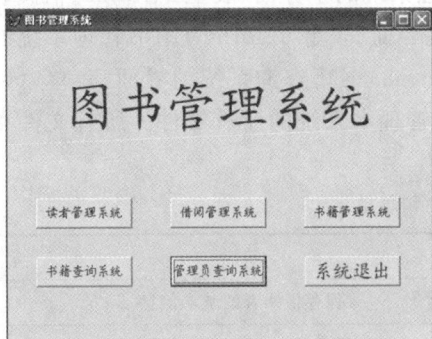

图 7　图书管理系统的主界面

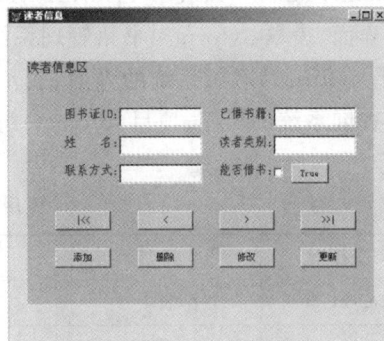

图 8　读者管理系统的主界面

借阅管理系统的主界面如图 9 所示。

书籍管理系统的主界面如图 10 所示。

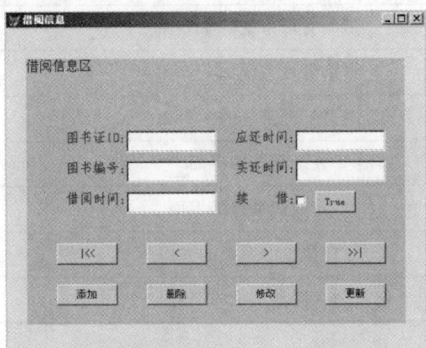

图 9　借阅管理系统的主界面

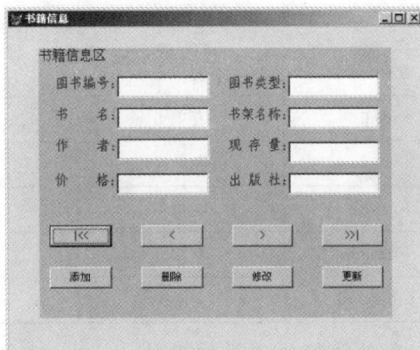

图 10　书籍管理系统的主界面

书籍查询系统界面如图 11 所示。

管理员查询系统界面如图 12 所示。

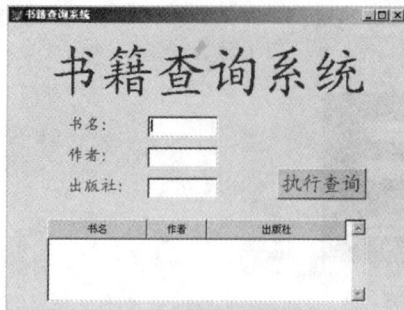

图11　书籍查询系统界面　　　　　　图12　管理员查询系统界面

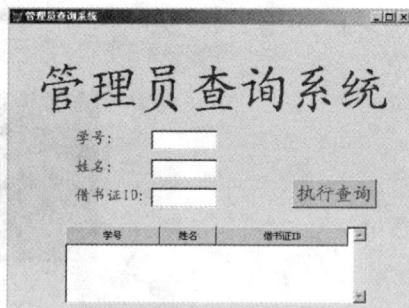

2.系统使用的主要文件

系统使用的主要文件和表单有:表1(student. dbf)、表2(mulu. dbf)、表3(jieyue. dbf)、表4(guanliyuan. dbf)、表单1(form1)读者管理系统的主界面、表单2(form2)借阅管理系统的主界面、表单3(form3)书籍管理系统的主界面、表单6(form6)图书管理系统的主界面、表单7(form7)登录系统的界面、表单8(form8)书籍查询系统的界面、表单9(form9)管理员查询系统的界面、项目(project)组织和管理本系统的所有文件。所有文件和表单见表5。

表5　　　　　　　　　　　　　　使用的文件和表单

文件名	类型	功能
student	表1	保存借阅者的基本信息
mulu	表2	保存所有书籍的基本信息
jieyue	表3	保存借书、还书的所有数据
guanliyuan	表4	保存管理员的基本信息
form1	表单1	读者管理系统的主界面
form2	表单2	借阅管理系统的主界面
form3	表单3	书籍管理系统的主界面
form6	表单6	图书管理系统的主界面
form7	表单7	登录系统的界面
form8	表单8	书籍查询系统的界面
form9	表单9	管理员查询系统的界面
project	项目	组织和管理本系统的所有文件

3.各功能模块的详细设计

(1)登录系统模块

在"登录"对话框中输入用户姓名和密码,用这些信息可识别用户的身份及软件的操作权限。单击"登录"按钮(command1)后,就会对用户身份进行认证,如果密码输入正确,就会弹出表单6,进入图书管理系统主界面。如果密码输入不正确,系统就会弹出"密码错误,请重新输入密码"对话框,单击"确定"按钮,光标重新定位于"密码"输入框。需要注意的是,密码如果录入不正确,无权对该软件进行操作。单击"退出"按钮,退出系统登录界面。

(2)图书管理系统模块

在图书管理系统主界面中,用户单击"读者管理系统"按钮(command5)后,弹出表单1,进入读者管理系统。单击"借阅管理系统"按钮(command1)后,弹出表单2,进入借阅管理系统。单击"书籍管理系统"按钮(command6)后,弹出表单3,进入书籍管理系统。单击"系统退出"按钮(command4)后,退出图书管理系统主界面。

(3)查询管理系统模块

本模块分为两个查询系统,一个为"书籍查询系统",当用户在图书管理系统主界面上单击"书籍查询系统"按钮(command3)后,弹出表单8,进入书籍查询系统。另一个为"管理员查询系统",当用户在图书管理系统主界面上单击"管理员查询系统"按钮(command2)后,弹出表单9,进入管理员查询系统。

(4)图书管理系统子模块的设计

①读者管理系统模块

在"读者信息"窗体中可以对读者信息进行维护操作,例如浏览读者信息、添加记录和删除记录等。管理员可以直接在界面上修改读者信息,最后单击"更新"按钮(command9),修改好的数据直接被更新。

②借阅管理系统模块

处理阅读者借书模块:

该模块主要是处理阅读者借书业务,在图书馆管理员输入读者信息的时候,系统会根据读者文件对该读者进行查询,看看是否存在该学生,如果不存在,则系统给出警告信息:该读者不存在;如果该读者存在,那么接受借书,更新借书文件,在显示器上面显示借书成功。

处理阅读者还书模块:

该模块主要是处理阅读者还书业务,在图书馆管理员输入要还的图书字段时,系统会在借书文件中查找该图书信息,之后对借书文件、读者文件中的该读者已借书数和图书目录文件进行更新;然后在借书文件中提取读者数据,根据图书的还书日期和借出日期对学生的欠款金额进行计算,如果没有超期,则欠款金额在原来的基础上加 0;之后将结果显示出来。

③书籍管理系统模块

书籍管理系统模块主要针对采购新书之后的处理,当采购到新书后,系统对采购的新书进行添加修改。如果书籍丢失或损坏,系统进行修改或删除。

④书籍查询系统模块

书籍查询系统模块主要是对图书信息的查询,针对读者和图书馆管理人员两个不同的对象。查询子系统主要是让用户了解信息,所以不需要进行用户密码登录,直接可以进行查询。而管理模块是涉及图书馆内部的重要信息管理方面,所以必须要设置用户登录密码和权限等,以保证数据的安全性和系统的安全性。当用户输入书名(text1)、作者(text2)、出版社(text3)后,单击"执行查询"按钮(command1),将弹出表单(form4)上放置的数据表 mulu.dbf 中所要查询的数据相对应的值,如果表中显示无数据,那么说明图书馆中没有此书籍。

⑤管理员查询系统模块

管理员查询系统模块主要是对读者信息以及借阅信息的查询,当管理员输入学号(text1)、姓名(text2)、图书证ID(text3)后,单击"执行查询"按钮(command1),将弹出表单(form5)上放置的数据表 student. dbf 和 jieyue. dbf 所链接的数据相对应的值,如果表中显示无数据,那么说明此读者不存在。

四、结束语

在这几个月的时间里,我通过从网上找资料、翻阅书籍,不断地学习和补充,最终完成了这个图书管理系统。因为自己所学的知识不够扎实,没能很好地掌握 Visual FoxPro 数据库语言,所以在做的过程中有很多的困惑。但总的来说,通过自己不懈的努力,最终完成了这次毕业论文,也让我更进一步加深了对软件工程的认识。由于时间比较仓促,个人水平有限,所以该系统有很多不完善的地方,希望能在以后的学习中进一步改善。

致谢(省略)

参考文献:

[1] 邱虹坤、孙玉霞. Visual FoxPro 程序设计教程[M]. 北京:清华大学出版社,2013.

[2] 王爱珍. Visual FoxPro 程序设计教程[M]. 北京:电子工业出版社,2013.

[3] 赵晓亮. 图书管理系统查询模块实现[J]. 中国管理信息化,2013(11).

[4] 段科岑. 基于 VB 的大学图书管理系统的设计[J]. 商,2013(04).

[5] 徐树坚. 高校图书管理系统应用分析研究[J]. 电脑与电信,2013(05).

[6] 李秋娟,蔡桂清. 高校图书管理系统的设计与应用[J]. 硅谷,2013(04).

[7] 向玉英. 学校图书管理系统的功能使用[J]. 成才之路,2013(25).

5.5　精品课论坛开发

摘　要

本人在《Visual FoxPro 程序设计》精品课程网站的基础上开发了 VF 课程论坛,本文是此论坛开发的设计说明书。在开发过程中主要依照软件工程的方法,利用 Delphi 7.0 中的工具 IntraWeb 进行开发。首先进行了可行性研究和需求分析,确定了论坛应实现的几个目标。然后通过系统层次模块图进行总体设计,并且进行了概念设计和数据库设计。在详细设计部分,主要针对用户界面、用户登录模块、用户注册模块、发帖模块、回复模块、加密模块和导航模块进行了主要代码的设计,实现了论坛主要的功能。

【关 键 词】课程论坛,开发设计,IntraWeb,Delphi 7.0,网络服务

【研究方向】软件工程

【论文类型】开发设计型

目　录

前　言

《Visual FoxPro 程序设计》精品课程已经有了教学网站,可以解决学习过程中的部分问题。但是,有很多学习上的细节问题需要解决,课堂时间有限,下课后,老师和我们见面的机会更少。这样的解决问题方法,大大降低了学习效率和老师的讲课效率。

本文是在教学网站的基础上开发课程网站的论坛,通过课程论坛这个平台,同学们可以提出自己在课程中遇到的问题,老师可以随时通过网络对学生进行辅导答疑。与此同时,可以方便同学们互相交流学习心得,在解决问题的同时提高学习兴趣,达到一举多得的效果。

开发论坛的主要工具是 Delphi 7.0 中的 Web 开发套件 IntraWeb。

IntraWeb 是 Delphi 自带的一套 Web 开发框架,它由 Atozed Software 公司在 2002 年制作,并完美地植入 Delphi 7.0 中。IntraWeb 同以往所有的 Web 开发框架相比,是一个革命性的产品,特点如下:

(1)完全支持所见即所得的开发方式,同标准的 Windows 程序开发几乎一模一样,只要在窗体上放置编辑框、按钮、组合框、标签等可视化控件,运行程序后所获得的网页和设计时所看到的效果完全一致。

(2)另外 IntraWeb 同 Asp. net 的 WebForm 的开发方式非常类似,也支持各类 Server 端事件,如 Button 的 OnClick 事件等。只要学过标准 Windows 开发,学习 IntraWeb 开发没有任何学习困难,甚至可以不需要有任何的 HTML、XML、JavaScript 等网站编程知识,只需要懂得 Delphi 就足够了。

(3)在 IntraWeb 中集成了一个小巧的 Http Server,可以方便地进行 Web 程序跟踪调试排错,它比 Borland 的 PP debugger 运行速度要快、更稳定。

(4)支持简单直观的 Session 操作。

(5)由于 IntraWeb 是基于 Delphi 的,它可以使用 VCL 来简单地开发控件,使得 IntraWeb 的控件数量巨大,对于简单的网站,IntraWeb 只需要拖入控件进行简单设置即可完成。

一、可行性研究及需求分析

1.可行性研究

(1)技术上的可行性

论坛的开发主要需要以下技术:

① IntraWeb 创建基于 Web 的应用程序

许多基于 Web 的开发工具都要求开发者有 CGI 脚本的知识,同时也要求开发者有状态跟踪以及复杂的客户端配置。IntraWeb 避免了这些。通过使用 Delphi 中的组件,简单地创建一个应用程序项目,之后,注册到服务器上,客户就可以利用兼容 HTML 的任何一种浏览器来访问这个应用程序。

② IIS 的工作原理

Microsoft IIS(Internet Information Services)是允许在公共 Intranet 或 Internet 上发布信息的 Web 服务器。IIS 可以通过使用超文本传输协议(HTTP)发布网页信息。还可配置 IIS 以提供文件传输协议(FTP)和 gopher 服务。FTP 服务允许用户从 Web 节点或到 Web 节点传送文件。在论坛开发的过程中需要理解 IntraWeb 是如何通过 IIS 的 HTTP 服务来进行信息交流的。

(2)硬件要求

《Visual FoxPro 程序设计》精品课程论坛,主要提供关于课程学习的交流平台,因此主要限定的用户类型为本校的学生和老师,用户数量较少,一般每学期不多于 4 个教学班,共计 200 人,可以使用小型的 Http Server 来提供服务。根据学院现有的设备,可直接将做好的系统封装成 DLL 供 IIS 调用,需要的硬件设备主要是能够接入校园网的服务器,该服务器需要使用 Windows Server 操作系统,并且安装 IIS。由于论坛服务属于 24 小时不间断运行,需要安全防护,因此,最好能将服务器放置在有人值班的房间,推荐放置在学院的网络中心机房。

2.论坛应实现的几个目标

(1)实现论坛的发帖及回复功能

发布信息是论坛的基本功能,分为发帖与回复两部分,发帖需要有标题、内容、发帖时间、发帖人的信息,回复要有回复时间、回复内容和回复人的信息。

（2）能够建立用户名及密码

用户名是在网络上代表个体的名字，因此，在发布信息的时候需要用户名对信息的内容进行标识。用户名需要用密码来进行保护。

（3）对数据能够进行加密和压缩，实现数据保护

由于论坛用户为校内用户，因此使用 Access 数据库能够满足应用需求。在数据保存过程中，使用加密模块和压缩模块进行数据的保护，同时减小数据存储的空间。

（4）提供导航支持

在用户使用过程中可通过导航方便地在各个页面之间进行切换。

3.需求分析

（1）数据需求

数据需求是指在论坛开发过程中需要的各种数据的定义及描述，主要包含三个部分：

数据流条目；

数据流图（Data Flow Diagram，DFD）；

数据字典（Data Dictionary，DD）。

① 数据流条目

权限＝权限＋姓名

登录用户＝用户名＋用户密码

发帖＝用户帐号＋发帖时间＋发帖标题＋发帖内容

回复＝用户帐号＋发帖时间＋发帖内容

② 数据流图（DFD）

用户注册 DFD（如图 1 所示）：

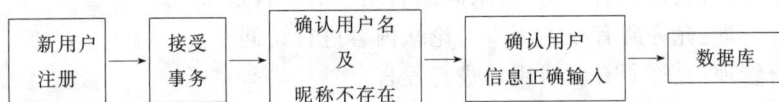
图 1　用户注册

发帖的 DFD（如图 2 所示）：

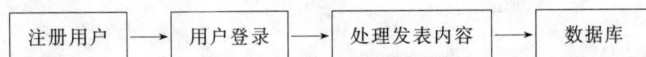
图 2　发帖的 DFD

回复的 DFD（如图 3 所示）：

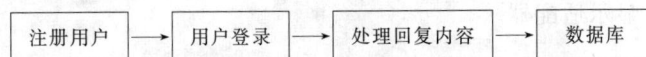
图 3　回复的 DFD

浏览的 DFD（如图 4 所示）：

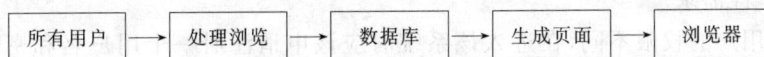
图 4　浏览的 DFD

查询的 DFD(如图 5 所示):

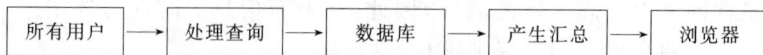

```
所有用户 → 处理查询 → 数据库 → 产生汇总 → 浏览器
```

图 5　查询的 DFD

③ 数据字典(DD)(见表 1)

表 1　　　　　　　　　　　　　　　　**数据字典 DD**

名字:用户编号 别名: 描述:唯一地标识每一个用户的关键字 定义:用户编号＝1{ Long Integer }32767 位置:新用户注册 　　　发帖	名字:发帖编号 别名: 描述:标识每一主帖的关键字 定义:发帖编号＝1{Long Integer} 2,147,483,647 位置:发帖 　　　回复
名字:回复编号 别名: 描述:标识每一本图书的写作者 定义:标识每一主帖的关键字 定义:回复编号＝1{Long Integer} 2,147,483,647 位置:回复 　　　查询	名字:发帖标题 别名: 描述:标识主帖内容的文字描述 定义:发帖标题＝1{nvarchar}255 位置:查询

(2)功能需求

对于本系统,需要实现以下基本功能:

① 权限管理:允许注册新用户,限制匿名用户的发言权限。

② 阅读管理:允许所有校内用户对论坛内容进行访问。

③ 发言管理:允许所有注册用户进行发言。

④ 查询管理:允许所有用户对内容按标题进行查询。

(3)性能需求

系统的运行对运行环境还有一些要求:

① 硬件环境

处理器:Intel Pentium Xeon 或更高

内存:256 MB

硬盘空间:1 GB

显卡:SVAG 显示适配器

② 软件环境

操作系统:Windows 2000 Server＋IIS

数据库:Access 文件数据库

(4)安全性需求

考虑到用户的权限不同,在进入该系统时应该申请注册一个用户名和密码,并完整地填写相关信息,同时存入数据库表中,这样就可以获得发言的权限。网络服务的安全性主要依赖学校服务器的安全保护,因此只对发言的内容进行加密压缩。

(5)一致性需求

由于在论坛系统相关的表之间有较强的关联性,因此为了实现一致性的需求,在系统内部的事物处理上建立一致性约束。

(6)完整性需求

根据论坛系统的要求,为保持数据的完整性,采用了数据库的事务机制,防止出现操作故障。

二、总体设计

1. 系统层次模块图

"VF 精品课论坛"可以分为六个模块:用户注册模块、发帖模块、回复模块、查询模块、导航模块、加密压缩模块。如图 6 所示,这是一个本系统的主要模块功能树结构。

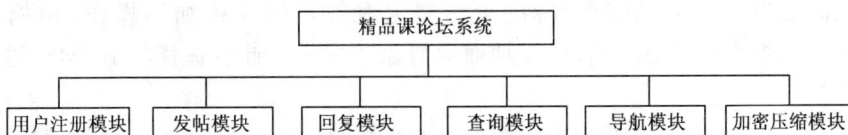

图 6 "VF 精品课论坛"主要模块功能树

2. 概念设计

概念设计简单来说就是目前实现不了的设计,是一种还在概念之中、属于一种构想的设计方案,目的是通过概念设计对问题的认识更加深入。概念设计主要使用 ER 图(Entity-Relationship)进行问题的分解和细化。

(1)设计局部 ER 模型

实体和属性的定义:

用户(用户名,用户密码)

主帖(序号,标题,作者,发帖时间,发帖内容,回复次数)

回复帖(序号,标题,作者,发帖时间,发帖内容,主帖 ID)

(2)ER 模型的"联系"用于刻画实体之间的关联

一种完整的方式是对局部结构中任意两个实体类型,依据需求分析的结果,考察它们之间是否存在联系。若有联系,进一步确定是 1:N、M:N 还是 1:1 等。还要考察一个实体类型内部是否存在联系,两个实体类型之间是否存在联系,多个实体类型之间是否存在联系等。联系定义如下图 7 所示。解释如下:

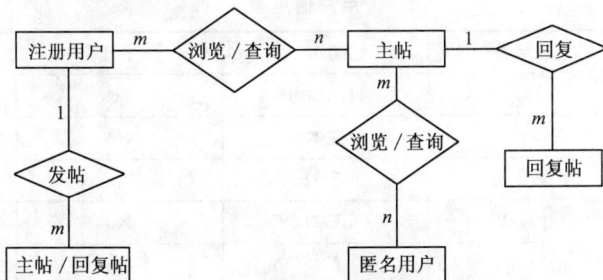

图 7 "VF 精品课论坛"ER 模型

① 所有注册用户具有发帖、回复、浏览和查询的权限;

② 所有匿名用户只有浏览和查询所有帖子的权限;

③ 只有在主帖存在的情况下才能有回复帖。

3.数据库设计

数据库设计主要是进行数据库的逻辑设计,即将数据按一定的分类、分组系统和逻辑层次组织起来,是面向用户的。数据库设计时需要综合企业各个部门的存档数据和数据需求,分析各个数据之间的关系,按照 DBMS 提供的功能和描述工具设计出规模适当、正确反映数据关系、数据冗余少、存取效率高、能满足多种查询要求的数据模型。

(1)数据库设计的步骤

① 数据库结构定义:目前的数据库管理系统(DBMS)有的是支持联机事务处理CLTP(负责对事务数据进行采集、处理、存储)的操作型 DBMS,有的是可支持数据仓库、有联机分析处理 CLAP(指为支持决策的制定对数据的一种加工操作)功能的大型DBMS,有的数据库是关系型的,可支持面向对象数据库。针对选择的 DBMS,进行数据库结构定义。

② 数据表定义:指定义数据库中数据表的结构,数据表的逻辑结构包括属性名称、类型、表示形式、缺省值、校验规则、是否有关键字、可否为空等。关系型数据库要尽量按关系规范化要求进行数据库设计,但为提高效率,规范化程度应根据应用环境和条件来决定。数据表设计不仅要满足数据存储的要求,还要增加一些如反映有关信息、操作责任、中间数据的字段或临时数据表。

③ 存储设备和存储空间组织:确定数据的存放地点、存储路径、存储设备等,备份方案,保证多版本一致性和数据的完整性。

④ 数据使用权限设置:针对用户的不同使用要求,确定数据的用户使用权限,确保数据安全。

⑤ 数据字典设计:用数据字典描述数据库的设计,便于维护和修改。

(2)数据表定义

① 名称:用户信息表。

表名称标识:Users

数据来源:通过用户注册模块进行录入

用户信息表见表2。

表 2　　　　　　　　　　　　　　　用户信息表

名称	字段名称	类型	主键	非空
标识	Id	自动编号	Yes	Yes
用户名	Name	文本	No	Yes
用户密码	UserPwd	OLE 对象	No	Yes
历史密码	oldPassW	OLE 对象	No	Yes
昵称	nickname	文本	No	Yes
提示问题	question	OLE 对象	No	No

名称	字段名称	类型	主键	非空
提示答案	answer	OLE 对象	No	No
邮政编码	post	OLE 对象	No	No
所在地区	area	OLE 对象	No	No
Email	email	OLE 对象	No	Yes
OICQ	oicq	OLE 对象	No	No
个人说明	remark	OLE 对象	No	No
注册时间	regdatetime	日期/时间	No	Yes
点数	point	数字	No	No

② 名称：主帖存储表。

表名称标识：LettersQ

数据来源：通过发帖模块进行录入

主帖存储表见表 3。

表 3　　　　　　　　　　　主帖存储表

名称	字段名称	类型	主键	非空
标识	Id	数字	Yes	No
标题	Subject	文本	No	Yes
发帖人	UserFrom	文本	No	No
发帖内容	Content	OLE 对象	No	Yes
发帖时间	upDateTime	日期/时间	No	Yes
回复次数	replytime	文本	No	No

③ 名称：回复帖存储表。

表名称标识：LettersReply

数据来源：通过回复模块进行录入

回复帖存储表见表 4。

表 4　　　　　　　　　　　回复帖存储表

名称	字段名称	类型	主键	非空
标识	Id	数字	Yes	Yes
发帖时间	upDateTime	日期/时间	No	Yes
发帖人	UserFrom	文本	No	Yes
主帖编号	Parent	文本	No	Yes
发帖内容	Content	OLE 对象	No	Yes

三、详细设计

1. 后台服务启动的界面效果

IntraWeb 中集成了一个小巧的 Http Server，在这里可进行 Web 程序跟踪调试排错。在开发测试时，要使用 Alone 模式进行测试，这时需要编译为 .exe 可执行文件，因此将 IWProject. dpr 文件中的标识定义为 program IWProject,并且在 uses 单元使用 IWInitStandAlone,即使用 Alone 模式。

在完成测试后需要将 IWProject. dpr 文件中的标识定义为 library IWProject;,并且在 uses 单元使用 IWInitISAPI,即使用 ISAPI 模式,在 IIS 中发布。编译后运行服务端程序,如图 8 所示为在测试状态下下的服务端运行界面。

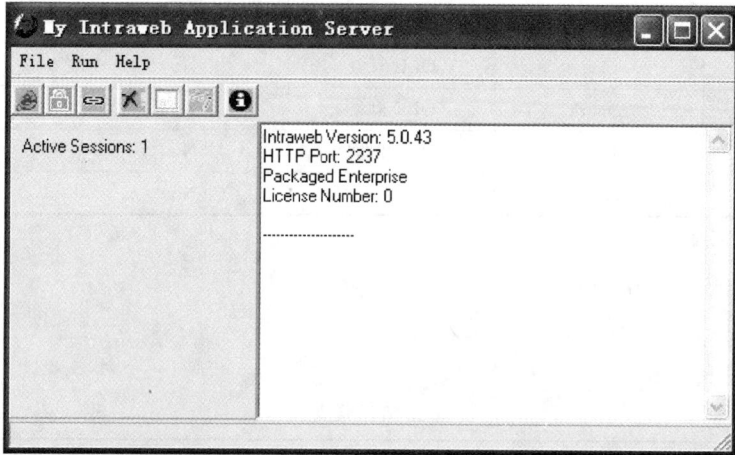

图 8　测试状态下服务端运行界面

2. 客户端启动的界面效果

客户端使用 IE 浏览器,在服务端配置完成后,在地址栏中输入服务器的 IP 地址即可访问论坛,十分方便。如 9 所示为客户端测试启动的界面。客户端启动后直接进入到登录模块,等待用户登录。

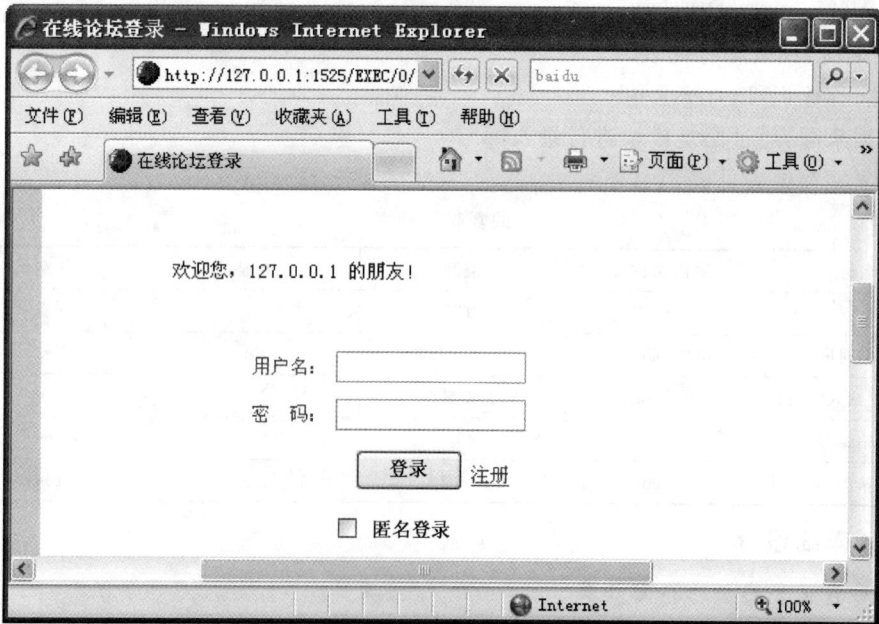

图 9　客户端测试启动的界面

3.用户登录模块(login.dfm)

在使用论坛时,需要先对用户进行身份认证,所以需要用户登录模块,用户登录模块包含以下几个部分:

(1)显示用户 IP 地址

论坛主要提供给校内用户使用,因此需要获取客户 IP 地址,并进行判断,主要代码如下:

```
procedure TloginF.IWAppFormCreate(Sender:TObject);
const
Ips='1921680';                                   //对 192.168.0 到 192.168.2 网段进行示范
Ipe='1921682';
Var
Ip:string;
I:integer;
S:string;
StringList:TStringList;
begin
  enab.qe:=false;
  enab.ipnon:=false;
  TStringList.Create;
  Ip:=webapplication.ip;                          //获取客户端 IP 地址
  StringList:=TStringList.create;
  ExtractStrings(['.'],[],PChar(Ip),StringList);
  for i:=0 to 2 do                                //获取 IP 地址中的前三个部分
  begin
    S:=S+ stringlist[i];
    end;
  If (strtoint(Ips)<= strtoint(S)) and (strtoint(S)<= strtoint(Ipe)) then
  LabelIP.Caption:='欢迎您,'+webapplication.ip+' 的朋友! '
    //对地址进行判断,若在限定范围内则提供服务,否则退出
  else
  begin
    LabelIP.Font.Color:=clred;
    Lname.Visible:=False;
    LPass.Visible:=False;
    iweuser.Visible:=False;
    iwepass.Visible:=False;
    IWButton1.Enabled:=False;
    IWButton1.visible:=False;
    IWLink1.visible:=False;
    Check.Visible:=False;
    LabelIP.Caption:='本论坛只对校内用户服务,请见谅! ';
```

```
    Exit；
  end；
dm. Conn. Connected：＝enab. qe；
dm. AT. TableName：＝'users'；
dm. AT. Active：＝true；
dsusers. DataSet：＝dm. AT；
enab. qe：＝false；
end；
```

用户登录模块界面如图 9 所示。

(2)用户身份验证 IPO 图,如图 10 所示

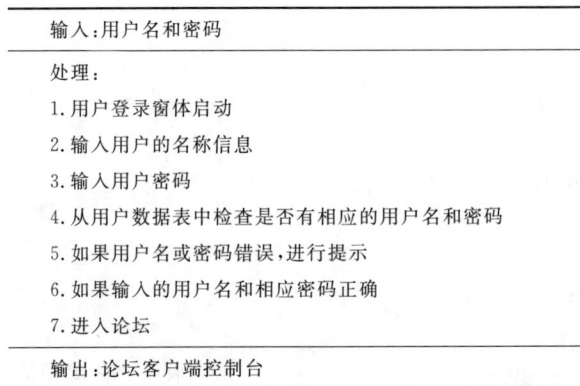

输入：用户名和密码
处理：
1.用户登录窗体启动
2.输入用户的名称信息
3.输入用户密码
4.从用户数据表中检查是否有相应的用户名和密码
5.如果用户名或密码错误,进行提示
6.如果输入的用户名和相应密码正确
7.进入论坛
输出：论坛客户端控制台

图 10　用户身份验证 IPO 图

4.用户注册模块(userinfo. dfm)

用户只有在注册的情况下才能进行发帖的操作,因此需要用户注册模块以搜集用户信息。用户注册模块当中需要对部分用户信息进行加密,加密的操作是在服务端完成。

在用户注册过程中还需要对信息的唯一性进行检查,保证用户名不能重复。

下面是主要代码：

(1)注册信息完整性检查

```
procedure TuserinfoF. submitClick(Sender：TObject)；    //检查注册信息的完整性
begin
dm. AT. Active：＝true；
dm. AT. ReadOnly：＝false；
if iwname. Text＝'' then
    WebApplication. showmessage('请输入姓名！')
    else
if (iwpass. Text<>iwrpass. Text) or (iwpass. Text＝'') or (iwrpass. Text＝'') then
    //检查密码是否正确
    WebApplication. showmessage('密码或确认密码出错！')
    else
if dm. at. Locate('name',iwname. Text,[]) then
    //匹配用户名,若同则警告
```

webApplication. showmessage('此用户名已经存在！')
    else
if dm. at. Locate('nickname',iwedit5. Text,[ ]) then
    //匹配昵称,若相同则警告
    webApplication. showmessage('此用昵称已经存在！')
    else
if (IWEdit6. Text='') or (IWEdit7. text='') then
    //检查密码提示问题与答案是否为空
    webApplication. showmessage('密码提示问题与回答必填！')
    else
    begin   //若所有信息填写正确,则开始写入数据库
    with dm do
    begin enab. key:=Iwmemo1. text+datetimetostr(now)+Iwedit6. text+Iwedit10. text;
        at. Append;
        at. FieldByName('remark'). value:=compress(Iwmemo1. text);
        at. FieldByName('regdatetime'). AsString:=datetimetostr(now);
        at. FieldByName('Email'). value:=compress(Iwedit10. text);
        at. FieldByName('name'). AsString:=Iwname. text;
        at. FieldByName('passW'). AsString:=keyin(Iwpass. text);
        at. FieldByName('nickname'). AsString:=Iwedit5. text;
        at. FieldByName('question'). value:=compress(Iwedit6. text);
        at. FieldByName('answer'). AsString:=compress(Iwedit7. text);
        at. FieldByName('area'). AsString:=compress(Iwedit8. text);
        at. FieldByName('post'). AsString:=compress(Iwedit9. text);
        at. FieldByName('oicq'). AsString:=compress(Iwedit11. text);
        at. Post;   //提交到数据库
        at. Close;   //数据库写入结束
    end;
move(TloginF);
    WebApplication. showmessage('注册成功,请登录！');
    end;
end;

（2）用户名唯一性检查
procedure TuserinfoF. checkUClick(Sender：TObject);
begin
    if IWname. Text<>'' then
    begin
    if not dm. at. Locate('name', trim(IWname. Text), [ ]) then
        //检查用户名是否已经存在
        WebApplication. ShowMessage('此用户名还未注册,请继续！')
    else

```
        WebApplication. ShowMessage('很遗憾,此用户名已经被注册!');
end else
        WebApplication. showmessage('请输入姓名!');
end;
```

用户注册模块界面如图 11 所示:

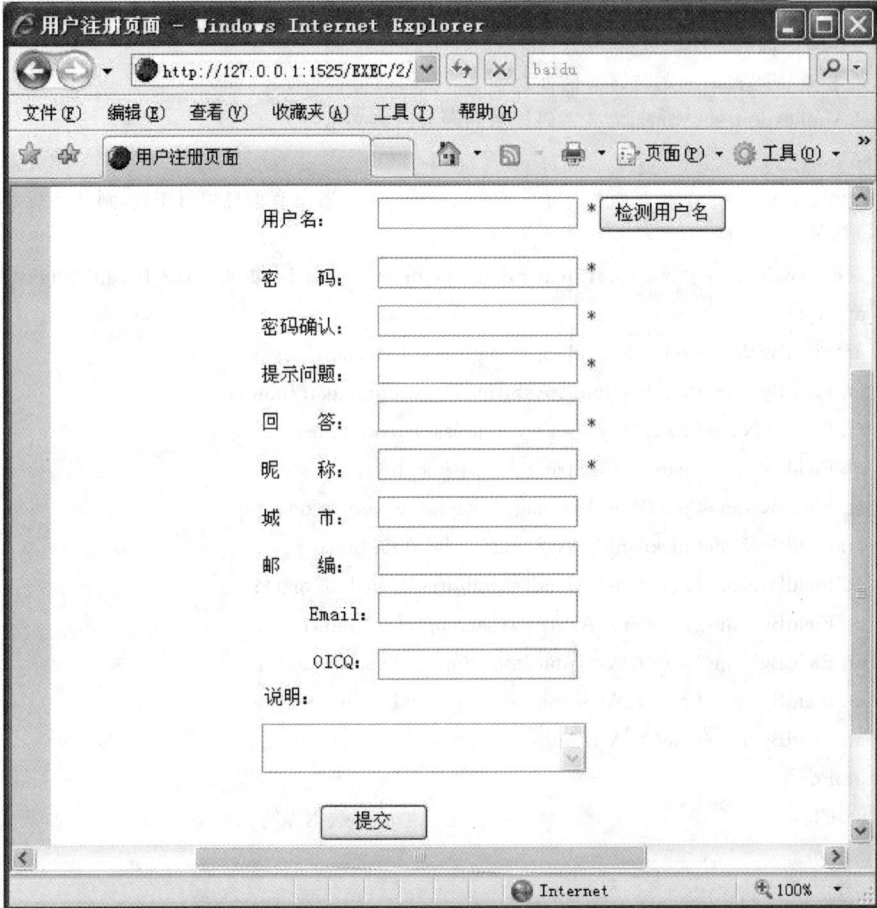

图 11   用户注册模块界面

用户身份注册 IPO 图如图 12 所示:

输入:用户相关信息
处理:
1. 用户登录窗体启动
2. 输入用户名信息。可对用户名进行冲突检测
3. 对必填数据进行检测
4. 如果数据输入错误,在提交时进行提示
5. 如果输入的用户名和相应密码正确,则在提交时保存数据
输出:数据库,users 表

图 12   用户身份注册 IPO 图

5. 发帖模块(question. dfm)

发帖是在注册用户登录后进行的,发帖主要包括录入标题和内容,最后点提交即可。在提交前,系统会判断是否标题或内容为空,目的是防止灌水行为。以下是发帖模块的主要代码:

```
procedure TquestionF. IWButton1Click(Sender: TObject);
begin
if (iwedit1. Text<>') and (iwMemo1. Text<>') then //提交前首先判断标题或内容是否为空
  begin                                          //若内容符合规则,则开始写入数据
    dm. Conn. Connected:=true;
    dm. atgrid. Active:=true;
    dm. atgrid. Append;
    dm. atgrid. FieldByName('id'). value:=dm. atgrid. RecordCount+1;
    dm. atgrid. FieldByName('UserFrom'). Value:=enab. ipname;
    dm. atgrid. FieldByName('subject'). Value:=iwedit1. Text;
    dm. atgrid. FieldByName('Content'). Value:=compress(Iwmemo1. Text);
    dm. atgrid. FieldByName('upDateTime'). Value:=datetimetostr(Now);
    dm. atgrid. Post;
    dm. atgrid. Refresh;
    move(TgridF);
    WebApplication. ShowMessage('提交成功! ');
  end
  else                                  //若内容或标题有缺失,则进行提示
    WebApplication. ShowMessage('请将标题和内容填写完全! ');
    dm. atgrid. Refresh;
end;
```

发帖模块界面如图 13 所示:

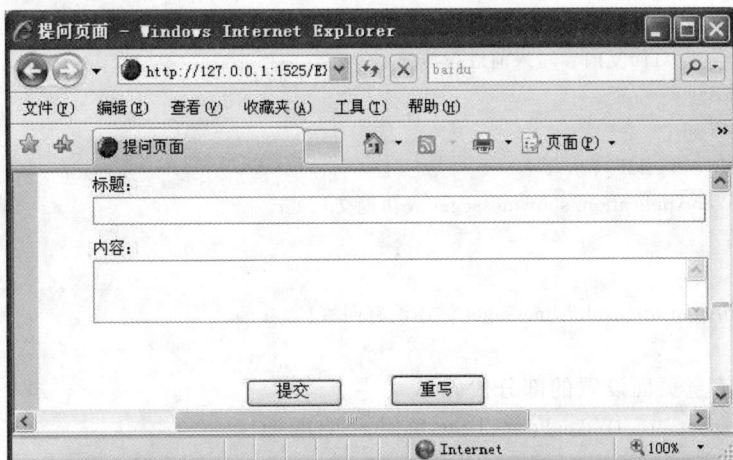

图 13　发帖模块界面

发帖 IPO 图如图 14 所示：

输入：发帖内容信息
处理：
1. 发帖窗体启动
2. 用户输入标题和内容数据
3. 对必填数据进行检测
4. 如果数据输入错误，在提交时进行提示
5. 如果输入数据正确，则在提交时保存数据
输出：数据库，LettersQ 表

图 14　发帖 IPO 图

6. 回复模块(content. dfm)

回复帖是在注册用户登录后进行的，只需要进行回复内容的填写并点击提交按钮即可完成回复操作。

在回复页面中需要对 html 页面进行动态设置，达到方便用户浏览的目的。对回复页面进行设置时，嵌入标记语言达到动态设置结果。以下是回复模块的主要代码：

(1)回复信息提交代码

```
procedure TcontentF. IWButton1Click(Sender：TObject);
begin
  if memo. Text<>´ then        //对回复内容进行检查，要求不能为空
    begin
      dm. atreply. Active：=true;
      with dm. atreply do
      begin                    //对回复内容进行数据库写入
        Append;
        FieldByName(´id´). value：=DM. atreply. RecordCount＋1;
        FieldByName(´upDateTime´). value：=datetimetostr(now);
        FieldByName(´UserFrom´). value：=enab. ipname;
        FieldByName(´Parent´). value：=dm. atgrid. fieldbyname(´id´). AsString;
        FieldByName(´Content´). value：=compress(memo. Text);
              //对回复内容写入前进行压缩
        Post;
        refresh;
        move(TgridF);
         WebApplication. showmessage(´成功提交！´);
      end;
    end else
      WebApplication. showmessage(´你还没有回答！´);
    end;
```

(2)回复信息页面设置的部分代码

```
procedure TcontentF. IWAppFormCreate(Sender：TObject);
var
  i：integer;
begin
```

FrameF1. IWLink2. Caption：＝enab. ql(enab. qe)；　　//首先调整系统状态

dm. atq. Close；　　　　　　　　　　　　　　//以下是连接数据库

DM. atq. CommandText：＝′select ＊ from Lettersq where id＝′＋

Dm. atgrid. fieldbyname(′id′). AsString{＋′ order by datetime ASC}；

Dm. atq. Open；

DM. atr. Close；

DM. atr. CommandText：＝′select ＊ from LettersReply where Parent＝′＋

Dm. atgrid. fieldbyname(′id′). AsString{＋′ order by datetime ASC}；

DM. atr. Open；

DM. atr. First；

iwgrid. Width：＝760；

iwgrid. RowCount：＝DM. atr. RecordCount ＊ 2＋7；

iwgrid. Cell[0,0]. Wrap：＝true；

iwgrid. Cell[0,0]. BGColor：＝ $ 00F8EEE7；　　　　//设置表头单元格[0,0]颜色

iwgrid. Cell[0,0]. Text：＝′ ； ； ；′＋

DM. atgrid. fieldbyname(′upDateTime′). AsString ＋ ′ ′＋ DM. atgrid. fieldbyname(′userfrom′).

AsString＋′提出如下问题：

＜br＞′＋′ ； ； ； ；＜b＞＜font size＝″2″＞′＋DM. atgrid. fieldbyname(′

subject′).

AsString＋′＜/b＞＜/font＞′；　　　　　　//填写表头[0,0]内容

iwgrid. Cell[1,0]. Wrap：＝true；

iwgrid. Cell[1,0]. BGColor：＝ $ 00EDD6C7；　　　//设置表头单元格[1,0]颜色

iwgrid. Cell[1,0]. Text：＝′ ； ；′＋

strFormat(uncompress(

DM. atgrid. fieldbyname(′content′. AsStrin))；　　//填写表头[1,0]内容

…

end；

回复模块界面如图 15 所示：

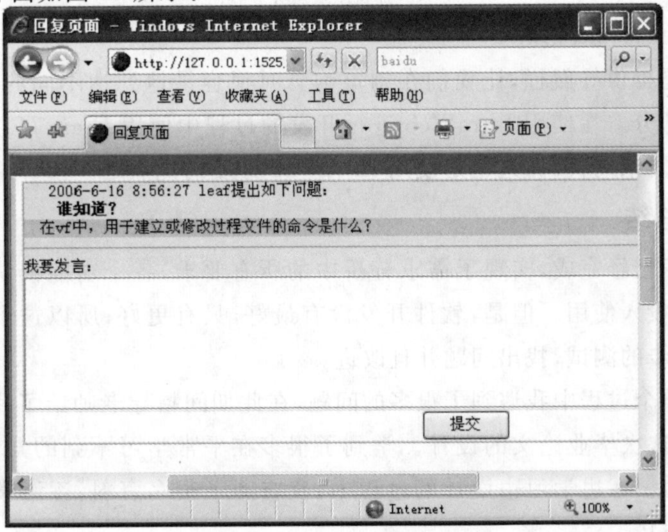

图 15　回复模块界面

回复模块 IPO 图如图 16 所示：

输入：用户相关信息
处理：
1.回复模块启动
2.用户输入回复内容数据
3. 对必填数据进行检测
4.如果数据输入错误，在提交时进行提示
5.如果输入数据正确，则在提交时保存数据
输出：数据库，LettersReply 表

图 16　回复模块 IPO 图

7.加密压缩模块(compress_des.pas)

加密压缩模块是两个独立的模块，同时包含压缩、解压缩；加密、解密两对操作。这两个模块属于标准模块，加密与解密函数使用 DES 加密算法，压缩与解压缩函数使用 ZIP 压缩算法。主要作用是对用户输入的信息进行加密，对帖子的内容进行压缩并且在浏览和安全检测时进行解压和解密。模块已经对加密和压缩的功能进行了封装，因此在使用时，只需要对接口函数进行调用即可，返回值为 OLE 对象(实际为加密或压缩后的二进制值)。

加密压缩模块 IPO 图如图 17 所示：

输入：调用函数
处理：
1系统通过函数调用传入参数
2.模块通过参数获得原始数据
3.对数据进行检测
4.对输入的数据进行压缩或加密操作
5.对浏览或安全检测进行解压缩或解密操作
输出：调用函数

图 17　加密压缩模块 IPO 图

8.导航模块(frame.dfm)

导航模块是提供导航栏，让我们在浏览网页时很容易地到达不同的页面，是网页元素非常重要的部分。在使用 IntraWeb 进行开发的过程中使用 Fram 可以直接进行导航的设置，不需要复杂的代码，这也是使用 IntraWeb 开发的优点之一。

四、开发总结

论坛的开发已经完成，实现了需求分析中的所有要求，各个功能模块经过初步测试运行正常，可以投入使用。但是，软件开发没有最好，只有更好；所以这个论坛还是有瑕疵的，需要进一步的测试，找出问题并且改进。

在设计的整个过程中我遇到了很多的问题，在此期间指导老师给了我很大的帮助和鼓励，使我通过这次毕业论文的设计。学到了很多在平常学习不到的知识，并且提高了自己的动手能力。在边学习边设计的过程中，我查阅了很多资料，逐渐掌握了查找资料和使用资料的技巧。

通过《VF 精品课论坛》的设计与开发,我深入学习了 Delphi 7.0,同时提高了对软件工程开发流程和方法的认识,积累了开发经验,为以后从事软件工程的开发工作打下了良好的基础。

致谢(省略)

参考文献

〔1〕李慧、刘欣. DELPHI 程序开发范例宝典〔M〕. 3 版. 北京:人民邮电出版社,2012.

〔2〕崔巍、王晓敏. 数据库系统开发教程〔M〕. 北京:清华大学出版社,2013.

〔3〕洪运国. Delphi 程序设计〔M〕. 大连:大连理工大学出版社,2013.

〔4〕郑阿奇. Delphi 编程教程〔M〕. 北京:电子工业出版社,2013.

第6章 多媒体技术范例

本章导读

本章包含多媒体技术不同方向的范例,内容涉及了数码照片处理、平面设计、小型商业网站建设、Flash 小游戏制作等方面,论文的类型主要是开发设计型。

本章的范例主要是学生针对自己设计制作的作品而撰写的设计说明书,是对设计成果进行解释与说明的书面材料。所以,通过本章的学习,学生可以掌握设计说明书的撰写方法和格式规范。

内容简介

(1)数码照片处理

(2)平面设计综合范例

(3)"麦琪的礼物"网站建设

(4)Flash 小游戏制作——"连连看"

6.1 数码照片处理

数码照片处理范例(一):旧、差照片的处理

摘 要

生活给人们留下了太多的回忆,可是随着时间的推移,记忆着生活点点滴滴的照片因为各种各样的原因有了许多瑕疵,本文就是针对这种问题寻求解决的方法。文中将旧、差照片通过不同的修复方法进行修复,再通过进一步的创新处理,使旧、差照片旧貌换新颜。尤其是对几种典型的旧、差照片的形成原因进行了分析,介绍了其相应的修复技巧,并试图找出其中的规律性内容,加以整理和总结,使更多的人可以从中得到些启示。本文最后总结了自己在整理过程中的一些问题以及自己的解决方法。

【关 键 词】旧、差照片,形成原因,修复方法
【研究方向】平面设计
【论文类型】设计说明书

目　录

前　言

爱美之心,人皆有之!

爱美是现实生活中男女老少都有的正常心理,但现实中总有许多不尽如人意之处,这样就需要我们对事或物进行一定的修补。

本文现在所做的照片修复工作就是其中的一部分,这既是对自己技术上的提高和锻炼,也是让自己的劳动价值有所体现。因此我首先应当端正自己的工作态度,其次再努力提高自己的专业技能,争取让客户充分满意,让自己的才能得到展现。图片处理软件Photoshop(以下简称 PS)是 Adobe 公司开发的软件,以其强大的功能和突出的实用效果成为这个领域非常流行的软件之一,本文中的修复方案都是在 PS 软件的支持下进行的。

一、旧、差照片还原及美化的市场需求

照片是艺术,随着时代的进步,照片的保留也越来越被人们所重视。实践证明,一张清晰的照片能给人带来真实的自我和真实的世界,那么,一张清晰的旧照片呢?它带来的就不仅仅是这些,它还给人们一种心理上的安慰,或一种无穷的思念。爱美,是人的天性,还原自我、体现真实已成为这个时代的潮流。随着科学技术的发展,人们生活水平的提高,旧照片成为人们的精神生活需要,它的实用价值和应用范围越来越大。

相机拍摄的照片受很多因素限制,不一定能直接得到最完美的效果,比如:光的对比及明暗关系、画面的构图方式、画面人物的形态、画面的整体、照片色彩的运用,甚至眼神与光线的结合是否合理,都会直接影响到一张数码照片的质量。有时因摄影技术,有时因扫描的质量,有时因特殊情况的存在等都会影响照片质量,即使专业摄影师也一样。

还有一些老照片时间久了,都已经变旧了、变差了、模糊变黄了。我将利用所学的PS软件让它回到过去,用修补的方法消除旧照片上那些破损处和脏处,真实反映出照片当年的效果。也可以重新给照片上颜色,从而更进一步地完善照片的真实性和美观性。利用照片修复技术可以让旧、差照片与修复后的照片有很大的差异,争取让照片回到当年拍摄时的那种效果,甚至更加美观的效果,这是本人努力工作预期达到的目标。

二、差照片的形成原因分析及修复

1.曝光不足的形成原因

曝光不足造成的结果就是被拍摄主体发暗,缺乏亮度和对比度,还有就是画面质感不好,颗粒粗、噪点大。造成照片曝光不足的原因包括:(1)逆光情况下用自动模式拍照;(2)曝光补偿被设置成减少曝光量;(3)在没注意取景器里面提示曝光不足的情况下按了快门;(4)夜间用闪光灯拍照;(5)无论怎么努力都无法改变光线在客观上不足的条件下拍照;(6)采用了点测光却没有将测光点对准主体;(7)在大面积浅色范围内拍照。

2.曝光过度的形成原因

凡是曝光过度的相片,其影像表现为苍白而缺乏反差。产生这类问题的原因比较复杂,其中包括测光表不准、光圈收缩失灵、快门失灵等。在进行逆光摄影时,影像也会出现苍白的雾化效果,严重影响到影像层次的表现,影像中会出现杂色的雾状斑块,它的形状或不易识别,或大约为圆形。

3.曝光不足与过度的修复方法

修复曝光过度的照片一定要看看曝光过度的地方在哪里,这样便于对症下药,只要修复这里,那这张照片就有救了。一般修饰都会在通道中进行,结合画笔的修补,只要过渡自然,曝光过度的照片就修复好了。对曝光不足的照片,则要通过图层样式、曲线、亮度/对比度、选取颜色、色彩平衡和通道混合器等方法结合起来进行处理,最后结果会很好。

4.偏色

由于眩光、后期采集等原因,原始照片的色彩偏离了原来颜色的现象称为偏色。几种典型的偏色情况如下:

① 阴天或雨天的原稿看上去像是被一层淡蓝色所笼罩,是由于没有阳光,所以缺少红色。

② 由荧光灯作为光源所拍摄的正片,有时会产生偏绿的现象,这是因为荧光灯所发出的光看起来是白色的,但实际上白色中含有强烈的颜色,如果用彩色底片直接拍摄必定会造成偏色。

③ 底片本身所造成的偏色是由于厂家生产日期的不同,所以底片具有不同的色彩倾向。这种偏色是一种少量的偏色,不会像前两种那样造成整体偏色。

④ 大部分原稿都有记忆中的颜色,比如大家所熟悉的天空、各种树木以及花草等,如

果这些颜色发生了变化,人眼将很容易发现。

⑤ 细小的偏色是一种不被人眼所注意的偏色,对于这些偏色的解决办法是寻找图像中的中性灰色或记忆中的颜色作为一个标准(所谓"记忆中的颜色",只有图像的拍摄者知道,而不是其他人的感觉记忆,不能混淆。因此,专业色彩校正人员应严格遵守中性灰标准,在色彩校正时认真执行)。

5. 偏色的基本修复

图片的偏色需要调整原图的色相,运用加减色相是一个极好的办法。有些图片本来存在偏色的效果,如红不够,可在电脑内增加红色,增加色相由百分比来显示。减色法是减少色相的浓度,加色法是增加色相的浓度。在加、减法中可按照四色中某一种或两种以上色相增减,也可四色同时增减,增减色相的程度完全依赖于设计者的经验把握。色相的加减法是常用的一种方法。在进行偏色修复时,应考虑以下几点:

① 偏色不会只局限于图像中某一种颜色。

② 当一幅图像有潜在的偏色出现时,应先检查亮调部分,因为人眼对较亮部分的偏色最敏感。

③ 校正偏色时要先选择中性灰色,因为中性灰色是弥补偏色的重要手段。在彩色部分校正灰色时,不要相信人眼所呈现的颜色,因为图像中其他颜色会改变人眼对灰色的感觉,这就是我们所说的环境色的影响,遇到这种情况应使用吸管工具进行检查。

④ 校正偏色时要尽量调整该颜色的补色。

⑤ 根据图像的具体要求,可以使用 HLS 模式进行调整。

⑥ 许多图像的偏色在某些色调范围内是相当严重的。如果只单纯地调整这部分色调,会使调整以外的色调变化剧烈,所以一定要协调好整体的色调范围。

6. 模糊照片的形成原因分析

① 主体移动

表现为画面中静态物体影像清晰,仅主体部分出现动态模糊。这是由于在曝光期间被摄主体移动所造成的。

② 相机振动

表现为影像全部模糊,放大后可以明显地看到,其线条出现轻度双影或多影错位。原因在于曝光期间,相机受到振动所致。

③ 闪光快门不同步

已拍摄的画面表现为:一边有影像,另一边为没有影像的黑片。出现这样问题的原因是:在用单镜头反光相机作闪光摄影的时候,快门的速度定得太高了。

7. 模糊照片的基本处理

对于这类照片的修复,我们一般采用反向的方法,首先将照片的主题部分基本勾画出来,对边缘部位进行细致的处理后,再对其他背景通过通道处理,或是采用滤镜处理。即在照片构图主体清晰的基础上,再考虑其他部分的清晰程度。

三、旧照片的形成原因和修复

随着时间的推移,先前的老照片已经泛黄,同时因翻阅得太多,还有了许多的褶皱和破损,在人们的记忆中有了些许瑕疵。这种情况怎么办呢? 不管是扫描还是数码重照,要想恢复以前美好的回忆,就要下功夫找出办法来。

仿制图章工具可以算是老牌的修复照片工具了,也是在照片修复中最常用的工具。在照片修复中,最大的难点就是要在图像中找出对修复目标最合适的像素组,然后利用它们来对修复目标进行修复。其他诸如修复画笔、修补工具等,可以帮助我们完成破损的基础修复,如果我们再细心点,会发现模糊工具、锐化工具以及部分滤镜的合理使用,也会将我们的照片处理得完美如初甚至精益求精。

四、照片修复前后的差异及技术分析

1.几组照片的处理方法

(1)曝光不足与曝光过度照片的处理

首先来看曝光不足的这张照片。如图 1(a)右边所示的照片是一张数码风景照片,存在曝光不足的问题。我们利用后期处理来弥补。

先分析照片期望得到的效果再实施调整。可以采用以下方法:

① 复制一个图层进行暗调、高光的调整,可以整体调高一些。

② 创建曲线调整层。选中图片中高光部分以后调亮一些。

③ 调整图层里单击色相饱和度。对全图各个色彩分别进行调整。

④ 进行曲线调整后按 Ctrl+Shift+Alt+E 盖印图层。

⑤ 建立一个新图层,填充 50％灰,模式为正片叠底,添加蒙版,将不需要加深的部分遮去。

在修复这张照片时,一定要注意曲线调整度,从而做得更逼真、更美观,让效果更明显。

在摄影时,照片也经常会出现曝光过度的现象,需要进行修复。如图 1(b)右所示的照片就是一张曝光过度的照片。这张照片可以采用下面的方法修复:

正常照片　　(a)　　曝光不足

正常照片　　(b)　　曝光过度

图 1　曝光不足与曝光过度修复前后对比

① 在"图像"下单击"复制",复制出一个副本文件。把这个副本文件的模式改为灰度。这样可以只管明暗而不管色彩。

② 把副本的背景层拖到原文件中对齐,就产生了图层 1。其实就是在原文件背景层的上面加上一个灰度图层,但这个灰度图层是在副本中产生的。

③ 把图层 1 的模式改为"叠加",这样就加深了原先的明暗。

④ 在背景层执行色相饱和度,加大饱和度,减少明度。

⑤ 再调节亮度和对比度:加大亮度,减少对比度。

这样修复后,就可以达到如图 1(b)左边所示照片的神奇效果了。此修复的技术要点就是创建一个灰度图层。

(2)旧照片修复及上色

图 2 所示是旧照片修复及上色后的效果对比图。完成此照片效果需要经过下面两个过程:

修复后的照片

原版照片

修复后照片

图 2　旧照片修复前后对比

① 旧照片修复

要将图 2 所示的下方左侧旧照片修复成右侧照片,首先要用到最基本的三个工具:修复画笔工具、修补工具和仿制图章工具。其中最主要的是仿制图章工具,因为它可以定义复制原点,而这个原点是从图像中找到的对修复目标最合适的像素组。方法是选用仿制图章工具后,在图像中找到像素组,按下 Alt 键并单击鼠标左键,定义好复制的原点,再到需要修复的位置进行复制,这是修复这张照片的最关键一点。之后就要细心和认真了。

为了修复得更好,可以选择一定的画笔笔尖,同时要用到的技巧就是可以通过创建选区来辅助修补。创建选区可以通过套索工具在图像中任意地绘制选区(当然要将需要修复的地方给圈选出来或者将修补的目标源圈选出来),也可以使用其他创建选区的方法来创建这个选区。在图像中的边缘线处可以用的修补方法是:复制图像、自动匹配图像。

② 上色

当照片修复好之后,看上去还不是很理想,此时想到给它上色添彩。上色之前一定要先把照片改为灰度模式,因为在 RGB 模式下,上色会受到很大的影响,所以这一点一定要主意。为了使照片在上色时的层次更明显、效果更好些,首先要用滤镜滤掉"杂色",减少杂色后,还要调整一下色阶的数值,为后期上色做好准备。之后就可以上色了。上色时一定要细心和耐心,选好合适的颜色逐一去完成,最后将图层的混合模式改为"颜色"后自动生成。从这张照片的修复过程可以看出,处理照片除需要技术外,还需要格外的细心认真,要端正自己的心态去细致地完成每一步,千万不能急于求成。

(3)差照片的修复

现在来看差照片的修复方法。如图 3 所示的下方右侧照片看起来有层灰蒙蒙的东西,让人感觉不太舒服,也不好看。现在将它修复成左侧的照片。这种修复主要用的是曲线调整的方法,也可以说是用创建曲线调整来完成的,但它的细节问题很多。修复方法如下:

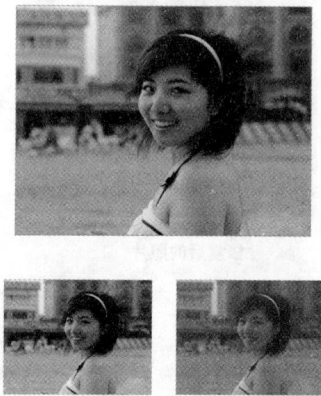

图 3   差照片修复前后对比

① 首先创建曲线调整层,在曲线对话框中增加三个点,每个点分别用鼠标吸取图像中相对应的地方。然后再加以调整,在调整时范围不要太大,这样才不会丢失细节。

② 再次创建曲线调整层,这一步是为了压暗周边的环境,使层次更加分明一些,直接进行调整。

③ 这时候发现人物的头发部分阴影细节丢失,在蒙版上用比较柔软的黑色画笔涂抹回来。

④ 继续新建曲线调整层,这一次的目的是调整图像颜色,所以 R、G、B 通道分开来调。按 Ctrl+Shift+Alt+E 盖印图层后,将图像复制一张,勾选合并图层。

⑤ 选"图像|模式|LAB 模式",Ctrl+J 复制一层。

⑥ 用图章工具修掉大块的污点。

⑦ 最后再创建曲线调整层,进行整体的颜色调整。

从做法上感觉不怎么难,但调整数值非常难,所以一定要有细心和耐心。完成后的照片如图 3 上方所示,给人的感觉非常清晰和舒服。

（4）破损照片的修复

图 3 所示是破损照片修复前后的效果对比图。许多家庭都保存了一些珍贵的照片，有时会因保存不当或人为损坏导致照片的破损，许多家庭都为此而烦恼。以前由于没有数码设备，修复一张照片是一件很麻烦的事情，现在通过数码设备和 PS 图像处理软件，可以很轻松地把照片修复好，最大限度地还原照片本来的面貌。

（a）

（b）

图 3　破损照片修复前后对比

图 3（a）所示的照片其修复方法和前面所说的旧照片修复方法基本一样，主要运用仿制图章工具和修补工具，只要注意细节，并细心和认真就可以了。现在主要来看一下图 3（b）右边所示的照片，这是一张已经发黄和撕裂的老照片。修复这种老照片的方法如下：

① 首先给照片去色，之后把背景图片转换为普通图层 1，因为在后面要用到。

② 复制图层 1，进行"滤镜|杂色|蒙尘划痕（10、6）"的操作，这一步是为了让图片的像素清楚，也可以修复边缘裂痕。

③ 按住 Alt 键添加蒙版，之后在人物以外的边缘处用画笔工具进行涂抹。

④ 对图层 1 再进行"蒙尘划痕（10、6）"操作，此图层回到历史记录蒙尘划痕处。

⑤ 在此图层上用涂刷工具涂擦那些有斑点的地方。在精心的调整后，最后会发现一张残破的照片神奇地恢复了原貌。

2. 技术要点分析总结

以上四种典型的旧、差照片的处理方法，或太过于细致，或对于照片的特殊性要求过于严格。那有没有更为通用的，或是别人已经总结好的一般经验呢？在做论文的时候，我查阅了大量的相关资料，认真进行了分类总结及比较，整理出处理旧、差照片的一般方法与步骤，希望能够对大家有所帮助。

（1）PS 照片调整菜单的应用

① 曲线调整是色彩调整之王。

② 调整色阶时拉动三个滑标足以解决大部分问题。

③ 运用色相、饱和度和色彩平衡调整。

④ 尽量不要使用"图像调整|变化"菜单。

⑤ 多用"图像调整|亮度和对比度"菜单。

⑥ 饱和度不可不用。

⑦ 眼睛切不可一味求亮,一个有趣的事实是,亮灼灼的眼睛并不是通过提高亮度做成的,恰恰相反,是通过降低亮度做成的。

⑧ 对比度和饱和度的适当调整。

⑨ 试用图层混合模式。

⑩ 白种人皮肤比较粗,必要的时候,可以加一个图层,做一点柔光效果。但切记不可过分,要让人看不出才行。

(2)修旧照片的一般方法与步骤

① 首先将原图复制一个或几个图层,然后合并,只对复制层操作。

② 在对复制层做初步处理后(调曲线、色阶或用图层属性将灰暗的图调亮),再复制一个图层(用做抠人像),下面的图层用作背景和对照,点掉下面两层的眼睛,对最上一层抠图(一般用删除法:就是用不同的方法选取人像以外的部分逐步删除,比如曲线的地方就用钢笔工具[Ctrl+鼠标点路径转化为选区];一般的就用直线套索;边缘界线分明的用磁性套索;如果是纯色背景的用魔术棒或选取色彩范围[之前可以复制一层调色阶,也可反相用做辅助,之后删除该层])。

③ 用图章和修复工具、手指涂抹(用作处理大的网纹,改变形状大小,拉头发)对照片破烂、污损处进行修复打磨。对于特别烂的地方,可以将对称或相近的地方复制后移植过来,放到大概位置后改变该层的透明度,让它和周围相近,最后向下合并。用图章精心处理五官,把画笔调大点,图章透明度设小点(30%左右),按照面部肌肉走向连续涂抹(注意不是点,是拖),对于有网纹的可以结合高斯模糊。

④ 对于衣服,可以不必那么精细(如果有足够的时间也可以仔细点),一般把衣服复制一个图层,方便以后上色、调整。

⑤ 单独对身体上灰暗、偏色等地方再调整,特别是五官(有时用到手绘)。

⑥ 对边缘柔化,用手指拉头发。

⑦ 上色:一般按 Ctrl+B,这样调色自然生动,如果画面太脏就按 Ctrl+U,然后进行全方位的色彩调整。

⑧ 新建图层,白色填充。用滤镜(添加杂色,依图像分辨率定)去色,图层模式设为正片叠底。

⑨ 合并图层,高斯模糊 0.5 左右,USM 锐化。

⑩ 如果要加前景的话,就加边框或图片前景——可以试验多种图层模式,让它融入照片里面。

五、设计总结

在操作过程中出现问题最多的是很难把握各个具体数值,所以很多做完的图片都看不出有什么效果,再就是细节方面也很难把握,所以做出的作品很粗糙,当看到这些时我很头痛,觉得很麻烦,有时总是静不下心。最后在老师的帮助下,我又重新做,慢慢地一步一步地进行。当制作有头绪时又感觉这项工作也不是那么麻烦,越用心做的时候,越感觉做起来非常有意义和开心。当用很好的心态去面对设计时,对自己的信心就很大,同时作品也就感觉好做了,调整数值的变化也成了一种乐趣。尤其是在调整数值时,可以看到很多种奇怪的效果,那也是一种享受。另外,制作时一定要把握好细节问题。在总结整理方法的时候,找到了很多照片逐一地进行处理,最后感觉越做越好,也越做越快。鉴于篇幅有限,那些照片的处理方法和照片效果就不一一在论文里展示了,不过方法还是基本一致的,就是处理的时候需要变通和细心。

当我完成这些作品时,懂得了用 PS 软件来修复照片首先要有耐心和细心,在调整数值时一定要把握好,再就是要掌握一定的技术和技巧,才能更好地完成作品。通过这次毕业论文,也让我知道了做什么事都要有责任心和耐心,要反复地尝试,不断地学习新的技能和知识,才能完成更好的作品。以后我还要进行大胆的实践和设计制作,完成让自己更满意的作品。

致谢(省略)

参考文献:

[1] 汪端.调整屋篇一老邮差数码照片处理技法[M].北京:人民邮电出版社,2013.

[2] 前沿文化.Photoshop 数码照片处理一案例学一(含 1DVD 价格)[M].北京:科学出版社,2013.

[3] 李伟.人像篇一Photoshop 数码照片处理高手之道[M].北京:人民邮电出版社,2013.

[4] 太行摄影.Photoshop 数码照片处理 200 例(经典版)[M].北京:中国铁道出版社,2013.

[5] 牛琦.数码照片处理实用技巧[J].科技视界,2013(04).

[6] 高明瑜.Photoshop 软件中的照片处理技术[J].河南科技,2013(02).

数码照片处理范例(二):婚纱套册设计

摘　要

婚纱套册设计在生活中应用得很多,随着生活质量的提高,人们追求着不同的生活享受。婚纱套册设计就是利用最简单的一套视觉元素来传播最浪漫与时尚的瞬间。本文先简单介绍了婚纱套册设计的理念及其发展,对当前婚纱设计的风格和特点进行了研究和总结。然后结合自己对婚纱套册设计的认识,设计制作了蓝色记忆、温馨的爱和朦胧的回忆三种风格的作品,详细阐释了不同风格的设计方法。设计试图通过自己的理解突出作品主题,并通过沟通得到认可。最后总结了自己在设计作品中出现的问题以及解决的方法。

【关 键 词】婚纱套册,设计风格,作品阐释

【研究方向】平面设计

【论文类型】开发设计型

目　录

前　言

　　百年好合,喜结良缘,照结婚照是人们在此过程中必不可少的环节,因为它是爱情的见证,也是许多女孩子向往已久的事。

　　结婚照在人们结婚时扮演着重要的角色,而它从最简单的黑白双人照,到现在穿着婚纱的精美摄影,再到通过设计体现某一主题的婚纱照片套册,这一发展过程是漫长的,它见证了技术的发展、观念的改变和时代的进步。不变的是人们对于那庄严美丽时刻的丝丝眷恋。

　　好的婚纱套册设计的前提是有好的设计主题,即在摄影之前就确定好最后要设计什么样的风格。是温馨浪漫的,还是简约质朴的?是体现主人公的现代时尚个性,还是依然保存对传统淑女的向往呢?抑或是通过婚纱摄影到后期的设计处理,讲述主人公点点滴滴的生活故事?这些都需要我们在前期就要和客户进行充分的沟通。

　　作品设计的好坏,不在于用了多少先进的技术,多么华美的修饰,而在于真正体现主人公内在的精神和他们的生活状态。婚纱套册设计只能在有限的篇幅内来表现,这就要求版面表现必须单纯、简洁。对过去那种填鸭式的、含意复杂的版面形式,人们早已不屑一顾了。实际上强调单纯、简洁,并不是单调、简单,而是信息的浓缩处理,内容的精炼表达,它是建立于新颖独特的艺术构思之上的。因此,版面的单纯化,既包括对内容的规划与提炼,又涉及版面形式的构图技巧。

婚纱套册设计的一个独立页面的装饰因素是由文字、照片、色彩等通过点、线、面的组合与排列构成的,并采用夸张、比喻、象征的手法来体现视觉效果,既美化了版面,又提高了传达信息的功能。

追求完美形式必须符合主题的思想内容以及风格,这是婚纱套册设计的根基。只讲表现形式而忽略内容,或只求内容而缺乏艺术表现,最终的设计都是不成功的。只有把形式与内容合理地统一,强化整体布局,才能取得版面构成中独特的社会价值和艺术价值。设计过程中要强化设计单页各种编排要素在版面中的结构以及色彩上的关联性。通过版面的文字、照片间的整体组合与协调性的编排,使版面具有秩序美、条理美,从而获得更好的视觉效果,给人以美的享受。

一、婚纱套册设计的理念及发展

设计婚纱套册可不是一件简单容易的事,需要有一定的美术基础和审美眼光。一幅照片的成败 80% 取决于前期拍摄,后期制作只能占 20%,所谓内容决定形式。所以你要和摄影师沟通,让他明白你的思路,在此基础上才能锦上添花。要始终记得,你所做的一切都是围绕一个目的:突出人物、美化人物、刻画人物的个性。如同化妆一样,后期制作只是一种手段,不能违背这个宗旨。

进行婚纱套册的设计首先应该知道婚纱摄影的发展历史,下面从四个阶段来看。

1. 社会大背景下的婚纱摄影

婚纱摄影从 80 年代走向繁荣到今天已经是遍地开花。无论从规模、品种、从业人员和百姓的紧密联系上,中国婚纱摄影都已经走向了高峰期。即便是相对比较落后的县市,其影楼也会做得很好,营业额非常高,这都说明了婚纱摄影行业有很大的发展空间。

2. 技术高速发展下婚纱摄影的状态

1996 年在人像摄影大会上做了对人像摄影趋势的判断,现在这些判断都验证了。比如 1996 年时提到了照相的经济成分是以民营和股份为主,现在验证了,目前已经没有国营影楼了。技术不断地发展,思路不断地创新,观念不断地改变,婚纱摄影正在以不可预知的速度向前发展。

3. 竞争日益激烈下的婚纱摄影

据考察上海拍摄婚纱照的价钱是 2000 多块钱,而现在低于 3000 块钱的订单基本没有。所以婚纱摄影价格会越来越高。现在的趋势是婚纱摄影的质量好了,价格越来越高,客户的要求也随之越来越高,要在这样激烈的竞争中立足,就要不断地去摸索婚纱摄影的流行趋势,不断地创新,走在行业发展的前列。

4. 走向成熟的婚纱摄影

现在的婚庆公司有不少已经有婚纱摄影业务了。在上海的某些公司,摄影师和婚庆公司搞兼职婚纱摄影。从开始就为客户提供一套结婚的相关程序,婚纱设计是纳入到这个程序之中的重要组成部分,并根据客户的需求,来确定婚纱摄影乃至最后成册的设计,提供更加人性化和独特的婚纱摄影设计。所以这一行业在不断地创新,不断地走向成熟。

二、婚纱套册设计的风格

婚纱套册设计的主题关系到最后成册的效果。这需要客户首先要了解自己及另一半的性格与外形,喜欢的风格,然后翻阅结婚杂志、结婚网页上的广告看看哪一家有自己理想的感觉效果。因为不同的婚纱摄影公司或摄影师,拍摄出来的婚纱照都有着不同的感觉,大致可分为以下的风格:

1.保守传统

适合不知道或不肯定自己能否有独特表现的新人。中规中矩的拍摄手法,不会表现得太夸张或大胆。

2.浪漫复古

适合高贵或样貌比较有古典美的新人。造型比较华丽,效果亦比较含蓄,感觉细腻浪漫。

3.生活喜剧

适合爱玩爱笑,表情丰富的新人。造型比较简单,通常以比较轻松的手法拍摄,拍摄出来会像电视剧里面的片段。

4.娇俏活泼

适合年轻及充满活力感的新人。用轻松的手法去捕捉新人的活力感,表现出青春无价的美丽。

5.时代写真

适合外形气质比较有时代感的新人。通常拍摄出来比较有时代美及野性美,有些会有大胆的时尚造型,观感一流。

6.简约质朴

适合不同类型的人群。以一种近乎原始的方法来表现最本质的内容。

三、套册设计的特点

1.套册设计最突出的就是从整体上能够体现出一种风格或者一个主题,在设计的理念上加以完善,从而显现套册设计之美。套册设计的特点就是主题和内容相互融洽,完美柔和,简单明了,让人一目了然。不论是在设计方面还是在颜色方面上,都能把一个主题表现得淋漓尽致。而不是最后做完的设计给人以凌乱的感觉,每一张都不相联系,破坏了照片的原始含义。

2.在制作套册设计时也要注意一些技巧。比如在颜色搭配上,要始终坚持一种风格,不能随便搭配颜色,最忌讳的就是颜色搭配不统一,从而使整个作品不够完善。设计出来的图片和文字也要合理地搭配开,只有图片而没有文字的设计是不完善的。

3.套册设计的关键就是一定要扣住主题来做设计,制作的每一步都要考虑主题问题。无论是在设计方面还是在色彩方面,都是一样的,重要的是扣住主题。如果通过设计要讲述主人公的感情故事,那么故事的连续性和故事所要传达的主题思想一定要强。好比是在用文字讲故事,故事要引人入胜,而现在是用照片的组合和设计来讲故事,同样要引人入胜。

四、作品阐释

1. 我对套册设计的理解

一系列的图片或文字,经过设计与排版体现出一个主题,不论是色彩搭配还是版面设计都是为了突出这一主题,就是套册设计。

我所做的套册设计,分为三种风格,但都体现出一个主题,即爱的甜蜜。

2. 我的作品阐释

风格一:蓝色记忆

以蓝色为背景,通过色彩区别定义我的风格。

蓝色记忆 1:如图 1 所示。

图 1　蓝色记忆 1

以蓝色为主,以背景为辅,通过人物表现出主题。以复式结构表现女主人公对未来永恒爱情的向往。右侧人物手指远方代表向往,相交圆内的心钻代表了两人永恒的爱。

蓝色记忆 2:如图 2 所示。

图 2　蓝色记忆 2

本图仅以女主人为主,设计简约,一幅图片的重复运用,更强地烘托出女主人甜蜜幸福的感觉。配上浪漫的爱情短诗,更增强甜蜜幸福的意味。

蓝色记忆 3:如图 3 所示。

本图通过海滩以及人物造型来体现美好幸福的生活。生活总是充满了想象,而甜蜜则来源于和心爱的人一起憧憬美好。

风格二:温馨的爱

温馨的爱 1:如图 4 所示。

有一种快乐飘飘洒洒,有一种自在平平淡淡,有一种美丽温温柔柔,有一种幸福安安

图 3 蓝色记忆 3

图 4 温馨的爱 1

静静,有一种拥有实实在在,有一种感觉微微妙妙,有一种相思缠缠绵绵,有一种结果长长久久。淡淡的红色,点点滴滴印证着温馨的爱。

温馨的爱 2:如图 5 所示。

图 5 温馨的爱 2

通过甜蜜的微笑及艳丽的色彩对比来体现主题。两幅合影的照片,配上大束的玫瑰花,心形中写满我爱你。爱的感觉呼之欲出,时时翻起,时时温馨。

风格三:朦胧的回忆

朦胧的回忆 1:如图 6 所示。

通过模糊来体现朦胧的感觉。同样的照片不一样的感觉,爱的主题不变,多样的生活情趣则来源于清晰而又朦胧的回忆中。

画面设计依然采用重复的方法来渲染主题。

朦胧的回忆 2:如图 7 所示。

图 6　朦胧的回忆 1

图 7　朦胧的回忆 2

空间不同的跃动,与大号文字的强烈表现,为简单的照片赋予更多对于爱情永恒的守候。

3.设计作品的总结

以上三种风格的设计,虽然使用大量的重复图片,但给人的感觉却不同。作为套册设计来讲,充分挖掘照片的深层含义,我们要做的依然很多。以下是我在做完设计后的一些想法。

(1)构思是设计的灵魂,在制作的前期我就开始构思,要把浪漫和时尚都表现在一张图片上。不仅仅是界定文字、愉悦视觉、触动快感,还要通过图文版面这种无言的方式传达出一种精神和感情,以此来打动人们,达到愉悦心灵、调动美感和提高审美素质的目的。版面设计绝不是只在图上填充一些文字那么简单的事情,而是在看似单纯的形式中隐含着更深层的意义。不同空间在节奏、韵律等形式美的变幻中呼唤着人们普遍感情上的激动、亲切和温暖。图片和文字的合理搭配,也对整个作品有帮助。所以在制作过程中,既有图片又有文字穿插,每一张图片上都有不同的文字来衬托图片,从设计的角度上去分析,显得更完善,更具合理性。

(2)在制作的过程中,我把所有时尚的图片都做成了那种朦胧的感觉,因为我认为现在是朦胧感觉最为时尚和流行的时候。所有的浪漫感也都以那种柔光来凸显。

五、设计中出现的问题以及解决的方法

基本技术方面主要有以下几点:

(1)婚纱套册设计中要注意图像大小及像素的设置,我在前期的设计中没有充分考

虑到,以至于走了不少弯路。我得到的启示就是要先铺好画布再进行绘画,否则不仅毁了画布,而且所做的也是无用功。

(2)婚纱照片的处理(修复及抠图)方法掌握不好,基本技能需要在实践中不断地摸索提高。

(3)婚纱套册设计过程中背景处理不够好,不能将原始摄影作品与背景很好地融合,这需要更高的艺术鉴赏力和对色彩的准确把握,多看多想多做,会发现一次比一次做得好。

(4)婚纱套册设计风格的设定及整体的掌握,这是最难的,而且没有什么捷径可走,只有反复地练习,反复地揣摩才会形成自己的认识。

提高后期处理的艺术含量有两点:

第一点:后期处理首先建立在前期摄影的基础上(好的前期工作对后期处理会有事半功倍的效果)。前期工作完成后,已经不可更改,适当分析和因势利导,是提高后期处理的艺术含量的关键所在,这当中就需要制作者的一点儿灵气,也正是这点儿灵气,给最终的作品注入了艺术的"魂",有时对一些前期拍摄的败作,也能起到"起死回生"的效应。

第二点:后期处理是个复杂的再创作的过程,不可等同于简单的修修剪剪,这个过程是综合了设计者的创作才能、计算机软件应用技术、计算机设备功能等多种因素的技术工作,其中最为重要的是制作者的设计理念和艺术功底。制作者除掌握娴熟的计算机软件操作技能外,关键是还要有一定的艺术修养和艺术欣赏能力。一位具有较高艺术功底的后期制作者,在他的鼠标下就会出现令人难以忘怀的艺术作品。

六、结束语

通过制作套册设计,我又学到了许多平面设计知识。以前在学校里学习都只是书本上的一些知识,如果不实践应用,还算不上会,只有经过实践操作,才会理解得更透彻,才能熟练地将其掌握。通过这一段时间的学习和制作,我对色彩的搭配有了更新的认识,设计要讲究色彩和整体风格的统一,不能用过多的颜色,形成不统一的调子。在制作过程中,出现了不少的问题,但通过对这些问题的解决,我对 Photoshop 软件有了更多的认识,对工具的应用也更加熟练了。以前我们想到的都是怎么能更加熟练地运用工具,而现在通过做毕业设计我才透彻地明白设计的理念才是最重要的。要想成为一名设计师,首要的条件就是要有想法,其次要通过不断地努力和刻苦钻研掌握更高深的技能。

致谢(省略)

参考文献:

[1] 赵荣椿.数字图像处理与分析[M].北京:清华大学出版社,2013.

[2] 时代印象、宋丽颖.中文版 photoshopcs6 图像处理入门与提高[M].北京:人民邮电出版社,2013.

[3] 前沿文化.Photoshop 数码照片处理—案例学[M].北京:科学出版社,2013.

[4] 李伟.人像篇—Photoshop 数码照片处理高手之道[M].北京:人民邮电出版社,2013.

[5] 田园.步步深入 Photoshop CS6 数码照片处理完全学习手册[M].北京:电子工业出版社,2013.

[6] 太行摄影.Photoshop 数码照片处理 200 例(经典版)[M].北京:中国铁道出版社,2013.

[7] 牛琦.数码照片处理实用技巧[J].科技视界,2013(04).

6.2　平面设计综合范例

平面设计综合范例(一):活动宣传海报设计

摘　要

海报设计必须有相当的号召力与艺术感染力,要调动形象、色彩、构图、形式感等因素形成强烈的视觉效果。本文通过对海报的定义、分类、特点和海报文字内容及写作格式的详细说明,给出了设计制作海报的一般方法。文中以两款活动海报的设计制作为例,从前期的创意到最后的主题阐释,其中既表现出西方情人节如玫瑰花般的芳香浪漫,又表现了东方情人节如葡萄架下窃窃私语时的期待与温馨。在设计方法和设计原则上都遵循了活动海报设计的基本规律,并有所创新。

【关 键 词】海报设计,内容,主题,方法和原则
【研究方向】平面设计
【论文类型】设计说明书

目　录

前　言

海报作为一种宣传手法已经成为人们最常见的招贴形式,现在已经越来越多地出现在各种公共场所,以达到告知有关活动事项的作用。尤其是一些活动的宣传海报,它以鲜艳的颜色、漂亮的图片、简约的文字让人更直观、更清楚地了解到活动的主旨和内容,也更能体现活动组织者的精心创意和良好愿望。好的活动海报,不仅给人以美的享受,同时也唤起了人们参与到活动中的欲望。如果没有好的活动海报的宣传,那么活动被人们所关注的机会就少了许多。

海报设计要求一目了然、简洁明确,使人在一瞬间、一定距离外就能看清楚所要宣传的事件。为了达到这个目的,宣传画往往采取一系列假定手法,突出重点,删去次要的细节,甚至背景,并可以把各个不同比例,或在不同时间、空间发生的活动组合在一起。并经常运用象征手法,启发人们的联想。

还要充分发挥海报面积大、纸张好、印刷精美的特点,通过了解厂家、商品、对象和环境的具体情况,充分发挥想象力,以其新颖的构思、短而生动的标题和广告语,具有个性的表现形式,强调海报广告的远视性和艺术性。

一、海报的定义、特点及分类

1. 海报的定义

海报广告是视觉形象化的设计,是使用视觉语言将广告创意予以形象化的表现。招贴又名"海报"或"宣传画",属于户外广告。分布在各街道、影剧院、展览会、商业闹市区、车站、码头、公园等公共场所。国外也称之为"瞬间"的街头艺术。招贴相比其他广告具有画面大、内容广泛、艺术表现力丰富、远视效果强烈的特点。海报的广告就每张而言,其针对性很强。商业中的商品海报以具有艺术表现力的摄影、造型写实的绘画和漫画形式表现居多,给消费者留下真实感人的画面和富有幽默情趣的美好印象。而非商业性海报,内容广泛,形式多样,艺术表现力丰富。特别是文化艺术类的海报画,根据广告主题,可以充分发挥想象力,尽情施展艺术手段。海报广告以其图文并茂的优势,增强了广告的渲染力,生动准确地传达出广告信息。

我们可以参看以下几个不同类型的海报,从中体会其所要传达的信息。如图1所示为电影海报,图2所示为活动海报,图3所示为产品促销海报,图4所示为产品宣传海报。

2. 海报的分类

海报一般来讲,从内容上看可以分为下列几类:

① 电影海报

这是影剧院公布演出电影的名称、时间、地点及内容介绍的一种海报。这类海报有时还会配上简单的宣传画,将电影中的主要人物画面形象地展现出来,以扩大宣传的力度。

② 文艺晚会、杂技表演、体育比赛、大型节日等活动海报

这类海报同电影海报大同小异,它的内容是观众可以身临其境进行娱乐观赏的一种演出或节日活动,这类海报一般有较强的参与性。海报的设计往往要新颖别致,引人入胜。

图 1　电影海报

图 2　活动海报

图 3　产品促销海报

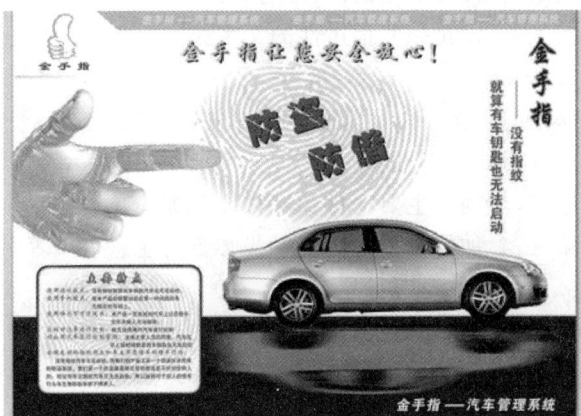

图 4　产品宣传海报

③ 学术报告类海报

这是一种为一些学术活动而发布的海报。一般张贴在学校或相关的单位。学术类海报具有较强的针对性。

④ 产品宣传海报

随处可见的各种产品的宣传海报吸引着我们的眼球,告知我们产品最突出的特点或功能。

3. 海报的特点

海报是人们极为常见的一种招贴形式,多用于电影、戏剧、比赛、文艺演出等活动。海报中通常要写清楚活动的性质,活动的主办单位、时间、地点等内容。海报的语言要求简明扼要,形式要做到美观大方。

一般的海报通常具有通知性,所以主题应该明确显眼、一目了然,接着概括出如时间、地点、附注等主要内容,要求使用最简洁的语句。活动海报的插图、布局的美观通常是吸引眼球的好方法。在实际生活中,有比较抽象的和具体的两种形式。

海报一般还具有以下两个特点:

① 广告宣传性

海报效应是吸引社会各界的参与,它是广告的一种。同时海报还加以美术的设计,以吸引更多的人加入活动。它可以在媒体上刊登、播放,但大部分是张贴于人们易于见到的地方。其广告效应很好,色彩极其浓厚。

② 商业性

海报是为某项活动做的前期广告和宣传,其目的是让人们参与其中,着眼于商业性目的。

二、海报文案的格式和内容

海报一般由标题、正文和落款三部分组成。

1. 标题

海报的标题写法较多,大体可以有以下一些形式:

其一,单独由文种名构成。

其二,直接由活动的内容承担题目。

其三,可以是一些描述性的文字。

2. 正文

海报的正文要求写清楚以下一些内容:

第一,活动的目的和意义。

第二,活动的主要项目、时间、地点等。

第三,参加的具体方法及一些必要的注意事项等。

3. 落款

要求署上主办单位的名称及海报的发文日期。

以上的格式是就海报的整体而讲的,实际的使用中,有些内容可以少写或省略。

4. 海报写作的注意事项

海报一定要具体真实地写明活动的地点、时间及主要内容。文中可以用些带动性的词语,但不可夸大事实。海报文字要求简洁明了,篇幅要短小精悍。海报的版式可以做些艺术性的处理,以吸引观众。海报不是一张简单的告示或通知,而是一件美的艺术作品。

三、设计作品的阐释

1. 市场调研及创意来源

题目选定了,怎样来设计和表现出更好的作品呢?除了在网上查阅海报的图片,我又走街串巷去搜寻在我身边的各种各样的海报。到底是做电影海报还是什么活动的海报一直拿不定主意。我想这个海报的主题活动应该是大部分人都可以参与其中或是曾经参与过的活动,而且由于时代的不同,活动又会被赋予不一样的含义,这样的节日或是活动来作为设计的题目较好。情人节无疑是最好的设计题材了。我们过西方的情人节,可是又忽略了自己的情人节,能不能一并通过我的设计来唤醒人们对于自己传统节日的一种新的向往?赋予我们活动新的内容呢?

西方情人节是浪漫的节日,中国的情人节则是浪漫而又充满想象的节日,在历史的积淀下演绎出了太多的刻骨铭心的爱情童话来。我想通过我的设计既要表现西方情人节如玫瑰花般的芳香浪漫,又要表现出东方情人节如葡萄架下窃窃私语时的期待与温馨。不仅仅有玫瑰花、巧克力,还有善解人意的喜鹊,还有人约黄昏后的激动心情。

2.设计定位及主题阐释

我这次作品的题目是活动宣传海报,选了情人节和七夕的某些活动为主要活动内容。力图用浪漫的气息、独特的品位、新颖的设计、清新的主题吸引人们参与其中。

情人节活动海报,要把握活动特色及目前大众关注的方向作为主题。虽然海报艺术随着信息时代的到来而面临着来自报纸、杂志、电视等媒体的冲击,但不断求异创新的活动海报艺术所显示出的独特效果以及在视觉表现上的独特艺术魅力,仍旧处于广告宣传媒体的重要地位。在信息发达的今天,许多企业都纷纷用某些节日的活动宣传海报来扩大自己的知名度,因此商业活动海报的运作也更为重要。在这次作品设计中我用的是处理过的文字效果,用一些符号使海报更美观。如图 5 所示的这幅浪漫情人节海报,它以紫色为主,变形的“爱你一万年”,背景文字选用了淡黄色和白色,点点星光点缀在其中。首先营造出浪漫的气氛,吸引人们关注的目光,然后再写出活动时间及地点,明确传达了情人节即将到来的信息。如图 6 所示的是七夕情人节海报,既营造出浪漫的气息,还要有中国传统的氛围。用白色星光点缀出银河,给出主体,变形的象征化的两只小鸟,象征鹊桥的相会,一方面突出了主题,一方面也使整个画面温馨又充满美感。

图5　浪漫情人节海报

图6　七夕情人节海报

3.设计方法和原则

首先我在制作海报之前想到了一些问题,例如:海报的尺寸大小、分辨率应该是多少? 海报的颜色应该如何搭配才能吸引路人的眼球? 怎样做能让看到海报的人了解海报上的活动? 在做到以上方面的同时还要突出自己的创意。

这次海报在色彩的搭配上选用的是明亮和低调的颜色相结合,例如:红色。红色的色感温暖,是一种对人刺激性很强的颜色。红色容易引起人的注意,也容易使人兴奋、激动。情人节是恋人的节日,用象征喜庆的颜色来表达能产生很好的效果;还有紫色和黄色,紫色的明度在彩色的色料中是最低的,不过紫色的低明度给人一种神秘的感觉,这种神秘感可以让看到此活动的人想继续了解,产生好奇从而激起兴趣。黄色是各种色彩中最为娇气的一种颜色,只要在纯黄色中混入少量的其他色,其色感和颜色性格均会发生较大程度的变化。用黄色来衬托红色背景的醒目,同时黄色的字很能引起大众的关注。在红色的背景上加上黄色的字则具有明显的橙色感觉,其性格也将会变成一种有分寸感的热情、温暖。在浪漫七夕这幅海报中(见光盘中的作品),它的底色是紫一橙红一橙色三色的渐变,对文字"浪漫七夕 party"进行了处理,主场景以月亮和星星为主,给人安静的感觉;路灯旁边手牵手看月亮的情侣正好突出此活动海报的主题"年度单身男女大型交友活动";文字的主色调还是黄色和紫色。整个海报的画面不是很华丽但是很安逸、很舒服。

四、设计作品过程中遇到的问题

在制作海报之前考虑到了尺寸和分辨率的问题,如果尺寸大、分辨率小,海报打印出来像素点太明显,不清楚。最后我制作的海报的大小为 52×87 厘米,分辨率为 120 像素/英寸。本来第一次定义的大小是 22×52 厘米,分辨率为 300 像素/英寸,后来发现如果是这样大小的海报打印出来,未免有点太小了;其次是分辨率设置的过大,一张这种分辨率的海报占内存 71MB,在制作中使 PS 运行的速度下降很多,在发现这两个问题后,我即时进行了调整。

老师第一次审阅我的作品时,指出海报中的玫瑰花的花边应该虚化一点,花要抠得细致,要遵循宁缺毋滥的原则。我经过仔细观察也发现当海报放大到打印尺寸的时候,每个花边还有文字都看得很清楚,花边处理的不理想,所以我又对每幅海报进行了细致的修改。

五、结束语

海报设计是一个很大的命题,各种各样的海报设计充斥着我们的眼球。好的设计可以给我们带来美好的感受。通过这次海报的设计,我觉得做好海报设计第一要素就是要有很好的立意。立意不仅仅是海报设计本身,还包括设计对象。设计内容的通篇考虑,从而确立自己的立意,再在设计作品中体现出所设计的作品的主题,并依托设计将立意或信息传达出来。技术在设计过程中已经退到次要的地位,而设计思想则是最为重要的,否则我将只是一名技术工人而非设计师了。我想我以后要学习的东西还有很多,我的路还很长。

致谢(省略)

参考文献:

[1] 瞿颖健.海报设计一专业色彩搭配手册[M].北京:印刷工业出版社,2012.

[2] 王猛.手绘 POP 分类精编/手绘 POP 海报设计一中国美术.设计分类全集一设计基础卷[M].沈阳:辽宁美术出版社,2013.

[3] 周鑫.浅析海报设计中的图形创意表现[J].美术界,2013(04).

[4] 梁宇、任殿斌.浅谈做好海报设计的构成要素[J].青年文学家,2013(03).

[5] 黎香燕.浅析 Photoshop 软件在海报设计中的应用[J].福建电脑,2013(03).

[6] 王玮莹.海报设计中创新思维的力量[J].青年文学家,2013(06).

[7] 陆曦.浅谈海报中字体设计[J].艺术科技,2013(02).

平面设计综合范例（二）：书籍封面封底设计

摘　要

设计书籍封面的设计者要具有良好的立意和构思，从而使书籍从形式到内容形成一个完美的艺术整体。文中不仅介绍了书籍封面封底的功能和在日常生活中所起到的重要作用，还介绍了封面设计三要素。而且从构思到主题确定，再到设计思想的阐释与分析，以及如何一步一步来完善作品等方面，给出了书籍封面封底设计的基本过程，用最终作品的立体效果展示了设计样品。最后总结了设计过程中出现的问题以及解决方法。

【关 键 词】书籍封面封底，设计要素，设计过程
【研究方向】平面设计
【论文类型】开发设计型

目　录

前　言

好书不厌读百回，熟读精思子自知。
书籍是人们在生活和成长过程中必不可少的，在人们的生活中扮演着重要的角色。

每个人都喜欢读对自己和孩子成长过程有益的书。那么何谓美的书籍呢？简言之是那些读来有趣，受之有益，受到大众欢迎，内容与形式统一，并具审美与功能价值的书籍。

书籍的形态包括两个方面，即造型和神态。造型指的就是书籍的封面封底，它体现着书籍直观的静止之美；神态则指的是书籍的内容。那么书籍的封面对于书籍到底有什么重要意义呢？

封面最原始的功能是对书籍的正文内容进行保护，这一重要的使命，从某种角度来看，可以说是封面最初存在的唯一理由。即使到了工艺与技术异常发达的今天，图书在被阅读和使用的过程中都要经过无数次的拿取与翻动，加之在销售时还要经过运输和搬移，因此封面可以起到保护书芯的作用。

与早期不同的是，现在封面还具有另外一个非常重要的功用，即广告宣传作用。如前所述，在社会生活中书籍是以商品的形式出现的，而竞争是商品的共性。读者在购买书架上的书籍时，最先看到的是它们的外观，通过阅读封面为其带来的提示性信息及宣传性文字，从而决定是否翻阅该书，进而决定是否购买。总体来说，书籍主要还是通过封面显示其宣传效果，封面设计是书籍形象的硬件。

由此可见，一本好的书籍不仅要在内容上吸引并打动读者，同时还要在形式上"耐人寻味"。这就要求书籍封面的设计者具有良好的立意和构思，能够使书籍从形式到内容形成一个完美的艺术整体。

一、书籍封面封底的内容、书籍装帧设计的发展和市场需求

1. 书籍封面封底的内容

(1)封面(又称封一、前封面、封皮、书面)

封面印有书名、作者、译者姓名和出版社的名称。封面起着美化书籍和保护书芯的作用。

(2)封里(又称封二)

是指封面的背页。封里一般是空白的，但在期刊中常用它来印目录或有关的图片。

(3)封底里(又称封三)

是指封底的里面一页。封底里一般为空白页，但期刊中常用它来印正文或其他正文以外的文字、图片。

(4)封底(又称封四、底封)

图书在封底的右下方印统一书号和定价，期刊在封底印版权页，或用来印目录及其他非正文部分的文字、图片。

(5)书脊(又称封脊)

书脊是指连接封面和封底的书脊部。书脊上一般印有书名、册次(卷、集、册)、作者、译者姓名和出版社名，以便于查找。

(6)书冠

书冠是指封面上方印书名文字的部分。

（7）书脚

书脚是指封面下方印出版单位名称的部分。

2.书籍装帧设计的发展

书籍装帧设计是指书籍的整体设计。它包括的内容很多,其中封面、扉页和插图设计是其中的三大主体设计元素。

近代以来,随着印刷术不断发展,机器印刷代替了传统的雕版印刷,从而产生了以工业技术为基础的装订工艺,出现了平装本和精装本,由此产生了装帧方法在结构层次上的变化,封面、封底、扉页、版权页、护封、环衬、目录页、正页等,成为新的书籍设计的重要元素。然而在我看来,中国古代的书籍艺术仍然是指引中国书籍设计进步的重要航标之一,虽然古代书籍的装帧印刷技术无法与现代的装帧印刷技术相提并论,但无论在古代还是在现代,一本书籍的基本功能要求依然是一致的、本质的、稳定的。下面是一组古代书籍与现代书籍对比的图片,如图 1 所示。

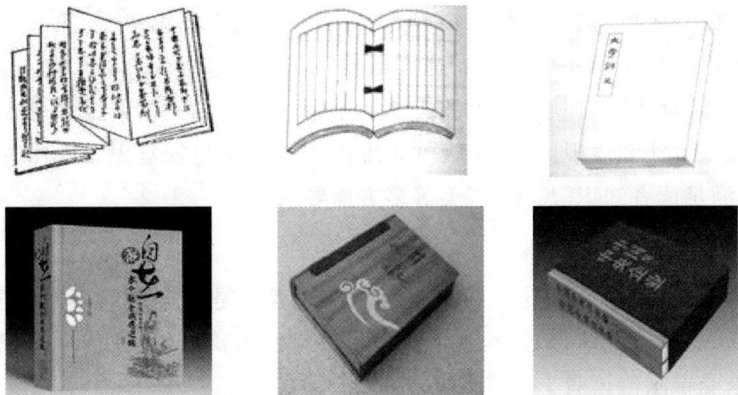

图 1　古代书籍与现代书籍装帧对比

现代书籍形态设计追求对传统装帧观念的突破,提倡"现代书籍"形态的创造必须解决两个观念性前提:

第一,书籍形态的塑造并非书籍装帧家的专利,它是出版者、编辑、设计师、印刷装订者共同完成的系统工程。

第二,书籍形态是包含"造型"和"神态"双重构造的,前者是书的物性构造,即封面封底等,它以美观、方便、实用的意义构成书籍直观的静止之美;后者是书的理性构造,即书籍的内容,它以丰富易懂的内容、有条有理的层次、起伏跌宕的故事、充分互补的图文和创造潜意识的启示等构成了书籍内容的流动之美。造型和神态的完美结合,共同创造出形神兼备、具有生命力和保存价值的书籍。

现代书籍艺术家的这些追求,我们都可以在古代书籍艺术中找到创意的源泉。总结中国古代书籍的设计,涉及的元素为:书籍的大小、版式的规格、印纸的优劣、墨色的好坏、字体的风格、版画插图的精细与否和装帧与内容的呼应等。这对我们现在进行书籍的设计提供了极为丰富的借鉴源泉。

装帧设计在近两百年的发展中,给社会和人类提供了极大的方便,促进了人们的信息传达,加强了思想的沟通和交流,同时也形成了一种新的视觉艺术和视觉文化范畴。随着贸易的发展,技术的进步,装帧设计所肩负的任务必然越来越重。虽然装帧设计的语言运用变化万千,但是其服务的对象还是人。人的生理审美要求,体现在装帧设计上就是视觉传达的迅速和准确需求;人的心理审美要求——美观、大方、典雅、合乎自己的品位等,这些其实并没有多大的改变。因此,对于近两百年来装帧设计语言的发展研究和装帧设计语言的运用研究成为重新估价衡量新的书籍审美的价值标准。

　　3.书籍装帧设计的市场需求

　　书籍装帧设计作为平面设计的重要组成部分,以艺术的形式帮助读者理解书籍的内容、增加读者的阅读兴趣。书籍装帧是艺术,似乎已毫无疑问。实践证明,一件好的书籍装帧作品能给人以美感,或典雅端庄,或艳丽飘逸,或豪华精美,大大满足了人们的精神需求。爱美,是人们的天性。随着历史的前进,科学技术的发展,书籍作为人们的精神生活需要,它的审美价值日趋突出和重要。红花还需绿叶相配,书籍的内容固然是人们最想领略的,但如果同时还是一本装帧精美的书,那在人们看到第一眼、第一次拿起时的感觉会更加提升书的美感。一个设计者应在既定的开本、材料和印刷工艺条件下,通过想象,调动自己的设计才能使其艺术上的美感与书籍"文化形态"的内蕴相呼应。设计者应该以丰富的表现手法和表现内容,使视觉思维的直观认识与视觉思维的推理认识获得高度的统一,以满足读者知识、想象、审美等多方面要求。

二、封面设计的三要素

　　图形、色彩和文字是封面设计的三要素。设计者就是根据书的不同性质、用途和读者对象,把这三者有机地结合起来,从而表现出书籍的丰富内涵,在传递知识信息的同时将一种美感享受奉献给读者。

　　1.图形

　　有机的使用图形,可以大大地增加图书封面的直接阅读性,合理的插配图形,可以烘托整个书籍封面的环境,提升阅读对象的关注度。不同类型的书籍采用相应的图片并进行艺术上的处理,可以很好地标识书籍的性质。如一本严肃的社科类图书或政治性很强的图书,使用深沉的背景图形可以给人以庄重和严肃的感觉。儿童类书籍,采用一些精美、漂亮、生动有趣的卡通画来吸引小读者,因为他们的文化程度不高,只有通过图形才能加强他们对图书内容的感知程度。另外,采用非常具体的卡通实物或玩具实物的照片进行封面设计,也能够取得不错的效果。

　　2.色彩

　　色彩方面,要在封面设计中选择合适的颜色表现图书主题,或为封面确定某种基本色调,这需要对图书的主题有一定的把握,并对各种颜色的属性有相当的了解。如图2所示,灰色的主色调给人一种高雅的感觉,加上时尚的人物造型,很显然是时尚杂志封面;而在图3中,色彩的鲜艳和夸张的图形则体现出了儿童书籍的活泼。总之,无论是色彩、图形还是文字的设计,都要求和读者对象相统一。

图 2　灰色调时尚杂志封面

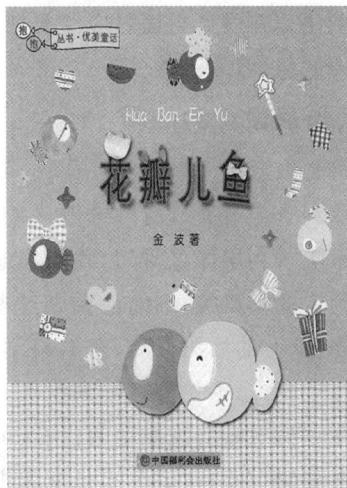

图 3　鲜艳的儿童书籍封面

3. 文字

如果是以文字为主体的封面设计，设计者不能随意地将一些字体堆砌于画面上，否则只能按部就班地传达信息，却不能给人一种艺术享受。且不说这是失败的设计，至少对读者是一种不负责任的行为。没有读者就没有书籍，因而设计者必须精心地考究一番才行。设计者应该在字体的形式、大小、疏密和编排设计等方面都比较讲究，在传播信息的同时给人一种美的享受。另外封面标题字体的设计形式必须与内容以及读者对象相统一。成功的设计应具有感情，如政治性读物设计应该是严肃的；科技性读物设计应该是严谨的；少儿性读物设计应该是活泼的等。封面设计的造型要带有明显的阅读者的年龄、文化层次的特征。对少儿读物形象要具体、真实、准确，构图要生动活泼，尤其要突出知识性和趣味性，一般配合夸张性、想象性、人格化、游戏性、幽默性等插图来进行设计创作。少儿时期正是处于所谓的视觉年龄，因此，设计少儿读物时更要注意引起他们的视觉震撼，要表现得更为直观。书籍可以培育少儿丰富的情感和想象力，而这些正是他们日后成功与快乐的源泉。对中青年到老年人的读物，形象可以由具象渐渐转向于抽象，宜采用象征性手法，构图也可由生动活泼的形式转向于严肃、庄重的形式。

好的封面设计应该在内容的安排上做到繁而不乱，就是要有主有次，层次分明，简而不空，意味着简单的图形中要有内容，平实的色彩中蕴含韵律，并增加一些细节来丰富它。封面设计的构图，是将文字、图形、色彩等进行合理安排的过程，其中文字占主导作用，图形、色彩等的作用是衬托书名。通常，将文字进行垂直排列，具有严肃、刚直的特点，这是我国书籍的传统构图形式。水平式的构图，给人以平静、稳重的感觉，将书籍名称水平排列能给整体带来平衡的作用。倾斜式的排列，可以打破过于平稳的画面，以求更多的变化。构图运用恰当有助于强化书籍的主题。在色彩上、印刷上、图形的有机装饰设计上多做些文章，使设计有一种气氛、意境或者较高的品位与格调，可以大大增加图书的销售量。

以上便是在设计封面封底时要抓住的三个要素,了解了这些会对自己今后的设计工作有很大的帮助。

三、作品设计的阐释

1.创意来源

在拿到毕业论文(设计)选题库的时候,我选定做书籍封面设计,可能和我平时爱看书有关系吧。利用休息时间,我到本地最大的书城整整看了一天,从艺术类到哲学类,从儿童类到专业书籍类,细细地揣摩这些图书封面给我的第一眼感觉。有的严肃庄重、有地含蓄静谧、有的活泼律动、有的科学严谨。有些书总是在我第一眼看到时就已经深深地吸引住了我,忍不住要拿起来翻阅一下。脑海中深深印下这些书的封面给我的感觉,尤其是儿童类书籍活泼律动的色彩,可爱的文字图形给我的印象很深。如果我来设计一本儿童书籍的封面,在诸多的儿童类书籍中,怎样仅凭封面(封底)就跳跃到人们的视线当中去呢?

2.设计定位及主题阐释

我设计的书籍类型是儿童文学类,书名就为《儿童文学》。两个封面封底的主色调分别是橙色和蓝色。正如色彩分析所述,橙色是一种激奋的色彩,给人以明快、欢欣、热烈、温馨和时尚的感觉;蓝色是天空与海水的颜色,会给人带来凉爽、清新、专业、空旷、博大的感觉。其中都带有白色的渐变,白色往往给人带来的是洁白、明快、纯真、清洁的感觉。我所做的整体设计、作品立体效果和作品的整体效果分别如图4、图5和图6所示。

图4　整体设计

图5　作品立体效果

我之所以选择这三种颜色为主色调,是因为儿童文学书籍的读者都是年龄尚小、文化程度不高的儿童,我希望他们在选择读物时,封面带给他们的是积极向上的感觉。总

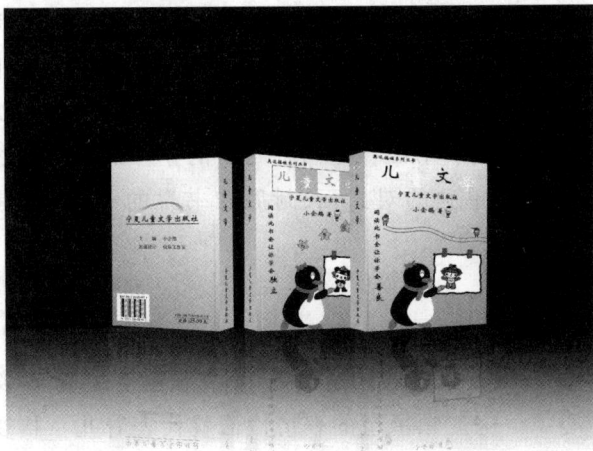

图 6　作品的整体效果

之,无论从色彩、图形和文字哪一方面去考虑,文学书籍带给小读者们的都应该是乐观、积极向上的思想。

为什么要在封面上画一只小企鹅呢? 这也是有意义的。人们都把企鹅称为南极的象征,也是寒冷的象征,正是环境的原因,企鹅锻炼和造就了一身适应南极恶劣环境的硬功夫——耐低温的特异生理功能。我希望所有处在成长过程中的儿童,无论他们在什么样的环境下成长,都能够像小企鹅一样克服周围的恶劣环境,健康的成长。还有一个原因是企鹅的长相可爱,特别是它那种彬彬有礼、绅士般的风度,能给人留下深刻的印象。画板和笔都是儿童在学习的过程中必不可少的东西,它也在暗示着每一个阅读此书的儿童在阅读时能够记录一些对自己成长有益的词句等。

3. 设计的基本过程

我创建的画布是 20×29 厘米的,分辨率为 200 像素/英寸。在整个作品的设计中,每一条线、一个文字、一个符号都有我自己的设计思想。

首先对以橙色为主色调的封面进行分析。书名"儿童文学"的颜色与背景相协调,一上一下的排列会显得比较活泼,有跳跃感,不会显得过于死板。最左侧一排文字的后两个字的突出也是此书主题的突出,让人一目了然,很清楚地明白此书的主题是教导儿童如何学会独立。出版社和作者这块是很正规的书写与排列,没有进行过多的修饰。

接下来对以蓝色为主色调的封面进行分析。大概相同的地方这里就不作过多的解释了,比如说最左侧的一行字的后两个字不同,是因为两本书所表现的主题不同,一本是教儿童如何学会独立,一本则是教儿童要学会善良。

下面是封底和书脊的分析。封底的设计和封面比起来就要简单很多了,也就是说封底的设计不需要过于复杂,否则就会喧宾夺主了。封底、书脊的色调和封面的色调是相辅相成的,因为它们是一个整体。在封底和书脊上使用的标志是紫色的,紫色给人带来的感觉是高贵。在封底的中间印有出版社名、主编和封面设计单位;左下方印有条形码;右下方印有书号和定价。书脊是连接封面和封底的,印有标志、书名和出版社名,以便于查找。

此外,还做了书籍的四种立体效果图。第一种效果是一本立着的和一本倒着的,整个画面上做了少许的修饰;第二种是立体翻开时的效果,这样可以同时看到封面、封底和书脊;第三种是封面立体和封底立体效果,还有翻开之后,里面内容的效果图,这样可以让人大致了解一下里面的内容;第四种是两种封面的立体效果。通过这四种立体效果图,可以使人们不只停留在单独的对封面、封底和书脊的了解,而是对它们的整体更加清晰。

4. 我的创新

在封面中三颗小星星的出现有它们的独特之处,注意观察每颗星星的表情,它们之间是有一个过渡的。第一颗星星的表情是疑惑,第二颗就有了微笑,第三颗就已经张开双臂,而且笑得更开心了。这三颗星星的表情恰恰就代表着儿童接受新事物的心理过程;刚开始的时候心中充满了疑惑与不解,慢慢开始接受,然后就能够完全接受。

另一个封面中最明显的不同则体现在中间的地方,三颗生动的小星星被两条曲线和两个小孩所代替了。那么这两条曲线和两个小孩又有什么寓意呢?两条线代表着儿童的成长之路,它们是弯曲的,说明在这条成长的道路上势必会有许多曲折,没有谁的道路是平坦、一帆风顺的,只有通过这些曲折的事情,儿童的思想才会日趋成熟。所以曲线上站着的两个小孩所处的高度是不同的,右边的低于左边的。

四、设计过程中出现的问题与解决方法

在开始设计之前,第一个问题就是画布大小的选择。我开始创建的画布是以像素为单位的,是 600×880 像素,分辨率为 300 像素/英寸,它表面上看起来和后来创建的 20×29 厘米的、分辨率为 200 像素/英寸画布的大小没有什么差别,可前者实际的打印尺寸只有 5×7 厘米,如此大小的书籍打印出来阅读好像有些困难呀!这个问题我一直都没有注意到,直到上交第一阶段初稿时,通过指导老师的指导后才发现的,许多同学也都和我犯了同样的错误。后来看了老师给我们的相关资料和上网查阅后,对此就有了了解。画布大小改成了 20×29 厘米,分辨率设成了 200 像素/英寸,这个像素适用于书刊杂志。分辨率越大,所占用的磁盘空间也就越大,在图像处理时的速度也会相对较慢;分辨率太小,在实际应用时处理出来的图像会很粗糙,很多精细的地方就会处理不好。

画布创建好之后就要开始自己的设计了。刚开始的时候真不知道从哪方面下手,感觉自己的脑子里是一片空白,没有什么想法,只能在网上大量的看各种类型的书籍封面。可是却发现自己越看越没有想法,思路都已经被别人设计的东西框起来了。起初的几稿就是别人设计过的东西的简单重复,没有自己的想法和创新。所以将以前的内容全部推翻,然后在纸上不断地画草图,把自己的想法先简单地表现出来,征询别人的意见后再不断完善自己的想法。这样做有些艰辛,可是很快乐,还是需要自己的创新,只要有了自己的想法,后面的工作就好做了。

在工具的使用和知识的运用上基本上没有什么大的问题。最后在做书籍的立体效果时,只要在扭曲时做得细致一些,立体感就会出来了。

五、结束语

我选择的设计内容是书籍封面封底的设计,因为在人的一生中大多数知识还是来源于书本,即便是在现代的网络时代,人们获取信息和知识的渠道,大部分仍来源于文字。正因为书籍在人们生活中占据着重要的地位,我希望封面封底的设计也可以随着市场的需求快速发展,它们的重要性并不比书籍的内容小,它们直接影响着人们的购买欲。

这次的毕业设计,不仅是对三年来所学的知识的总结,更重要的是明白了如何把理论性的东西应用到实际中,与实际相结合。如果只是一味地学习纯理论性的知识,恐怕自己永远也得不到提高。

致谢(省略)

参考文献:

[1] 王洪瑞. 书籍设计项目教学[M]. 北京:中国水利水电出版社,2013.

[2] 薛慧峰. 书籍设计一平面设计专业[M]. 北京:中国水利水电出版社,2013.

[3] 安娜. 书籍设计[M]. 北京:化学工业出版社,2013.

[4] 曹戈. 试谈书籍封面设计与书籍内容的联系[J]. 山东水利职业学院院刊,2013(02).

[5] 刘红、杨林. 儿童类书籍封面装帧设计的构成要素分析[J]. 前沿,2013(14).

[6] 吴晓慧. 现代书籍装帧的形象设计[J]. 美术观察,2013(05).

平面设计综合范例(三):VI 设计

摘　要

VI 设计可以考察一名设计者的整体设计构思。要想做好一个 VI 设计,必须要熟练掌握所应用的设计软件,思维开阔,并采用较强的视觉可读性元素,才能传达企业信息,体现设计价值。本文详细阐述了 VI 设计的含义以及 VI 视觉形象识别设计系统的组成,给出了开发一个完整的 VI 设计手册的设计流程。文中基于此流程设计了某婚纱摄影馆的 VI 设计手册,从其基础系统到应用系统的开发设计,严格遵循 VI 设计规范,对设计的作品做了相应的阐释。VI 设计手册的完整性是衡量作品成功的最基本标准,而基础系统的完备性和指导性是整个 VI 设计成功的关键。

【关 键 词】VI 设计,设计流程,基础系统,应用系统

【研究方向】平面设计

【论文类型】开发设计型

目　录

前　言

VI(Visual Identity)的含义是视觉识别,VI 设计的全称为"视觉形象识别系统设计",是企业形象设计的重要组成部分。VI 能对企业的生存与发展起到助推器的作用。任何一个企业想塑造出可视的企业形象,将自身传播给社会大众,都需要依赖传播系统,传播的成效大小完全依赖于在传播系统模式中的符号系统的设计能否被社会大众辨认与接受,并给社会大众留下深刻的印象。

社会现代化、工业化、自动化的发展,加速了企业优化组合的进程,其规模不断扩大,组织机构日趋繁杂,产品快速更新,市场竞争也变得更加激烈。另外,各种媒体的急速膨胀,传播途径不一而论,受众面对大量繁杂的信息,变得无所适从。企业需要统一的、集中的 VI 设计。

近 20 年来,国内一些企业也逐渐引进了形象识别系统,从最早的健力宝,到后来的康佳、创维、海尔、李宁等也都在实践中取得了成功。目前很多的大中专院校、星级宾馆也都引进并完成了自己的形象识别系统。在中国新兴的市场经济体制下,企业要想长远发展,有效的形象识别系统必不可少,这也成为企业腾飞的助推器。

一、VI 设计的含义

VI 是视觉识别系统,它是 CI(Corporate Identity System,企业形象识别系统)中形象性最鲜明的一部分,以至于很多人会错误地把 VI 当作 CI 的主体。其实 CI 是由 MI(理念识别 Mind Identity)、BI(行为识别 Behavior Identity)、VI(视觉识别 Visual Identity)三方面组成。在 CI 设计中,VI 设计最具传播力和感染力,是最容易被公众接受的部分。本文不讨论 CI 系统,而集中精力研究 VI 视觉识别系统。

VI 设计是以标志、标准字、标准色为核心展开的完整的、系统的视觉表达体系。将企业理念、企业文化、服务内容、企业规范等抽象概念转换为具体符号,塑造出独特的企业形象。

VI 设计是一个严密而完整的符号系统,它的特点在于展示清晰的"视觉力"结构,从而准确地传达独特的企业形象,通过差异性面貌的展现,达到认识、识别企业的目的。企业可以通过 VI 设计实现这一目的。对内获得员工的认同感、归属感,加强企业凝聚力;对外树立企业的整体形象,资源整合;有控制地将企业的信息传达给受众,通过视觉符号,不断地强化受众的意识,从而获得认同。

VI 设计是企业树立品牌必须做的基础工作。它使企业的形象高度统一,使企业的视觉传播资源充分利用,达到最理想的品牌传播效果。

二、VI 视觉识别系统的组成

一套完整的 VI 视觉识别系统由基本要素系统和应用系统组成。

1.基本要素系统

如企业名称、企业标志、企业造型、标准字、标准色、象征图案、宣传口号等。

(1)标志(logo)

标志、徽标、商标是现代经济的产物,它不同于古代的印记,现代标志承载着企业的无形资产,是企业综合信息传递的媒介。标志(logo)与企业的经营紧密相关,logo 标志是企业日常经营活动、广告宣传、文化建设、对外交流必不可少的元素,随着企业的成长,其价值也不断增长。

(2)标准字

企业标准字是将企业名称、企业商标名称或略称、活动主题、广告语等进行整体组合而成的字体。它又分为:

① 专用字体:专用字体包括现有标准字体和指定字体。

② 标准字体:多用于企业名称、商品名称、商标名称等。

③ 指定字体:常用于部门名称、设施名称、分支机构名称及其地址、广告内容、正式文书等。

标准字特征有:识别性、可读性、设计性、系统性。

设计选择专用字体应注意:

① 调查整理专用字体的使用范围、使用目的、使用状况等。

② 选用指定字体,应考虑同标志和标准字体等基本要素的风格相协调。

③ 所选字体的种类及文字的组合形态、方法应有一定的规律,并形成具有可读性的、再现性的、识别性的文字系统。

(3)标准色

企业标准色是指能够反映企业独特的精神理念营运内容、市场营销与风格面貌的状态的色彩。通过对企业形象概念及相对应的色彩概念和关键语的设定,进一步确立相应的色彩形象表现系统。

(4)标志和标准字的组合以及禁止规范

标志同其他要素的组合方式,常有以下形式:

① 标志同企业中文名称或略称的组合。

② 标志同品牌名称的组合。

③ 标志同企业英文名称全称或略称的组合。

④ 标志同企业名称或品牌名称及企业选型的组合。

⑤ 标志同企业名称或品牌名称及企业宣传口号、广告语等的组合。

⑥ 标志同企业名称及地址、电话号码等资讯的组合。

2.应用系统

包括产品造型、办公用品、企业环境、交通工具、服装服饰、广告媒体、招牌、包装系统、公务礼品、陈列展示以及印刷出版物等。

对当前企业所需的应用系统需要哪些宣传的内容进行详细的调查研究,然后列出要设计的项目。

(1)大致分为:

① 办公用品:信封、信纸、便笺、名片、徽章、工作证、请柬、文件夹、介绍信、帐票、备忘录、资料袋、公文表格等。

② 企业外部建筑环境:建筑造型、公司旗帜、企业门面、企业招牌、公共标识牌、路标指示牌、广告塔、霓虹灯广告等。

③ 企业内部建筑环境:企业内部各部门标识牌、常用标识牌、楼层标识牌、企业形象牌、旗帜、广告牌、pop 广告等。

④ 交通工具:轿车、面包车、大巴士、货车、工具车、油罐车、轮船、飞机等。

⑤ 服装服饰:经理制服、管理人员制服、员工制服、礼仪制服、文化衫、领带、工作帽、纽扣、肩章、胸卡等。

⑥ 广告媒体:电视广告、杂志广告、报纸广告、网络广告、路牌广告、招贴广告等。

⑦ 产品包装:纸盒包装、纸袋包装、木箱包装、玻璃容器包装、塑料袋包装、金属包装、陶瓷包装、包装纸等。

⑧ 公务礼品:T 恤衫、领带、领带夹、打火机、钥匙牌、雨伞、纪念章、礼品袋等。

⑨ 陈列展示:橱窗展示、展览展示、货架商品展示、陈列商品展示等。

⑩ 印刷品:企业简介、商品说明书、产品简介、年历等。

(2)应用要素设计开发策略的确定

对于企业形象中的某个具体应用要素设计项目而言,在开发设计之前,应对其客观的限制条件和依据做出必要的确定,避免设计项目虽然很美,但不能使用的问题。通常从下面三个方面来确定应用要素开发策略。

① 项目的功能需要:主要是指完成设计项目成品所必需的基本条件,如形状、尺寸规格、材质、色彩、制作方式和用途等。

② 项目使用的法律性限制:如信封的规格、招牌指示等环境要素的法规条例。

③ 行业性质的需要:主要是指企业所在行业中,一些约定俗成的规定或需要,如事务性用品中的单据、包装类的规定等。

三、设计 VI 视觉识别系统的流程

1.整体规划的设计思路

充分考虑企业的特点,依据 CI 核心内容,从设计概念、设计系统的构成及内容说明

等方面入手,画出系统的流程总布局图。

2. 基础系统设计项的确定

主要包括各设计项目的概念说明和使用规范说明等。如企业标志的意义、定位、单色或色彩的表示规定、使用说明和注意事项,标志变化的开发目的和使用范围,具体禁止使用例子等。

3. 应用系统设计项的确定

主要包括各设计项目的设计展开标准,使用规范和样式、施工要求和规范详图等。如事务用品类的字体、色彩及制作工艺等。针对不同的设计对象,应用系统会有很大的不同。

4. 设计手册装订方式

将基本设计项目规定和应用设计项目规定按一定的规律编制装订成一册,多采用活页形式,以便于增补。

四、作品设计阐释

鉴于篇幅的影响,在作品阐释部分只将整个 VI 系统的核心部分以及重要的应用系统部分予以展示。整个完整的 VI 视觉手册在作品的打印稿中已排好装订成册,不在文中一一展示。

1. 基础系统展示

(1)标志和标志释义:如图 1 所示。

① 画面整体:整个画面是以维纳斯国际婚纱摄影集团的中英文命名组合而成。

② 英文部分:维纳斯英文(VENUS),我的设计是把 VENUS 前面的 V 做大,让视觉感更加强烈。

③ 中文部分:中文(维纳斯),我的设计是对维纳斯这三个字的笔画加以修改,让它们更加凸出,更加美观。

④ 组合部分:如图 2 所示。因为维纳斯是主打婚纱摄影的,在标志方面必须要体现出来,这样才能让别人知道这个企业是干什么的。所以我在维纳斯的中英文结合下,又将"婚纱摄影·新娘世界"体现出来,这样就可以使所做的标志更加完善。

图 1 标志和标志释义

图 2 标志组合

（2）标志标准色与辅助色：如图 3 和图 4 所示。标准色在视觉识别系统中具有强烈的识别效应，配合标志与标准字运用在所有的视觉设计上，更能显现其个性，使人产生一致的、深刻的认同感。维纳斯标准色确定为黑色和粉红色相结合，增加辅助色以期取得不同的传达效果。采用粉色主要考虑到粉色的颜色特性更能表现出温馨浪漫的感觉。

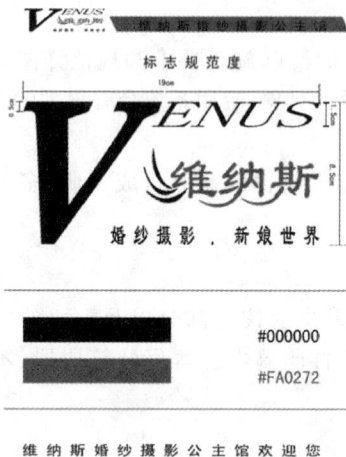

图 3　标准色

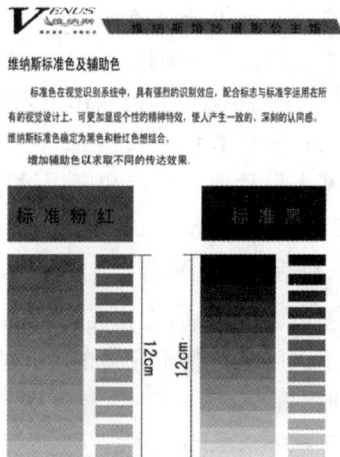

图 4　标准色及辅助色

2.应用系统展示

（1）店铺装修效果图

店铺门头采用所设计的标志主题，两侧对称的放置企业的名称以增强第一眼的视觉冲击力度。上方设置了大型的户外广告，使整个店面的设计浑然一体，达到良好的广告效应。如图 5 所示。

图 5　店铺门头效果图

（2）企业宣传海报如图 6 和图 7 所示。

图 6 招贴海报一   图 7 招贴海报二

(3)婚纱相册设计的模板范例

通过对 VI 设计对象的细致研究,做了婚纱相册模板,为顾客更多地了解企业开辟了新的门窗。而且这个应用系统设计是带有极强的企业特色的,如图 8 和图 9 所示。

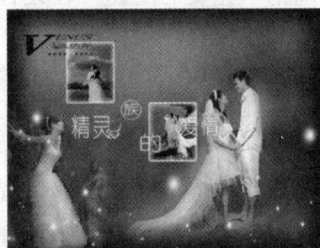

图 8 婚纱相册模板一   图 9 婚纱相册模板二

(4)企业其他的应用系统的展示:图 10 和图 11 所示。

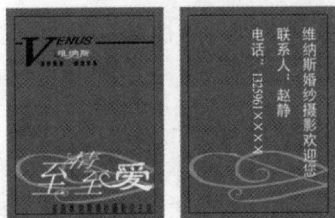

图 10 面巾纸包装效果   图 11 名片效果

五、设计总结

通过这次设计,我对自身的不足做出如下总结:

1. 独自创新的能力不够。在设计初期,仅仅局限于标志设计的细节部分,没有在大的方面考虑设计的整体性,总是感觉所做的作品不够理想,也不够商业化。最后在查阅了很多资料及老师的指导下,抛开了束缚自己思维的框子,跳出了过去的设计思维模式,先从标志的整体布局、色彩运用等方面进行设计,当标志设计好后,其他的细节以及标志组合规范问题就都迎刃而解了。

2. 对 VI 设计的整体性认识以及市场调研不够充分,以至于在设计的过程中总是缺少一些关键的内容。前期也没有很好地规划 VI 手册,总是想到哪就做到哪,作品缺少了整体性。还有部分的统一标识放置的位置不够统一,在后期调整的时候花费了很大的精力。即使这样,作品还是没有很好地解决标识位置统一放置的问题,成为整个作品较为失败的一部分。

3. 将所思所想的内容表达出来的能力有限。我想通过不断地努力,应用工具软件会越来越熟练,想法也会越来越多,只要每一个作品都用心去做,最终会不断地进步的。

4. 色彩搭配还是有些生疏,对于颜色的特性,表达的情感还不能很好地掌握,也反映出自己色彩理论不扎实的问题。在设计作品的过程中总是不断地去查阅资料,有时会影响到设计思路的整体性。

六、结束语

在做毕业设计的过程中,自己才发现以往的作品一般都是一个局部的作品,作品的深度、艺术性、商业性等都远远不够,作品仅仅是自我欣赏的水平。要作为一名出色的设计师自己还有很长的路要走,还需要不断地努力学习和提高。

进行 VI 视觉识别系统的设计对我来说是一个很大的挑战,但是我最终完成了设计,尽管还有很多不尽如人意的地方,但这是我向更高目标前进的一个新台阶。从中也体会到了作为设计人员的辛苦与快乐,当自己最终完成作品时,那种快乐是无法言表的。我想我会一直努力并因此而快乐。

致谢(省略)

参考文献:

[1] 张辉. VI 设计实战[M]. 2 版. 北京:中国水利水电出版社,2013.

[2] 赵俊杰. VI 设计[M]. 北京:建筑书店出版社,2013.

[3] 龚磊、张蕾. 浅谈 VI 设计[J]. 生物技术世界,2013(02).

[4] 何磊、肖文娟. 探析 VI 设计中图形的视觉魅力[J]. 美术教育研究,2013(18).

[5] 刘馨、李湘媛. 现代 VI 设计中色彩的发展趋势[J]. 艺术教育,2013(08).

6.3　"麦琪的礼物"网站建设

摘　要

如今,电子商务在信息技术强有力的推动下,正以惊人的速度发展。计算机的全球联网形成了与地域、空间无关的世界一体化市场,一种全新的、基于计算机网络的新型商业机制正在逐步形成。基于此,作者设计开发了"麦琪的礼物"这个以糕点礼品和鲜花礼品为素材的小型商业网站。该网站设计内容完善、可浏览性强,运用目前最流行的网页制作软件进行网站的设计开发建设。本文主要对"麦琪的礼物"网站的总体规划、设计制作过程及站点上传测试进行了说明,同时对网站开发设计过程中使用的制作工具、内嵌网页等技术做了较为详细的介绍。网站以静态页面设计为主,数据库后台支持,其建设难度和复杂度适中。

【关 键 词】麦琪的礼物,商业,网站建设
【研究方向】网页制作
【论文类型】设计说明书

目　录

前　言

古语云"来而不往非礼也",中国作为拥有 13 亿人口的礼仪之邦,礼品市场有着巨大的市场容量和增长空间。相关资料表明,中国每年的礼品消费超过 600 亿元,随着人民生活水平不断提高,礼品市场将会在一个长时期内保持稳定高速增长。在这样的背景下,策划产品的礼品概念已经成为各大厂商竞相追逐的营销潮流。伴随着电子商务高速发展,如今礼品营销早已走出传统模式,迈向电子商务时代。人们通过网络,足不出户即可选购自己喜欢的礼品,利用网络订购服务,即可实现在线预订、定时送货上门等安全快捷的服务,极大地迎合了当代人办事快节奏、讲究效率的需求。

一、网站总体规划

1. 站点结构规划

网站规划是网站开发必不可少的重要一环,直接关系到网站的整体风格、布局结构等。网站设计成功与否,很大程度上取决于设计者的规划水平。网站规划包含的内容很多,如网站的结构、栏目的设置、网站的风格、网站导航、颜色搭配、版面布局及文字图片的运用等。规划网站一般使用树状结构将每个网页的内容大纲罗列出来。

设计者通过网站建设的需求分析,确定网站名称为"麦琪的礼物",网站类型为礼品销售网站,设计主题为蛋糕、鲜花和礼品。由主题确定网站模块,又根据设计内容划分了二级模块。网站规划结构图如图 1 所示。

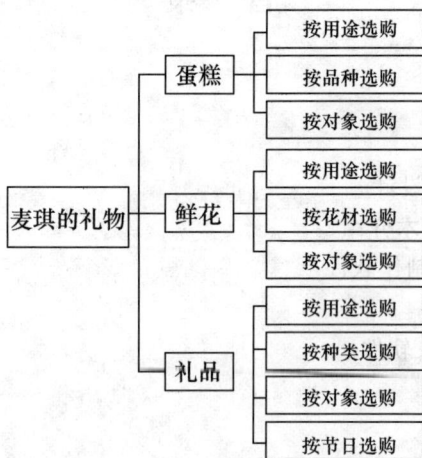

图 1　网站规划结构图

站点结构规划完毕并明确网站主题后,围绕该主题进行相关素材的搜集整合,查漏补缺。设计时,在网站的一级和二级子页中都设置了分类的导航,实现了无论在浏览任何页面时都可以找到自己所需要的商品。

2. 网站整体构建

基于 Dreamweaver 软件表格功能的稳定性及易操作性,"麦琪的礼物"网站重点运用表格功能进行区域的快速创建,网站通过表格搭建主页及子页,网页组织形式及设计风格相对统一,实现用户轻松自如访问页面的目的。

页面设计如下:

(1)主页:网站 LOGO、导航、消息中心、新品推荐、Flash 宣传动画、版权声明。

(2)二级页面:网站 LOGO、导航、商品图片、版权声明。

(3)三级子页:网站 LOGO、该类导航、商品大图、商品详情、客户评论、版权声明。

(4)注册页面:网站 LOGO、各类大导航、注册信息表单、版权声明。

3.色彩搭配和 LOGO 设计

本网站类型为商业网站,作为商业网站,其访问流量是衡量企业推广效果的重要标准之一。因此,网站页面设计好坏是网站建设成功与否的关键。网站选择象征活泼、生机的绿色为主色,配以淡色花纹为网页背景,页面的文字以墨绿色为主,商品介绍则选择经典黑色,给客户一种清新、自然的感受。

利用 Adobe Photoshop CS 软件设计制作网站 LOGO。LOGO 设计图案为礼盒的开启,寓意"麦琪的礼物"网站将为每个人带来惊喜和快乐,使用蓝色过渡色表现主题。LOGO 的上方为网站的网址及英文名称,右下角为一个散落的小礼盒,寓意有"麦琪的礼物"的地方,惊喜不断、幸福不断。网站 LOGO 如图 2 和图 3 所示。

图 2 LOGO 第一秒图像   图 3 LOGO 第二秒图像

网站规划好后,下一步就是利用网页制作工具进行网站的设计制作。

二、网站制作工具及技术介绍

本网站主要选用现在比较流行的网页设计软件进行设计制作。

1.Dreamweaver 网页制作软件

Dreamweaver 是美国 Macromedia 公司开发的集网页制作和网站管理于一身的所见即所得网页编辑器,它是第一套针对专业网页设计师开发的视觉化网页开发工具。

表格工具是 Dreamweaver 软件页面排版的核心,在网页制作中发挥着重要的作用,它通过有序地组织数据来布局整个网页,表格也是对文本和图形进行布局的强有力工具。表单工具具有交互及信息搜集功能。通过使用超链接功能,实现页面、文本、图像多种信息资源之间互相链接,实现页面跳转功能,它使网页有了灵魂,呈现出网页的四通八达和精彩的一面。

2.Flash 动画制作软件

Flash 是一款网页交互动画制作工具。用 Flash 制作出来的动画是矢量的,不管怎样放大、缩小,它都是清晰可见的。用 Flash 制作的文件很小,便于在互联网上传输,它采用了流技术,只要下载一部分,就能欣赏动画,而且能一边播放一边传送数据,利用 Flash 动画的交互性,可以实现单击按钮、选择菜单控制动画的播放。正是有了这些优点,才使 Flash 成为网络多媒体的主流。

3. Photoshop 图形图像软件

Photoshop 是一款功能强大、操作便捷、应用广泛的平面图形设计软件,拥有强大的图像处理功能。Photoshop 中提供了大量的绘画与修饰工具,如画笔工具、铅笔工具、修补工具、模糊工具等。利用这些工具可以对图像进行修饰和修复,以实现预期的艺术效果。

三、网站制作过程

本网站主要采用 Dreamweaver 进行网页的编辑和排版,采用静态文本链接的导航方式实现快速浏览。

1. 首页的制作

网页制作的第一步是首页设计。网站采用了表格进行页面布局,网站页面的左侧是网页导航,右侧为宣传展示部分,页面底部添加 Flash 宣传动画、版权声明等。通过 Dreamweaver 的时间轴动画制作页面中部的图片转换动画。在页面"消息中心"部分嵌入了 marquee 脚本语言,实现消息滚动效果。页面的中间,为一排跳动的小兔子,不停地欢迎每一个来到"麦琪的礼物"的人。首页页面如图 4 所示。

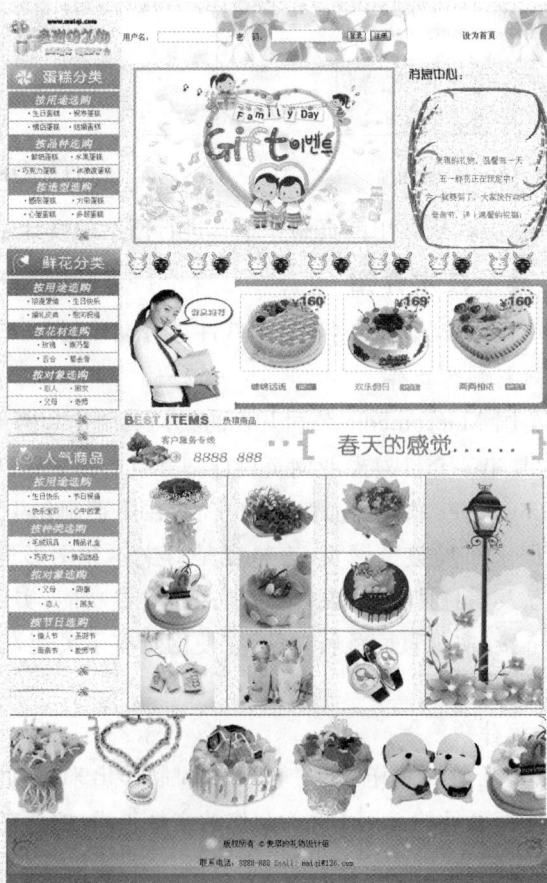

图 4　网站首页

首页左侧导航边框运用表格嵌套功能实现。设置三级分类，为链接子页的导航，鼠标经过时设置字体为红色，如图 5 所示。

图 5　表格嵌套实现的边框

2.二级、三级子页的制作

"麦琪的礼物"网站内容分为蛋糕、鲜花、礼品三个部分。每一大部分又分为三小部分。建站过程遵循风格统一的要求，每个页面都保留网站的 LOGO 和导航。利用网页模板放置相对应的素材并实现链接。最后，进行链接测试，以免出错。二级和三级子页如图 6 和图 7 所示。

图 6　二级子页页面

3.注册页的制作

注册的页面相对简单，除 LOGO 和分类导航外，其余页面主要由用户注册的界面组成。用户注册信息为：用户名、密码、确认密码、性别、联系电话、联系地址、E-mail。表单最下方为注册按钮。注册页面如图 8 所示。

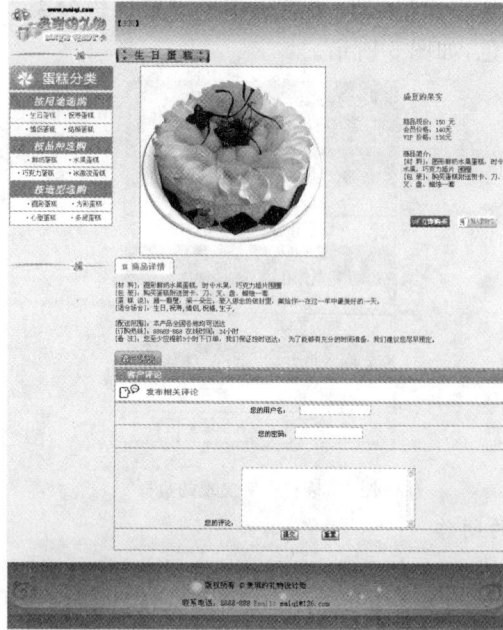

图 7　三级子页页面

图 8　注册页面

四、网站上传测试

1. ASP 的运行环境及配置

IIS(Internet Information Server)是一个功能强大的 Inernet 信息服务系统。其可靠性、安全性和可扩展性都非常好,并能很好地支持多个 Web 站点,是用户首选的服务器系统。IIS 是 ASP 赖以运行的基础,因此在运行 ASP 之前,需要安装 IIS 服务器。当 IIS 安装完成后,要对计算机进行配置,在 Internet 服务管理器中,设置默认网站、修改 IP 地址、修改主目录、设置默认文档后,才可以浏览目录下的 ASP 文件。

2. 网站的上传测试

网站制作完成后要完成网站的运行测试及网站的上传工作。

网站运行测试的项目有:

(1)网站的兼容性测试

检查网站的浏览器兼容性,使多数主流浏览器都能正确显示网页的内容。见表 1。

表 1　　　　　　　　　　　　　浏览器测试

浏览器名称	测试结果	测试速度
IE 浏览器	完全显示	适中
遨游浏览器	完全显示	快
360 浏览器	部分显示	慢
搜狗浏览器	完全显示	快

(2)链接有效性测试

检查网站中所有的超链接是否有效,保证没有死链接。

测试的方法:

(1)实时浏览检查

打开浏览器直接从首页开始浏览,检查超链接的正确性,检查页面的内容、布局、大小的正确性。

(2)使用多种不同的浏览器来测试

因为浏览者在网上冲浪时使用的浏览器是多种多样的,不同的浏览器所支持的 HTML 标准各不相同,或因版本不同而有所差别。

需要注意的是在整个测试过程中,应及时完成网站的错误修改。

网站运行测试完毕后还要进行网站的上传测试工作。上传即将文件从本地站点传送到远程站点的过程。Dreamweaver 提供了站点管理功能,可以轻松实现网站的上传功能。在没有免费的域名空间的情况下,可将自己的电脑配置成服务器,用来进行上传测试。测试完毕没有问题,即整站设计完成。

五、设计总结

经过两个多月的努力,"麦琪的礼物"网站终于建设完成。在网站建设实现过程中,有很多感受和体会。其一,Dreamweaver 网页制作软件功能强大,只需运用表格、表单、时间轴动画、超链接以及网站的动态交互即可实现网页设计制作。其二,通过网站制作,让我意识到,需要通过多找方法、多寻途径来解决遇到的问题。

通过这次的毕业设计,我对网页设计这个方向更加了解和感兴趣了。此次设计一方面检验了我三年来的学习成果,另一方面也让我理清思绪,将在课堂上学到的知识应用到了实际工作中。今后我会继续学习,不断充实自己,为设计出更好更优秀的网站而努力。

致谢(省略)

参考文献:

[1] 邢太北、王勇.Dreamweaver CS5 网页设计与应用[M].2 版.北京:人民邮电出版社,2013.

[2] 刘运臣.网站规划与网页设计[M].2 版.北京:清华大学出版社,2013.

［3］王恒心.静态网站设计与制作［M］.1 版.北京:高等教育出版社,2013.

［4］张爽.网站设计中的色彩搭配技巧探讨［J］.吉林广播电视大学学报,2013(04).

［5］李建华.浅析 Flash 在网站设计中的应用［J］.太原城市职业技术学院学报,2013(01).

［6］杨晓雪.网站设计风格与色彩浅议［J］.电子制作,2013(12).

［7］韩绍鑫.基于 Dreamweaver 的网站设计与规划［J］.数字技术与应用,2013(04).

6.4　Flash 小游戏制作——"连连看"

摘　要

Flash 小游戏具有体积小、画质高、可玩性强且操作简单、无需特殊安装即可游戏的优势,从而深受广大玩家的喜爱。本篇论文利用 Flash 动画制作软件设计了一款简单的"连连看"小游戏。该游戏使用 Flash 动画软件绘制了"连连看"小游戏的精美背景及基本元件,详细介绍了如何利用 Action Script 语句设置代码实现交互动画制作的全过程。本文从游戏构思到整个动画设计完成的过程,基本按照 Flash 动画设计的一般工作流程。通过流程图及程序算法思想的描述,理清思绪顺利完成了"连连看"小游戏核心:程序设计代码这个难题,使自己对 Flash 动画设计软件有了全新的认识。

【关 键 词】小游戏,制作流程,设计说明,动作脚本,函数
【研究方向】Flash 动画制作
【论文类型】设计说明书

目　录

2. stop( )命令

3. if 命令语句

4. 定义局部变量 var 语句

5. 自定义函数 function

6. 返回值函数 return

六、设计总结

致谢

参考文献

前　言

Flash 游戏于两年来兴起并成为热门游戏类型,是以.SWF 为扩展名的游戏的总称,通过 Flash 软件和 Flash 编程语言制作而成,具有游戏情节简单、上手操作方便等特点。Flash 游戏因其绿色安全,无需安装,文件体积小等优点现在渐渐被广大网友喜爱。

现在的 Flash 游戏开发速度快,所以几乎每天都有新的 Flash 游戏出现,并且种类繁多,花样百变,比如连连看、七龙珠、柯南、五子棋、吞食鱼、仓鼠球、台球、超级玛丽奥、密室逃脱和美少女彩衣彩妆类游戏,十分受小游戏玩家的欢迎。

本人选择使用 Flash 动画软件制作"连连看"小游戏,一是想通过小游戏的开发检测自己的设计水平和综合能力;二是由于 Flash 游戏开发人才拥有很大的就业市场空间,通过毕业设计也为自己今后工作打下一个基础。

一、Flash 动画设计软件简述

Flash 是矢量动画制作软件。它采用了网络流媒体技术,突破了网络带宽的限制,能在网络上快速地播放动画,并实现动画交互,使网站设计者能够发挥个人的创造性和想象力,随心所欲地为网站设计各种动态标志、广告条、导航条、全屏动画、精美网页,还可以制作出动感十足的 MTV 音乐动画、动画短剧、小游戏等。

Flash 动画是一种专为网络而创建的交互式矢量图形动画,所以它是一种重要的网页元素。其下载速度快,而且能够缩放,使浏览者能够全屏观看。

二、Flash 小游戏制作发展和市场需求

据 DFC Intelligence 称,在 2006 年,Flash 小游戏网站的广告收入由 2002 年的 7400 万美元增长到了 1.5 亿美元,今天更是远远超过了这个数字。从某方面来讲,这正说明了人们对 Flash 小游戏的认可度和需求量大大提高。那么,Flash 小游戏不同于其他类型的游戏的优势在哪呢?

1. Flash 的技术优势

Flash 小游戏的优势在于它体积小,画质高,可玩性强而且操作简单,无需特殊安装即可立即游戏。用 Flash 可以在线或离线进行游戏,对电脑硬件无特殊要求,可以说有电脑的地方就可以玩 Flash 小游戏。

2. 高端目标人群优势

经常玩 Flash 小游戏的多是受过高等教育,平常工作使用电脑并在家里拥有电脑而

且经常上网的人群。他们属于高端客户群,消费水平比一般广告受众高,而且由于经常上网,熟悉网络各种功能,大多具有网上购物的经历。

3.游戏的广告优势

电脑游戏作为一种新的娱乐方式被越来越多的人所接受,前线网络所设计的游戏会充分结合企业自身文化,并考虑到所宣传的品牌和产品的特性,玩家在游戏过程中会自然地关注这些信息,不会产生像其他传统媒体广告中出现的副作用。而且一旦玩家对游戏本身有所认同,更会主动向朋友推荐,从而达到一传十、十传百的宣传效果。

因此,无论在普通百姓的休闲娱乐中还是在商业运行中,Flash 小游戏在网络世界中的地位是至关重要的。这也是本人选择 Flash 小游戏作为毕业设计的重要原因。

三、Flash 小游戏——"连连看"的制作规划与流程

1."连连看"小游戏制作规划

构思:利用消除原理制作一个简单 Flash 小游戏——连连看。连连看的消除原理,就是点击两个互相匹配并且可以通过不多于两个折点的折线连在一起的方块,这两个方块就可以消掉。该游戏的特点是玩起来节奏缓慢,比较轻松,主要培养玩家在识图时的反应能力,练习鼠标的使用。

游戏设计的目的:检查自己的设计能力和综合水平。

游戏的种类:益智类游戏(Puzzle)。

2.制作流程图

具体步骤说明如下:

(1)游戏开始;

(2)排列不同颜色圆球;

(3)计算同色圆球是否相邻;

(4)如果相邻同色则删除,如果相邻不同色则不能删除;

(5)重新寻找计算,直到同色圆球都删除;

(6)游戏结束。

其制作流程图如图 1 所示。

四、作品设计说明

1."连连看"小游戏算法思想

在连连看中任意两个单元格分布情况分为三种:1.同行不同列;2.同列不同行;3.不同行不同列,如图 2 所示:

现在的目的是判断任意两个单元格能否使用三条以内的线段连接,方法如下:

在地图内作一条水平或垂直的直线 I,通过两个单元格各作一条垂直于 I 的直线,这样两单元格与两个交点就形成了三线段连接,判断这三条线段路过之处是否有阻碍,如果没有阻碍就表明能够连接,如果有阻碍就寻找 I 的另一种做法,遍历 I 的各种做法都不能连接,表明两单元格连接失败。

(1)图 3 为当 I 为水平时的部分情况:

(2)图 4 为当 I 为垂直时的部分情况:

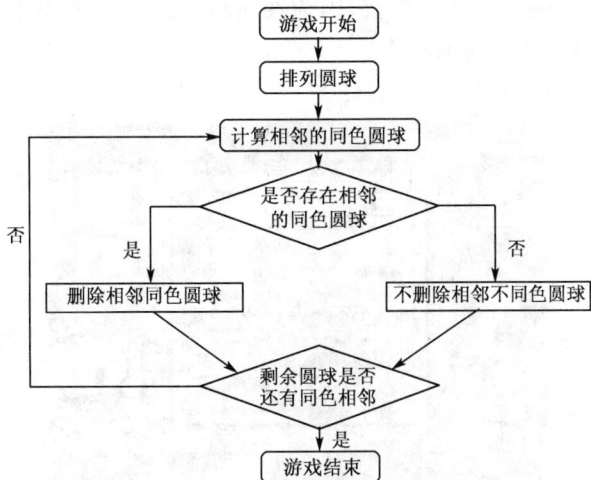

图 1　制作流程图

图 2　单元格分布的三种情况

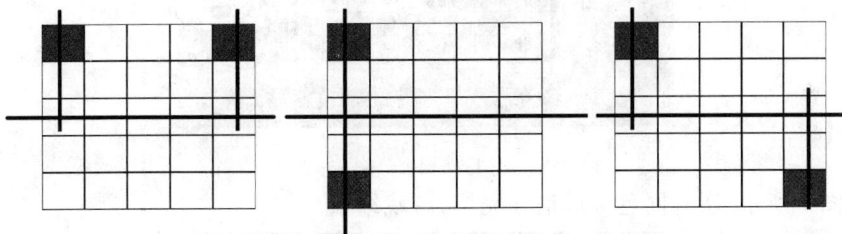

图 3　水平分布

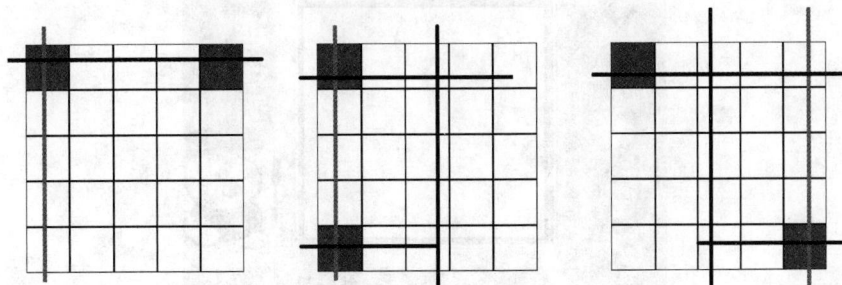

图 4　垂直分布

2."连连看"小游戏工作界面

本文主要利用消除原理制作连连看小游戏。图 5 所示是我设计的连连看小游戏界

面,游戏中花花绿绿的圆球类型是按钮,因为在玩游戏的时候要单击这些圆球。给这些
元件赋予脚本就可以完成相应的动作。

(1)如图5所示:游戏开始,排列圆球。

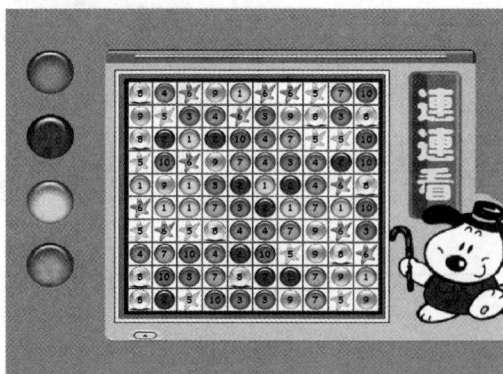

图5　游戏开始

(2)图6所示:消除同色相邻圆球。

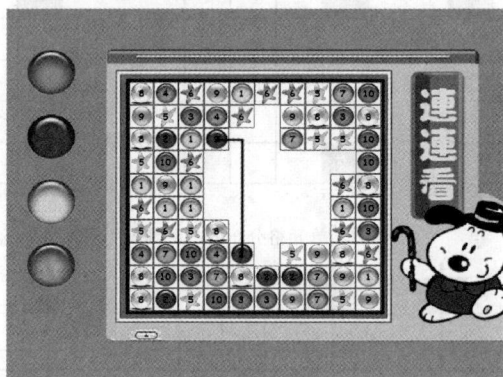

图6　同色消除

(3)图7所示:所有同色圆球消除完毕,游戏结束。

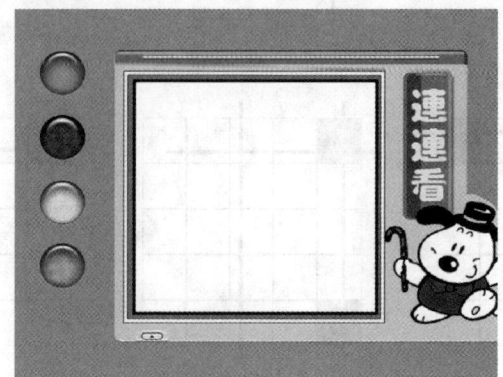

图7　消除完毕

3."连连看"小游戏代码设置实现

以下为主函数main.as游戏代码的设置,其主要功能是实现连连看的消除原理,点

击两个互相匹配并且可以通过不多于两个折点的折线连在一起的方块,这两个方块就可以消掉。

　// class 类是对主函数 main 的影片剪辑 MovieClip 对象定义。它包含有关对象动作方式的信息,包括它的名称、方法、属性和事件。

```
class main extends MovieClip
{
    private var frame1:MovieClip;          //影片剪辑局部变量定义
    private var frame2:MovieClip;
    private var unit:MovieClip;
    private var border:MovieClip;
    public function Main()                 //定义函数 draw_border、create_map 函数名
    {
        draw_border();
        create_map();
    }
//设置函数 draw_border 路径长度、宽度、高度
private function draw_border()
    {
        frame1._width = unit._width * 10;      // 设置 frame1 宽
        frame1._height = unit._height * 10;    // 设置 frame1 高
        frame2._width = frame1._width + 10;    // 设置 frame2 宽
        frame2._height = frame1._height + 10;  // 设置 frame2 高
        frame2._x = -5;                        // 设置对象所在场所的横坐标
        frame2._y = -5;                        // 设置对象所在场所的纵坐标
        frame1.swapDepths(this.getNextHighestDepth());
        border._width = unit._width;
        border._height = unit._height;
        border._visible = false;
        unit._visible = false;
    }
//定义函数 create_map,设置影片剪辑循环,计算圆球距离
private function create_map()
    {
        var numbers = [10, 10, 10, 10, 10, 10, 10, 10, 10, 10]; // 设置局部变量 var
        var index:Number;
        var old_target:MovieClip = null;              // 对象所在影片中的位置
        for (var i = 0; i <= 11; i++)                 // for 循环计算影片剪辑圆球路径
        {
            var row = [];
            for (var j = 0; j <= 11; j++)
            {
```

```
if (i == 0 || i == 11 || j == 0 || j == 11)
{
    row. push(0);
} else
{
    this. attachMovie("unit", "unit_" + i + "_" + j, this. getNextHighestDepth());
    //this 表示当前元件,表示相对路径的时候经常用
    this["unit_" + i + "_" + j]. _x = (j - 1) * unit. _width;
    this["unit_" + i + "_" + j]. _y = (i - 1) * unit. _height;
    var target = this["unit_" + i + "_" + j];
    do
    {
        index = Math. floor(Math. random() * numbers. length);
    } while (numbers[index] == 0);
    numbers[index]--;
    row. push(1);
    target. gotoAndStop(index + 1);
    // gotoAndStop 将播放头移到影片剪辑的指定帧并停在那里
    target. onRollOver = function()
    // onRollOver 当鼠标指针滑过影片剪辑区域时调用
    {
        this. _alpha = 50;
    };
    target. onRollOut = target. onReleaseOutside = function ()
    // onRollOut 当鼠标指针移到影片剪辑区域的外面时调用
    {
        this. _alpha = 100;
    };
    target. onPress = function()
    {
        var mc = this. _parent. border;
        if (old_target == null)
        {
        mc. _visible = true;
        mc. swapDepths(this. _parent. getNextHighestDepth());
        mc. _x = this. _x;
        mc. _y = this. _y;
        old_target = this;
        } else
        {
            var path = Main. is_connect(old_target, this);
//当 path 的长度为 2 时表示能够连接,原因在函数内分析
```

```
        if (path. length = = 2)

            {
```

//根据 path 数组动画式画出连线,如图 8 所示。

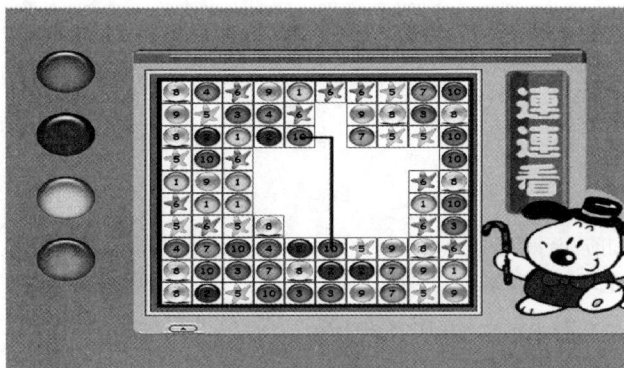

图 8　连线

```
        Main. drawLine(path , old_target , this);

            }

        mc. _visible = false;

        old_target = null;

            }

        }

    }

        _root. map. push(row); // 指向影片剪辑 map 内的变量 push 的目标路径

    }

}
```

//修改了函数的返回值,返回一个数组,记录两单元格连接的最短路径

```
private static function is_connect(mc1:MovieClip, mc2:MovieClip):Array

{

    var s, step, x1, y1, x2, y2;

    var xTemp:Array = new Array();

    var yTemp:Array = new Array();

    var path:Array = new Array();
```

//xTemp 记录最短路径的行数,yTemp 记录最短路径的列数,path 用于储存 xTemp 和 yTemp

```
    if (mc1 = = mc2)

    {

        return path;

    }

    if (mc1. _currentframe ! = mc2. _currentframe)

    {

        return path;

    }

    var coordinate1 = mc1. _name. split("_");
```

```
var coordinate2 = mc2._name.split("_");
x1 = parseInt(coordinate1[1]); // 定义变量 x1
y1 = parseInt(coordinate1[2]); // 定义变量 y1
x2 = parseInt(coordinate2[1]); // 定义变量 x2
y2 = parseInt(coordinate2[2]); // 定义变量 y2
for (var i = 0; i <= 11; i++)
{
  s = 0;
  xTemp.splice(0);
  yTemp.splice(0);
  step = (i > y1) ? 1 : -1;
  for (var j = y1; j ! = i; j += step)
  {
    s += _root.map[x1][j];
    xTemp.push(x1);
    yTemp.push(j);
  }
  step = (x2 > x1) ? 1 : -1;
  for (j = x1; j ! = x2; j += step)
  {
    s += _root.map[j][i];
    xTemp.push(j);
    yTemp.push(i);
  }
  step = (y2 > i) ? 1 : -1;
  for (j = i; j ! = y2; j += step)
  {
    s += _root.map[x2][j];
    xTemp.push(x2);
    yTemp.push(j);
  }
  xTemp.push(x2);
  yTemp.push(y2);
  if (s == 1)
  {
//如果有更短的路径,记录下来
  if(xTemp.length < path[0].length || path.length == 0)
  {
    path.splice(0);
    path.push(xTemp.slice(0));
    path.push(yTemp.slice(0));
  }
```

```
    }
  }
  for (i = 0; i <= 11; i++)
  {
    s = 0;
    xTemp. splice(0);
    yTemp. splice(0);
    step = (i > x1) ? 1 : -1;
    for (j = x1; j ! = i; j += step)
    {
      s += _root. map[j][y1];
      xTemp. push(j);
      yTemp. push(y1);
    }
    step = (y2 > y1) ? 1 : -1;
    for (j = y1; j ! = y2; j += step)
    {
      s += _root. map[i][j];
      xTemp. push(i);
      yTemp. push(j);
    }
    step = (x2 > i) ? 1 : -1;
    for (j = i; j ! = x2; j += step)
    {
      s += _root. map[j][y2];
      xTemp. push(j);
      yTemp. push(y2);
    }
    xTemp. push(x2);
    yTemp. push(y2);
    if (s == 1)
    {
      if(xTemp. length < path[0]. length || path. length == 0)
      {
      path. splice(0);
      path. push(xTemp. slice(0));
      path. push(yTemp. slice(0));
      }
    }
  }
//path. length == 2 //表明 path 曾经储存了 xTemp 和 yTemp,至少有一种路径可行
  if (path. length == 2 )
```

```
        {
           _root. map[x1][y1] = 0;
           _root. map[x2][y2] = 0;
        }
        return path;
    }
// 定义影片剪辑路径
private static function drawLine(path:Array , movie0:MovieClip , movie1:MovieClip)
    {
    //创造一个 line＋depth 影片用于画连线
    var depth = _root. main. getNextHighestDepth();
//_root 表示的是当前主场景,表示绝对路径的时候经常用它
_root. main. createEmptyMovieClip("line" + depth, depth);
    _root. main["line" + depth]. moveTo(path[1][0] * 37 - 18.5, path[0][0] * 37 - 18.5);
    _root. main["line" + depth]. lineStyle(4 , 0x0000ff);
    var p = 0;
    _root. main["line" + depth]. onEnterFrame = function()
    {
        p++;
        //依次连接路径上的单元格
        if (p < path[0]. length)
        {
_root. main["line" + depth]. lineTo(path[1][p] * 37 - 18.5, path[0][p] * 37 - 18.5);
        }else
        {
        //做出闪烁效果,单击相同色小球消除时两球出现闪烁
        _root. main["line" + depth]. _alpha = (p % 4) * 50 + 50;
        movie0. _alpha = (p % 4) * 50 + 50;
        movie1. _alpha = (p % 4) * 50 + 50;
        if (p >= 20)
          {
            movie0. removeMovieClip();
            movie1. removeMovieClip();
            this. removeMovieClip();
          }
        }
     }
  }
}
```

五、动作脚本(Action Script 语句)及函数说明

本设计所使用的主要是 Flash 的动作脚本(Action Script)和函数设置完成交互动画

制作,下面就对文中所用到的主要脚本和函数进行说明:

1. goto 跳转语句

goto 跳转动作用于控制电影的时间位置,使电影跳转到一个指定的帧编号、帧标记或场景中,然后开始或是停止播放。在跳转语句中包括了 gotoAndPlay 和 gotoAndStop。

2. stop( )命令

stop( )命令的作用是用于停止动画播放,并且让动画停止在当前帧。

3. if 命令语句

if 语句可以建立一个可执行条件,即只有满足 if 中设置的条件时,程序才可以执行下面的动作。if 语句是 Flash Action 中用来处理根据条件选择执行程序代码的语句。当 Flash 执行到 if 语句时,先判断参数[条件]中逻辑表达式的结果,如果结果为 true 则执行所属当前 if 语句的程序代码。如果结果为 false,则察看当前的 if 语句中是否有 else 或 else if 字句,如果有则继续计算判断,如果没有则跳过当前 if 语句内的所有程序代码继续执行。

4. 定义局部变量 var 语句

作用是利用变量来保存内容,如通过动态文本输入信息。也可以利用变量改变动作脚本中的参数值。

5. 自定义函数 function

function 函数的后面带有函数名称、要传递给该函数的所有参数以及指明该函数动作的动作脚本语句。

6. 返回值函数 return

可以用 return 函数返回值。在 return 函数后紧跟作为函数计算并返回的字符串、数值或对象。

六、设计总结

本人选择 Flash 小游戏设计选题,是因为当今社会早已进入网络时代,人们可以通过网络学习、生活、娱乐、经营。网络在人们生活中占据着重要的地位。此次设计,一是对本人三年来所学知识的总结,将理论与实际相结合;另一方面,出于本人的兴趣爱好,也希望为今后的就业打下牢固的技术和设计经验基础。在这次的设计中,由于经验的匮乏,有许多考虑不周全的地方,在设置过程中也出现了很多问题,完成这个设计的难度也是比较大的,特别是主程序的编制,需要阅读大量的相关资料信息。

致谢(省略)

参考文献

[1] 张凡. Flash 动画设计[M]. 3 版. 北京:机械工业出版社,2013.

[2] 张晶. Flash 动画设计与制作[M]. 1 版. 北京:邮电大学出版社,2013.

[3] 马美英. Flash 动画个性化设计[J]. 中国新通信,2013(13).

[4] 刘博. 基于 Flash 的交互动画设计[J]. 计算机光盘软件与应用,2013(14).

[5] 编辑部邮箱. Flash 小游戏合集[J]. 少年电脑世界,2013(03).

[6] 邢素萍、李棋. 用 Flash8 制作交互小游戏——蛇吃豆子[J]. 微型电脑应用,2013(04).

附 录

附录1:封面格式

××职业技术学院
毕业论文(设计)

题　　目:

完　成　人:

指导教师:

系　　别:

专业、班级:

完成时间:

附录 2:摘要及参考文献格式

摘要页:

论文题目：
专业：
学生姓名：
指导教师：

摘 要

摘要内容：

【关键字】××××,×××××,×××××,×××××

【论文类型】研究报告型、开发文档型和开发设计型

参考文献格式：

[1](图书)作者姓名.书名.出版社,年.
[2](杂志)作者姓名.文章名.期刊名.年(期或卷数).
[3](网上资料)文档名.网址.

附录 3:学生承诺书与产权声明

××职业技术学院
毕业论文(设计)诚信承诺书

本人慎重承诺和声明:

我承诺在毕业论文(设计)过程中严格遵守学校有关规定,在指导教师的安排与指导下完成所规定的毕业论文(设计)工作,绝不弄虚作假,不请别人代做毕业设计或抄袭别人的成果。所撰写的毕业论文(设计)是在指导老师的指导下自主完成,文中所有引文或引用数据、图表均注明来源,本人愿意为由此引起的后果承担责任。

学生签名:_____ 日期:_____年_____月_____日

毕业论文(设计)知识产权权属声明

本人在老师指导下所完成的论文及设计成果、知识产权归属学校。学校享有以任何方式发表、复制、公开阅览、借阅以及申请专利等权利。

学生签名:_____ 日期:_____年_____月_____日

指导教师签名:_____ 日期:_____年_____月_____日

附录4:毕业设计任务书

××职业技术学院计算机专业毕业设计任务书

设计(论文)题目＿＿＿＿＿＿＿＿＿＿＿＿＿＿＿＿＿＿＿＿＿＿＿＿＿

系、专业＿＿＿＿＿＿＿＿＿＿＿＿＿＿＿＿＿＿　　　学生姓名＿＿＿＿＿＿

指导教师姓名、职称＿＿＿＿＿＿＿＿＿＿＿＿＿　　　下发日期＿＿＿＿＿＿

（任务起止日期：　　　年　　月　　日至　　　年　　月　　日）

设计(论文)的主要内容与要求及其主要技术指标：			
进 度 安 排			
序号	毕业设计工作进度	日期(起止周数)	％
1			
2			
3			
4			
5			
6			

主要参考文献：
同组设计(论文)者：
系意见： 　　　　　　　　　签字：　　　　年　　月　　日
学院负责人意见： 　　　　　　　　　签字：　　　　年　　月　　日

注:1.此任务书由指导教师填写。

　　2.此任务书最迟必须在第四学期第二周之前下达给学生。

　　3.此表由各系(部)搜集存档,以备教务处检查。

附录 5:毕业设计开题报告

××职业技术学院
计算机专业毕业设计
开 题 报 告 书

题目_____

姓　　名_____

学　　号_____

专　　业_____

指导教师_____

××职业技术学院计算机科学系

××职业技术学院毕业设计
开 题 报 告 书

年　　月　　日

姓名		院(部)		课题性质	
学号		专　业		课题来源	
题目					

一、选题的目的和意义：

二、本题的基本内容(课题任务、重点研究内容、实现途径、方法及进度计划)：

三、推荐使用的主要参考文献：

四、本人或小组签名：

　　独立签名：

　　小组组长签名：

　　成员签名：

五、指导教师意见：

签章：

年　　月　　日

六、院(部)审查意见：

签章：

年　　月　　日

附录 6:毕业设计成绩鉴定材料封面

××职业技术学院

毕业设计成绩鉴定材料

计算机科学系

附录 7：毕业设计成绩评定表

××学院毕业设计成绩评定表

姓名		班级		学号		照片
系别		专业				
论文题目						

指导教师评语评分	1.社会调研、文献资料综合与分析能力；2.论文观点、设计质量及其理论与实践意义；3.论文撰写规范、文字表达等情况；4.工作态度及任务的难度、分量及完成情况。
	审阅评语
	评分：_____分（满分 30 分） 指导教师签字：_____年_____月_____日

评阅教师评语评分	1.论文及设计内容的正确性；2.论文观点、设计质量及其理论与实践意义；3.题目难度；4.综合运用知识及资料能力；5.文字水平及书面表达能力。
	评阅评语
	评分：_____分（满分 20 分） 指导教师签字：_____年_____月_____日

答辩成绩	1.规定时间内论文陈述情况；2.逻辑思维能力与语言表达能力；3.回答问题的正确性；4.理论知识、设计创意及可应用性。 评分：_____分（满分 50 分） 答辩组长签字：_____年_____月_____日

最后成绩	总得分：_____分 系答辩委员会主席签字：_____年_____月_____日 系主任签字：：_____年_____月_____日（系公章）

附录 8:毕业设计答辩记录表

××职业技术学院
毕业设计答辩记录表

学生姓名		班 级		学 号	
系 别			专 业		
答辩地点			时 间		年 月 日
论文题目					

学生介绍论文时间：　　　分钟　　　　　　问答时间：　　　分钟
答辩过程及内容

记录人签名：_____

答辩组人数：_____人

组长签名：_____

附录9:毕业设计答辩鉴定表

××职业技术学院
毕业设计答辩鉴定表

姓名		系别		专业		学号	
论文名称							

答 辩 鉴 定

学生介绍论文时间:5~10分钟   问答时间:5分钟

鉴定内容	论文内容及答辩准备情况			讲解				答辩			
	论文撰写规范;条理清晰;文字语言表达正确;有自己的创意和见解;分析归纳合理。答辩所用辅助材料齐全,准备充分。			规定时间内对论文的陈述情况;思路清晰;叙述正确;语言流畅;对问题及设计阐述清楚。主要问题回答正确;基本概念清楚;有正确的答辩态度。							
评分	好	较好	一般	好	较好	一般	差	好	较好	一般	差
	10~8	7~5	4~1	20~16	15~11	10~5	4~1	20~16	15~11	10~5	4~1

答辩总成绩(满分50分):_____分

备注		独 立	小 组
		是 否	是 否

答辩小组成员(评分教师)签名:_____

时 间:_____年_____月_____日

附录10:优秀毕业设计申报表

××职业技术学院
优秀毕业设计申报表

姓名		系(部)		课题性质	
学号		专业班级		指导教师	
题目					

毕业设计内容简介:

毕业设计特点:

指导教师意见:

签名:　　　年　　月　　日

系部评审意见:

签章:　　　年　　月　　日

专家组评审意见:

专家签名:　　　年　　月　　日

学校评审意见:

签章:　　　年　　月　　日

参考文献

[1]康万新.毕业设计指导及案例剖析－应用电子技术方向[M].第 1 版.北京:清华大学出版社,2007.

[2]西北第二民族学院教务处.本科毕业论文(设计)工作的管理规定[Z].宁夏:内部资料,2005－10.

[3] 刘瑞新.计算机组装、维护与维修教程[M].第 1 版.北京:机械工业出版社,2011 年 2 月.

[4] 杨晔.计算机应用基础项目实训教程[M].第 1 版.大连理工大学出版社,2011 年 11 月.

[5] 刘博.计算机组装与维[M].第 1 版.北京:清华大学出版社,2011 年 3 月.

[6] 陈希楠.校园网综合布线常见故障排查及解决方法研究－－以韩山师范学院校园网综合布线系统为例[J].韩山师范学院学报,2012 年 03 期.

[7] 李同芳.综合布线配线子系统的设计[J].计算机光盘软件与应用,2013 年 14 期.

[8] 李慧、刘欣.DELPHI 程序开发范例宝典[M].第 3 版.人民邮电出版社,2012 年 6 月.

[9] 崔巍、王晓敏.数据库系统开发教程[M].第 1 版.清华大学出版社,2013 年 6 月.

[10] 李伟.人像篇－Photoshop 数码照片处理高手之道[M].第 1 版.人民邮电出版社,2013 年 1 月.

[11] 张晶.Flash 动画设计与制作[M].第 1 版.邮电大学出版社,2013 年 9 月.

[12] 马美英.Flash 动画个性化设计[J].中国新通信,2013 年 13 期.

[13] 龚磊、张蕾.浅谈 VI 设计[J].生物技术世界,2013 年 02 期.

[14] 何磊、肖文娟.探析 VI 设计中图形的视觉魅力[J].美术教育研究,2013 年 18 期.

[15] 邢太北、王勇.Dreamweaver CS5 网页设计与应用[M].第 2 版.人民邮电出版社,2013 年 9 月.

[16] 刘运臣.网站规划与网页设计.第 2 版.清华大学出版社,2013 年 10 月.